国家治理现代化丛书
丛书主编◎姜晓萍

# 大国基石：
# 城乡基层社会治理发展报告
## ——以四川宜宾市为样本

主　编◎姜晓萍
副主编◎王慧敏　田昭

中国社会科学出版社

**图书在版编目（CIP）数据**

大国基石：城乡基层社会治理发展报告：以四川宜宾市为样本/姜晓萍主编. -- 北京：中国社会科学出版社，2024.6. --（国家治理现代化丛书）. -- ISBN 978 - 7 - 5227 - 3743 - 0

Ⅰ. D677.13

中国国家版本馆 CIP 数据核字第 20247TD190 号

| | |
|---|---|
| 出 版 人 | 赵剑英 |
| 责任编辑 | 李凯凯 |
| 责任校对 | 胡新芳 |
| 责任印制 | 王 超 |

| | |
|---|---|
| 出 版 | 中国社会科学出版社 |
| 社 址 | 北京鼓楼西大街甲 158 号 |
| 邮 编 | 100720 |
| 网 址 | http：//www.csspw.cn |
| 发 行 部 | 010 - 84083685 |
| 门 市 部 | 010 - 84029450 |
| 经 销 | 新华书店及其他书店 |

| | |
|---|---|
| 印 刷 | 北京君升印刷有限公司 |
| 装 订 | 廊坊市广阳区广增装订厂 |
| 版 次 | 2024 年 6 月第 1 版 |
| 印 次 | 2024 年 6 月第 1 次印刷 |

| | |
|---|---|
| 开 本 | 710×1000 1/16 |
| 印 张 | 18 |
| 字 数 | 286 千字 |
| 定 价 | 95.00 元 |

# 本书编委会

编委会主任　姜晓萍　朱元军

编委会副主任　王慧敏　唐　锐　田　昭　谭　欢

编　　　委　王　晨　文　雯　李晓宇　李胜兰

　　　　　　杨秋萍　田仁琼　史　梅　杨　君

　　　　　　付亚萍

# 序　言

　　基层强则国家强，基层安则天下安。城乡基层治理工作一直以来都是国家治理体系与治理能力现代化的重要内容，也是巩固党的执政基础和维护国家政权安全的重要支撑。推进基层治理工作就是要坚持治理与服务的共生联动，以实现人人有责、人人尽责、人人享有的社会治理共同体为目标，打造基层的生活共同体、安全共同体、治理共同体和发展共同体，坚持系统治理、依法治理、综合治理和源头治理，实现自治、德治、法治相结合，最终实现中国式基层治理现代化。

　　近年来，宜宾市积极推进全域基层治理体系与治理能力现代化工作，成立城乡基层治理委员会专门推进城乡基层治理工作，并与四川大学共建了城乡基层社会治理研究院。研究院以人才培养、科学研究以及社会服务为宗旨，全面深入基层治理的一线、前沿与源头，挖掘与诊断基层治理问题，梳理与总结基层治理经验，指导和辅导基层治理创新，实现了理论研究与实践探索的有效互动，推动了"善治宜宾"在深度上和广度上的发展，成为国内基层治理的重要研究样本和实践案例孵化地。

　　宜宾市的基层治理坚持政治政策导向、问题需求导向和未来发展导向，以基层党建为引领，聚焦基层的治理与发展问题，以城市和农村为场域，积极推进全域化治理改革。在城市涌现了以社区服务优化、智慧治理创新、矛盾纠纷化解等为主要内容的创新案例，在农村呈现了以乡村振兴、集体经济发展为特点的典型样本，也探索了城乡片区一体化治理的城乡融合发展经验。

　　为了进一步研究宜宾的基层治理实践创新，城乡基层社会治理研究院委托国内基层治理的专家开展了系列关于宜宾基层治理的研究，通过

"站在宜宾看全国、站在全国反思宜宾"，推动了理论与实践的研究互动、各地实践探索的比较创新。本书即城乡基层治理的系列研究成果，既包括城乡基层治理的理论研究，也包括以宜宾为样本的实践研究，是一本以实践为主题，又上升为理论探讨的著作。

希望本书作为城乡基层治理的一个持续观察者、经验总结者以及理论研究者，能够为城乡基层治理体系与治理能力现代化发展做出贡献。

是为序。

姜晓萍

# 目　录

## 理　论　篇
### 城乡基层治理的理论话题与政策议程

# 实　践　篇

## 善治宜宾——城乡基层治理的地方实践

# 案　例　篇

## 宜宾市城乡基层治理的典型案例

# 理 论 篇

城乡基层治理的理论话题与政策议程

# 加强基层治理体系与
# 治理能力现代化建设<sup>*</sup>

## 姜晓萍<sup>**</sup>

习近平总书记高度重视基层治理工作，反复强调"基层强则国家强，基层安则天下安，必须抓好基层治理现代化这项基础性工作"①。党的十九届五中全会明确提出了"基层治理水平明显提高"的战略目标。中共中央、国务院印发的《关于加强基层治理体系和治理能力现代化建设的意见》就加强基层治理体系和治理能力现代化建设的指导思想、基本原则、主要目标、重点任务、组织保障等做了前瞻性布局、全局性谋划、系统性部署，为新时代加快推进基层治理现代化提供了根本遵循和行动指南。

## 一　把握基层治理体系和治理能力
## 现代化的功能定位

习近平总书记指出："党的工作最坚实的力量支撑在基层，经济社会发展和民生最突出的矛盾和问题也在基层，必须把抓基层打基础作为长

---

* 来源：《光明日报》2021 年 8 月 17 日。

** 姜晓萍，四川大学公共管理学院教授。

① 《习近平春节前夕赴贵州看望慰问各族干部群众》，2021 年 2 月 5 日，新华网（http://www.xinhuanet.com/polit/cs/leaders/2021 – 02/05/c_1127069962.htm）。

远之计和固本之策，丝毫不能放松。"① 这表明基层治理是实现国家治理体系和治理能力现代化的基石，是提升社会治理有效性的基础。这就要求我们深刻领悟习近平总书记关于加强基层治理体系和治理能力现代化建设的重要论述，用习近平新时代中国特色社会主义思想统领基层治理的理论逻辑和实践逻辑，清醒认知基层治理在党的事业发展、国家长治久安、社会和谐稳定、人民幸福安康中的功能定位。一是要努力实现党心聚民心，厚植党长期执政的根基。不断加强党对基层治理的全面领导，把基层党组织的政治优势、组织优势转化为治理效能，把基层党员干部的先锋模范作用转化为治理动能。不断提升党对基层治理的政治领导力、思想引领力、群众组织力、社会号召力，发挥政治导航、思想铸魂、组织聚力、底部筑基的作用。二是要努力实现强基固本，夯实国家治理现代化的基础。基层治理是国家治理的"微细胞"，在国家治理系统中，基层治理既是公共治理的"最后一公里"，也是人民群众感知公共服务效度和温度的"神经末梢"，更是推动社区认同走向社会认同、社会认同走向国家认同的源头。只有在基层治理中促进自治、法治、德治相融，实现共建、共治、共享同频，提高基层治理社会化、法治化、智能化、专业化水平，才能夯实国家治理体系和治理能力现代化的基石，从"基层善治"走向"大国之治"。三是要努力实现美好生活，增强人民群众获得感、幸福感、安全感。基层是社会生活的"微单元"，具有社会利益的发生源、社会矛盾的聚合源、社会秩序的基础源、社会价值的共生源等特质。面对新时代人民日益增长的美好生活需要和不平衡不充分的发展之间的矛盾，基层治理必须以满足人民群众对美好生活的向往为价值目标，及时解决基层群众的操心事、烦心事、揪心事，切实做到居民有诉求、组织有回应、服务有保障、群众有感受，让风险在第一线化解，矛盾在最末端解决，共识在最基层凝聚，美好在家周边实现。这既是新时代基层治理的出发点，也是检测基层治理成效的第一标准。

---

① 《习近平在贵州调研时强调 看清形势适应趋势发挥优势 善于运用辩证思维谋划发展》，2015 年 6 月 19 日，人民网 - 人民日报（http://cpc.people.com.cn/n/2015/0619/c64094 - 27179687.html）。

# 二 找准基层治理体系和治理能力现代化建设的着力点

　　基层治理就是在党的全面领导下，发挥多元主体作用，针对城乡基层社会发展中的各种问题，保障改善民生，维护群众权利，化解社会矛盾，推动社会有序和谐，实现居民幸福美好生活的过程。其着力点必然是以保障改善民生、增进人民福祉为宗旨，以加强基层党组织建设、增强基层党组织政治功能和组织力为关键，以加强基层政权建设和健全基层群众自治制度为重点，以建立健全基层治理体制机制、提升基层治理能力为抓手，以基层治理社会化、法治化、智能化、专业化水平为标准。加快推进基层治理体系和治理能力的现代化，一是完善党全面领导基层治理制度。习近平总书记指出，"要坚持大抓基层的鲜明导向，抓紧补齐基层党组织领导基层治理的各种短板，把各领域基层党组织建设成为实现党的领导的坚强战斗堡垒"①。必须健全基层治理党的领导体制，构建党委领导、党政统筹、简约高效的乡镇（街道）管理体制，通过"筑体系"构建基层大党建格局，通过"强堡垒"夯实基层党建基础，通过"争先锋"激发基层内生动力，确保党建引领的政治高度。必须创新党组织设置和活动方式，不断扩大党的组织覆盖和工作覆盖，推动党建向基层治理新领域、新阶层、新空间拓展，确保党对基层治理的全方位、全过程、全场域领导，确保党建引领的辐射宽度。必须完善党建引领社会参与的制度体系，坚持党建带群建、群建助党建。统筹基层党组织和群团组织资源配置，支持群团组织、行业协会、市场力量、居民群体参与基层治理和服务，深耕党的群众基础，确保党建引领基层治理的力度。二是创新"赋能型"的基层政权治理能力提升机制。基础不牢，地动山摇。只有把基层政权夯实、巩固，中国特色社会主义的根基才能稳固。要针对基层政权的能力短板和本领恐慌，坚持向基层放权、赋能、减负，

---

　　① 《贯彻落实新时代党的组织路线　不断把党建设得更加坚强有力》，2020年7月31日，新华网（http://www.xinhuanet.com/politics/leaders/2020-07/31/c_1126309601.htm）。

激发基层"想干事"的愿望，赋予"能干事"的权力，提升"干成事"的能力。尤其要依法赋予乡镇（街道）综合管理权、统筹协调权和应急处置权，强化其对涉及本区域重大决策、重大规划、重大项目的参与权和建议权，加大基层政权在行政执行、为民服务、议事协商、应急管理、平安建设的能力建设。三是探索"共融型"的基层治理协同机制。"共建共治共享"反映了基层治理的内在逻辑，从主体、路径、目标三个维度揭示了基层治理制度体系的要素构成。"共建"反映主体维度，指通过"党委领导、政府负责、社会协同、公众参与"的多元组织协调，回答了基层治理依靠谁的问题。"共治"反映机制维度，指通过"民主协商、法治保障、科技支撑"探索"硬治理"与"软治理"结合，"元治理"与"协治理"互动，"智治理"与"善治理"兼具，"精治理"与"微治理"相融，回答了基层治理"怎么办"的问题。"共享"反映价值维度，指通过基层治理实现群众安居乐业、社会安定有序、人人幸福安康的目标，回答了基层治理"为了谁"的问题。"自治、法治、德治"是基层治理的基本遵循。自治为基，反映了人民当家做主的本质特征。法治为核，反映了全面依法治国在固根本、稳预期、利长远上的保障作用。德治为要，反映了涵育基层民众美德善行，推动基层社会和谐有序运转，形成基层良好社会风尚离不开道德的有力支撑。"共建、共治、共享"激发活力，"自治、法治、德治"维护秩序，有助于加快形成活力与秩序同频、发展与治理共振的善治格局。四是加强"友好型"基层智慧治理平台建设。以高智能解决老百姓的操心事、烦心事、揪心事，用高科技提升老百姓的获得感、幸福感、安全感，这是基层治理现代化的必然趋势。要从做好顶层设计、整合数据资源、拓展应用场景等方面入手，加快促进区块链、大数据、人工智能等现代科技深度嵌入基层治理，构建精细化服务感知、精准化风险识别、网络状行动协作的交互式基层智慧治理平台。尤其要高度关注基层智慧治理的便捷性、包容性、安全性和友好性，充分尊重特殊群体的行为习惯和生活需求，推行适老化和无障碍信息服务，提供线上线下互通互联的多样化服务渠道，让数据"多跑路"、群众少跑腿。

# 三 完善推进基层治理体系和治理
# 能力现代化的要素结构

　　基层是一个生命体，不仅有空间表征上的层级、场域，也有时间序列的传统、变迁、发展。基层治理体系是涉及发展与治理、活力与秩序双向互动的系统性工程。其要素包括：空间、规模、人口的适配性；规划、建设、管理的周期性；生产、生活、生态的宜居性；改革、发展、创新的驱动性；科技、文化、艺术的互动性；政府、社会、居民的协同性等。这就需要我们用"全周期"理念指导基层治理，在坚持因地制宜、分类指导、分层推进、分步实施的过程中牢牢锚定基层治理的核心价值、关键环节和要素结构。一是坚持基层治理的"党建引领"。明确党对基层治理的全面领导是新时代基层治理现代化的根本保证，塑造党建引领基层治理的体系，推动党的组织形态和治理形态的功能性、区域性和体系性有机统一，构建以党组织为核心的多层次、多维度、立体化基层治理系统，强化党群血肉相连、心灵相通。二是守护基层治理的"民生基本"。习近平总书记指出："为什么人的问题，是检验一个政党、一个政权性质的试金石。"① 实现人民群众对美好生活的向往，始终是基层治理体系和治理能力现代化的目标。要激发群众对基层治理的参与意识、认同意识，必须以保障改善民生为牵引，始终把人民的利益放在首位，尊重民意、依靠民智、珍惜民力、实现民愿、赢得民心，造就人人都愿有序参与、人人都有成功机会、人人都享有幸福美好、人人都有归属认同的基层治理正能量。三是推进基层治理的"制度创新"。基层治理面临工作压力大、群众诉求多、资源保障弱、队伍成长慢、解决问题难等一系列问题，既需要通过政治建设、组织建设破解现实难题，更需要通过流程再造、资源整合、能力建设突破机制"瓶颈"；既需要通过高质量发展保障社会活力，更需要通过高效能治理来维护社会秩序。面对基层治理的复杂性、挑战性、差异性，地方各类基层治理实践证明：体制改革是

---

　　① 《提高保障和改善民生水平加强和创新社会治理》，2017 年 10 月，央广网（https：// news. cnr. cn/zt2017/shjiuda/kaimushi/zbkx/20171018/t20171018_ 523991607. shtml）。

基层治理有效性的原动力，机制创新是基层治理高质量的效能保障。要建立基层治理创新的容错机制、激励机制，激发基层干部群众的探索勇气、创新思维，进而提炼基层治理创新的中国范本、中国经验，提高创新实践的推广价值和示范效应。四是注重基层治理的"可持续发展"。基层治理是一个可持续的过程，从"跟跑"到"领跑"，包括了学习模仿、试点改革、经验扩散、优化提升的成长周期。因此，我们既要系统谋划基层治理的发展战略、发展目标、实现路径、资源保障，保障基层治理体系的持续生命力，也要健全基层治理的服务标准体系、主体职责体系、绩效评价体系、质量监测体系，着力提高基层治理社会化、法治化、智能化、专业化水平。

# 立足新起点进一步构建城乡
# 基层综合治理新格局<sup>*</sup>

## 姜晓萍<sup>**</sup>

党的十九届五中全会审议通过的《中共中央关于制定国民经济和社会发展第十四个五年规划和二〇三五年远景目标的建议》指出，"坚持把实现好、维护好、发展好最广大人民根本利益作为发展的出发点和落脚点，尽力而为、量力而行，健全基本公共服务体系，完善共建共治共享的社会治理制度，扎实推动共同富裕，不断增强人民群众获得感、幸福感、安全感，促进人的全面发展和社会全面进步"。基层治理是国家治理的基础，完善城乡基层治理是国家治理现代化的重要支撑，城乡基层综合治理应在以下五个方面着力。

以党建引领提升治理能力。基层之治，关键在党，要坚持和完善党组织领导的城乡基层治理体系，通过党建引领将党的政治优势、组织优势、制度优势、工作优势转化为基层治理效能。一是优化基层党组织的组织体系。适应基层社会结构、生产方式和组织形态的深刻变化，探索在社会团体、民办非企业单位、基金会等建立功能性党组织，探索在商务楼宇、商圈市场和特色园区建立区域性党组织，扫除"空白点"和"盲区"。二是强化基层党组织的队伍建设。注重吸引致富带头人、道德先锋模范和大学生等优秀人才充实到基层党组织中，着力打造一支政治

---

    \* 来源：《学习时报》2020 年 12 月 23 日。

    \*\* 姜晓萍，四川大学公共管理学院教授。

强、敢担当、作风正的高素质党员队伍。增强基层党员组织意识和参与积极性。鼓励以支部为单位建立党建微信群与QQ群，依托"微平台、微党课、微行动、微典型"等载体，加强基层党员的教育培训和经验交流。三是提升基层党组织的动员能力。借助虚拟互联网和实体组织网络，增强与普通民众的直接互动和思想交流，推动多层次、立体化的引领格局的形成。探索建立"村社吹哨，党员报到"的工作机制，深入开展基层党员村社报到为群众志愿服务活动，在互动中搭建纵横交织的社会网络。充分发挥各类社会组织和民间团体植根基层、服务群众的优势，使之成为不同方面服务群众的桥梁。

以融合发展推动城乡治理。城乡治理资源不平衡和公共服务不平衡成为城乡协调发展的突出难题，破除妨碍城乡要素自由流动和平等交换的制度壁垒成为推进城乡治理平衡的迫切要求。一是破除乡村转移人口落户限制。根据城市承载能力放宽落户条件，有序推进符合条件的农业转移人口在城镇居住落户。避免城市限制农业转移人口的隐形门槛，公开户籍迁移方式以及落户政策的标准化条目，精简落户流程，实现"一站式"申请与办理。同时，确保农业转移人口能够与城市居民享受同等的基本公共服务。二是探索城乡土地要素有序流动。首先，积极探索实施农村集体经营性建设用地入市制度，提升农民从土地中获得的增值收益。建立土地征收公共利益用地认定机制，缩小土地征收范围。其次，要完善农民闲置宅基地和闲置农房政策，探索宅基地所有权、资格权、使用权"三权分置"实现形式，试点城乡合作建房与宅基地有偿退出。通过农地流转的扩大化，培育家庭农场、专业合作社和农业产业化龙头企业等新型农业经营主体，促进适度规模农业的发展。三是发挥中心村镇辐射带动作用。在全域规划的基础上，有针对性地选择区位条件好、经济基础强的村镇，做大中心镇及布局合理的中心村。通过公共服务设施重点向中心镇中心村集中，实现人口、技术和资金等生产要素向中心镇和中心村集聚，引导和支持农民通过旧村改造和迁村并点融入中心镇与中心村，增强人口集聚力、公共服务辐射力和经济发展带动力。

以创新改革激活治理效能。基层是治理体系的最末梢、服务群众的最前沿，当前基层治理中存在着治理能力与治理任务不匹配、治理责任与治理权力不匹配、治理资源与治理需求不匹配等难题。推进城乡基层治理必须发扬敢于先想、勇于先试、善于先成的改革创新精神，鼓励基层大胆探索实践。一是探索基层权责平衡改革。将乡镇（街道）迫切需要且能够有效承接的部分权限下放，并配置相应的财政资源，将优秀年轻干部选派到乡镇（街道）一线，增强乡镇（街道）的执行能力。建立乡镇政府权责清单和乡镇（街道）职责准入制度，厘清部门与乡镇（街道）的职责边界。确需交由乡镇（街道）承担的职责，必须在充分征求基层意见的前提下纳入下放事权清单，并将相关物资和经费一并下放到乡镇（街道）。二是探索基层组织机构改革。建立适应基层工作特点和便民服务需要的组织构架，按照责权一致、方便办事和提高效能的要求将同类职责归并，综合设置审批服务和综合管理机构。全面清理各种自设机构和岗位，规范乡镇（街道）机构设置类型和数量。严格乡镇（街道）机构编制管理，统筹使用事业单位人员、派驻机构人员和编外合同制人员。三是探索基层减负增能改革。纠正过度填表报数、评价体系过多、考核指标过繁等问题，避免基层政府陷入"文山""会海"之中。有序清理一些不适合与乡镇（街道）强制性签订的各类"责任状"、考核评比事项以及乡镇（街道）的评比达标、示范创建等活动。

以多方主体协作持续优化多元治理。基层治理是一项系统工程，必须站在满足群众多元化美好生活需要的角度，广泛发动和充分整合各类资源力量，走出一条共建共享的基层治理之路。当前，有些省份试点建立矛盾纠纷多元化解促进协会，在人民调解与治安调解衔接联动过程中已取得了良好的成效。一是推进政府服务外包。建立政府向社会力量购买服务事项清单目录，将基层政府从非核心工作中剥离出来，实现政府事务性、技术性事项全部向社会组织转移。通过市场竞争机制筛选出最有效、最合适的承办方，建立以公共服务对象和第三方专业评估组织为主体的评估体系。重视非营利组织在公共服务提供中的作用。二是积极培育社会力量。通过简化登记手续、实行直接登记或备案管理、设立培育基金和孵化场所等方式，推进社区、社会组织、社会工作"三社"联动。通过以奖代补、公益创投、政府购买服务以及建立社区基金会等形式，支持社区社会组织参与社区公共事务和公益事业。建立省级统一的志愿者、服务对象和服务项目连接平台，推进社会需求与志愿服务有效对接。三是拓宽群众参与途径。深入开展以居民会议、议事协商、民主听证等为主要形式的民主决策实践，以自我管理、自我服务、自我教育、自我监督等为主要目的的民主治理实践，以村务公开、居务公开、民主评议等为主要内容的民主监督实践。切合时宜地总结推广"院巷议事"等基层治理实践成果，形成政治、法治、德治、自治、智治"五治一体"的综合治理体系。

以技术赋能促进智慧水平提升。基层治理要顺应数字时代发展趋势，加强数字社会、数字政府建设，提升公共服务和社会治理数字化、智能化水平。一是完善数字基础设施。利用5G、物联网和人工智能等新一代信息技术，对传统基础设施进行数字化、网络化和智能化改造升级。搭建政务云平台，通过省、市、县政府的政务云平台全面对接，形成覆盖全区域互联互通的云服务体系，推进政务信息系统向云平台迁移与转移。二是培育智慧治理型干部。根据城乡基层智慧治理的特点，转变唯学历、唯资历的人才评价机制，凝聚一批高水平智慧治理人才。以专班集训、在线学习相结合的方式，加强基层干部在5G、云计算、AI、物联网、区块链等方面的教育培训，建设一支既精通政府业务又善于运用互联网技术和信息化手段开展工作的复合型人才队伍。三是增强智慧治理应用。通过汇聚区域内的全域数据，运用5G、人工智能实现智能治理、精细治理和精准治理，提高政务服务的个性化，并对社会问题进行科学研判和监测预警。拓展"互联网＋政务服务"覆盖面，构建全流程一体化在线服务平台和便民服务网络，提高服务群众的效率和水平。通过采集、存储、治理、分析、管理和应用于一体的政务云平台，推动各级政府与职能部门数据共享，提升跨层级、跨部门、跨领域的综合治理能力。

# 数字治理应以明确职责体系为先导[*]

## 吴晓林[**]

近日，中共中央、国务院印发《党和国家机构改革方案》，提出组建国家数据局。与之前部分省市设置大数据局的"自选动作"不同，新一轮机构改革要求"省级政府数据管理机构结合实际组建"，这对于完善数字政府和数据治理体系意义重大。加强数字政府建设，是数字中国建设的基础工程。明确职责体系，是数字政府建设和数字治理的先导条件。

明确政府部门权责，是各地数字治理经验的共有特征。如在上海市，数字治理体系当中各部门明确职责，形成了"一网统管"事项目录、责任清单和流程标准。在深圳市坪山区，区委编办和政务服务数据管理局统筹协调，通过对标法律规章、部门协商，推进职责明细化、法定化，形成了涵盖 5 级、末级分类 1659 项的"一网统管"职责清单。例如，噪声治理就分为工业噪声、商业噪声、建筑工地噪声等 30 个具体事项。这些事项均明确了主管部门、执行层级。

部门"吵架"在"前头"，治理顺畅在"后头"。反之，倘使职责体系不明确，急着上设备、建系统、搞运行，就会吃尽苦头。比如，数字治理系统是把大量的问题信息收上来了，但是"谁去处理、怎么处理"却搞不清，相关部门"推诿扯皮"，导致"系统空转、治理悬空"，到头来只能是徒增一套系统，增加政府运行成本。再比如，一个区域内不同层级都在搞大数据系统建设，如果缺乏必要的总体性统筹，就很容易出

---

\* 来源：《光明日报》2023 年 3 月 28 日。

\*\* 吴晓林，南开大学周恩来政府管理学院教授。

现上下级政府"步调不一"的情况，产生新的"数字鸿沟"。如果由上级直接统起来，则可能会造成一些本来运转良好的地区为服从上级需要"削足适履"，既浪费过去积累的资源，又无法满足本区域的需求。

不久前，中共中央、国务院印发的《数字中国建设整体布局规划》指出，"构建国家数据管理体制机制，健全各级数据统筹管理机构"，这是数字中国建设的一个基本条件。明确各部门、单位、层级的职责及其关系，是推动数字治理的题中应有之义和必然要求。

首先，明确数字平台建设的职责。数字平台建设既涵盖政务云平台、政务网络、空间地理信息系统等硬件的搭建整合，也事关各个部门、业务单位数据信息等软件的整合。在这一过程中，谁出资、谁建设、谁监督、谁运维、如何统一数据标准，需要明确各个部门和单位在数据收集、系统接入、信息交互等方面的权责，形成系统、科学、开放、包容、安全的责任体系。

其次，明确数字平台应用的职责。数字平台的建设服务于具体事项的解决，只有事先明确数字治理的闭环责任体系，才能确保数据收集"搞得全"、风险预警"做得早"、事项分拨"搞得准"、事项处置"办得快"。要借鉴各地先进的经验，各个部门、单位、层级依照法律政策确岗确责，以具体事项为抓手，梳理整合多部门、多层级的事项，建成分工明确、精细到岗、协同有力、考核评价的全闭环责任链条。

最后，明确数字治理的纵向职责。数字治理不仅是一项跨业务的工作，还是一项跨层级的工作，这就涉及如何确保数据统一、层级分工的问题。在实践中，上下级之间推进数字平台建设和应用开发的步伐、力度不一，在后续实践中就容易遇到"统一与分散""先行与看齐"的矛盾。对此，广东省的经验或可借鉴，即由高层级政府对数字云网平台进行"统建统管"，各市区县政府则更加聚焦应用数据平台开展治理创新，同时照顾和支持不同地方的先行经验，由高层级平台对其开发的优质应用进行"纳管"和"推广"。这样既可以避免重复投资，降低数字治理的实际成本，又可鼓励各地应用创新，从而维护"全局一盘棋"下的各地灵活运用。

# 坚持基层社会治理为了人民[*]

## 郭金云[**]

习近平总书记指出，"要加强和创新基层社会治理，使每个社会细胞都健康活跃，将矛盾纠纷化解在基层，将和谐稳定创建在基层"[①]。城乡基层是影响党的事业发展、国家长治久安、人民幸福安康的基石。2022年以来，习近平总书记在海南毛纳村考察时指出，"要贯彻党的群众路线，牢记党的根本宗旨，想群众之所想，急群众之所急"[②]；在四川永丰村考察时指出，"要把党的基层组织建设好，团结带领乡亲们脱贫之后接续推进乡村振兴"[③]；在湖北智苑社区考察时指出，"宁可暂时影响一点经济发展，也不能让人民群众生命安全和身体健康受到伤害"[④]；在新疆固原巷社区考察时又指出，"上面千条线、下面一根针，沉到基层，一定要接地气，紧贴各族居民所思所想所盼"[⑤]。我们要进一步深刻领悟习近平

[*] 来源：《光明日报》2022 年 7 月 26 日。

[**] 郭金云，四川大学公共管理学院教授。

[①] 《在基层代表座谈会上的讲话》，2020 年 9 月 19 日，求是网（http：//www.qstheory.cn/yaowen/2020－09/19/c_1126514819.htm）。

[②] 《解放思想开拓创新团结奋斗攻坚克难 加快建设具有世界影响力的中国特色自由贸易港》，人民网（http：//politics.people.com.cn/n1/2022/0414/c124－32398500.html）。

[③] 《推动新时代治蜀兴川再上新台阶 奋力谱写中国式现代化四川新篇章》，2022 年 6 月 9 日，求是网（http：//www.qstheorg.cn/yaowen/2022－06/09/c_1128728097.htm）。

[④] 《把科技的命脉牢牢掌握在自己手中 不断提升我国发展独立性自主性安全性》，2022 年 6 月 29 日，求是网（http：//www.qstheorg.cn/yaowen/2022－06/29/c_1128787432.htm）。

[⑤] 《习近平新疆考察，再提这一比喻》，2022 年 7 月 17 日，央广网（http：//news.cnr.cn/natice/gd/sz/20220717/t20220717_525919406.shtml）。

总书记关于基层社会治理重要论述的科学内涵与政治智慧，坚持以人民为中心的发展思想，加快推进社会治理现代化。

在国家治理体系中，基层不仅有空间表征上的层级、场域，也有时间序列上的传统、变迁、发展，更有共同体意义上的深刻关系，其核心要素融合了政治性、人民性、场域性和系统性的特征。推动基层社会治理现代化，首先要提高政治站位。"一个国家治理体系和治理能力现代化水平很大程度上体现在基层。基础不牢，地动山摇。只有不断夯实基层社会治理这个根基，才能真正实现社会主义现代化强国的目标。"① 要把基层党组织建设成坚强战斗堡垒，打造本固基强的社会治理格局。其次要坚定人民立场。"创新社会治理，要以最广大人民根本利益为根本坐标，从人民群众最关心最直接最现实的利益问题入手"②，不断坚持人民主体地位、持续增进人民福祉、切实维护人民权益。再次要坚守基层导向。"推动社会治理重心向基层下移，把更多资源、服务、管理放到社区，更好为社区居民提供精准化、精细化服务"③，既筑牢安全底线，又兜牢民生底线。最后要遵循系统原则。基层社会是一种聚合体，它将许多社会关系整合在一个系统之中，"要完善共建共治共享的社会治理制度，实现政府治理同社会调节、居民自治良性互动"④，推动基层治理、城市善治与大国之治的高度衔接。

习近平总书记指出，"社会治理是一门科学"，要"深化对社会运行规律和治理规律的认识，善于运用先进的理念、科学的态度、专业的方法、精细的标准提升社会治理效能"⑤。一是处理好发展与安全的统筹协调。发展不平衡不充分是一切不安全不稳定因素的来源，基层社会是创新发展的活力源泉，也是缓冲经济社会震荡、承载平安中国的社会基础。

---

① 《充满希望的田野  大有可为的热土》，《人民日报》2020年7月26日第1版。

② 《当好改革开放排头兵创新发展先行者  为构建开放型经济新体制探索新路》，《人民日报》2015年3月5日第1版。

③ 《切实把新发展理念落到实处，不断增强经济社会发展创新力》，2018年6月13日，央广网（https://china.cnr.cn/news/20180615/t20180615_524270939.shtml）。

④ 《在经济社会领域专家座谈会上的讲话》，2020年8月25日，央广网（https://news.cnr.cn/hative/gd/20200825/t20200825_525224924.shtml）。

⑤ 《坚持走中国特色社会主义社会治理之路  确保人民安居乐业社会安定有序》，2017年9月20日，央广网（https://china.cnr.cn/news/20170920/t20170920_523956383.shtml）。

要从不同发展阶段的实际出发，用发展的思路和办法解决基层治理痛点堵点难点，在不断解决发展问题、满足社会发展需要中深化治理创新。二是处理好秩序与活力的有机统一。社会发展需要充满活力，但这种活力又必须是有序规范的，"死水一潭不行，暗流涌动也不行"。要在基层社会治理中突出法理相融、刚柔相济、宽严适度，推动基层社会自组织、自服务、自发展。三是处理好常态化管理与应急管理的动态衔接。现代社会风险的不确定性、叠加性、复合性甚或突变性，使得安全问题已经内化为人类社会正常生活的组成部分。要坚持全周期管理理念，构建平战结合的基层应急管理机制，推动韧性治理建设。四是处理好法治与德治的相互促进。法安天下，德润人心，法治和德治是构建现代社会秩序的重要路径。要把法律和道德的力量、法治和德治的功能结合起来，既重视发挥法律的规范作用，又重视发挥道德的教化作用。

党的十九届五中全会将"国家治理效能得到新提升"作为"十四五"时期经济社会发展的重要目标之一，提出要努力实现"社会治理特别是基层治理水平明显提高"。面对经济社会结构的深刻变化和人民群众对美好生活的新期待，基层社会治理的广度、幅度和深度不断拓展，基层组织功能超载、基层社会服务供给不精准、基层协同治理乏力、基层抗风险能力不强、基层干部胜任力不足等现实问题也日益突出，提高基层社会治理水平成为推进国家治理体系和治理能力现代化的重要组成部分。

一是坚持党建引领，实现集成治理。健全严密有力的基层治理组织体系。大力推进"两新"组织"提质扩面"行动，搭建各类组织参与基层治理的组织化平台；创新党对基层行政组织、自治组织、群众组织、新社会阶层的领导方式，推动党建向基层治理新领域、新阶层、新空间拓展，激发党建引领促社建的组织活力。探索网络化协同治理机制。夯实区域化党建联盟，建立服务需求、服务资源、服务项目三张清单和双向认领机制；推进"乡镇（街道）吹哨、部门报到"，健全和落实在职党员双报到、党建联盟指导员、属地单位联络员等制度；明确城乡基层社会治理中各类主体的权责边界，搭建多方议事协商平台。建立党建引领基层社会治理的评价机制。加大制度创新和政策供给的力度，有序有效向基层放权赋能；深化在职党员"双报到双服务双报告"工作，鼓励党员干部下沉社区；完善终端问效检验的治理方式，围绕人民满意开展党建引领的流程设计与优化。

二是坚持人人有责，实现协同治理。创新群众工作机制。建立群众诉求分析研判、诉求分办落实制度，探索党建引领下的社区提案工作机制和社区发言人制度，建立健全基层群众利益表达、利益调节、利益约束和利益补偿机制，保障群众依法参与城乡基层治理的权利。优化社会参与机制。不断完善社会对话、民主协商和合作治理机制，开发社会主体阶梯成长型的参与方式，提高社会组织专业化水平；健全"五社联动"机制，建立社区社会组织孵化机制，健全社会工作服务体系，大力发展公益慈善事业。深化社区居民自治机制。不断探索城乡社区的"内生性"发展机制，拓展居民公共参与的领域和范围，培育和激活社区自组织、城乡居民的主体意识和参与动力；坚持问计于民，广泛开展民主协商，依法保障人民群众的知情权、参与权、表达权和监督权。

三是坚持民生导向，实现回应性治理。推动公共服务向社区下沉。加快推进农村生活服务便利化，实现社区公共服务标准化、均等化和优质化；推行社区公共服务专项资金制度，有序推动属地单位的公共服务资源与社区共享。健全社区公共服务有效供给机制。切实回应群众身边的食品卫生、空气污染、噪声扰民、交通安全、物业矛盾纠纷等现实问题；强调公共服务、市场服务、自我服务协同发展，倡导"公益导向、商业逻辑"服务运营方式，积极引导市场主体进入社区服务领域。推动社区民生服务的精细化。完善服务统筹、即时响应等机制，努力做到民生需求"接诉即办、未诉先办"；健全群众满意度调查评估制度，推广社区服务"好差评"评价激励制度。

四是坚持平战转换，实现韧性治理。完善城乡基层重大灾害快速响应、社会冲突风险防范、安全事故有效应对、社会心理危机敏捷熔断等机制，探索"平战转换"基层应急管理机制，推动韧性社区建设。提高基层干部群众用法治思维和法治方式解决社会问题、化解社会矛盾、维护社会秩序的能力。深化新时代"枫桥经验"，构建"最多跑一次"式基层社会矛盾纠纷调处平台，促进社治综治双线融合，完善矛盾纠纷调处机制与权利救济机制。做优网格化服务管理体系，深化"诉源治理"，将风险在基层第一线防范、矛盾在社会微单元化解、共识在社会最末梢达成。

五是坚持数字赋能，实现敏捷治理。搭建城乡基层智慧治理云平台。扎实推进共享型"城乡基层治理公共资源大数据平台"建设，加快推进"一网通办""一网统管"两张网建设。运用卫星、遥感、大数据、移动互联网、云计算、人工智能、地理信息等新技术新方法，进行高敏感度风险感知建模，提升社会风险识别、预警、应对的智能化水平。加快推进智慧社区建设。加快人工智能、大数据、5G、区块链等与社区治理和服务体系的深度融合，以社区微脑助力智慧社区建设。

六是坚持价值共创，实现赋能式治理。发挥政治引领、思想铸魂、社会号召和组织聚力的作用，大力培育和践行社会主义核心价值观，以引领式的价值认同来正人心。不断创新党的群众工作方法，实实在在帮助群众解决实际困难，以友好型的情感认同来暖人心。选强配优基层干部队伍，提高基层减负减压的实效性，激发基层干部干事创业活力，把基层党员干部的先锋模范作用转化为治理效能。

# 基本公共服务均等化如何
# 推动共同富裕？*

## 范逢春**

作为中国特色社会主义的政治话语，共同富裕综合了经济增长、社会文明、文化繁荣、绿色低碳等复合目标，兼具社会的"富裕度"和富裕的"共同度"的双重理想，体现了社会主义的本质属性，从而超越了"发展型国家"与"福利国家"的治理话语。[①] 党的二十大报告明确将实现全体人民的共同富裕作为中国式现代化的本质要求，将全体人民共同富裕的现代化作为中国式现代化道路的特色。共同富裕作为中国共产党对中国人民在全面建设社会主义现代化国家新征程上的政治承诺，拥有广泛深厚的政治共识，为中国共产党长久执政提供了坚实的政治基础。学术界从哲学、伦理学、政治学、经济学、社会学等不同学科视角，对共同富裕的概念内涵、价值意蕴、目标定位、工作体系、政策框架、评价指标都进行了多维探索，对共同富裕的重大理论和实践问题作出了系统阐释。"如何在新时代新发展阶段背景下扎实推动共同富裕，是未来研究的重点。"[②] 只有扎实推进共同富裕，才能让其从"使命应然"变成

　　* 来源：《理论与改革》2023 年第 2 期。
　　** 范逢春，四川大学公共管理学院教授。
　　① 郁建兴、刘涛：《超越发展型国家与福利国家的共同富裕治理体系》，《政治学研究》2022 年第 5 期。
　　② 金伟、鞠彬彬：《十年来中国共同富裕研究新进展及未来展望》，《中南民族大学学报》（人文社会科学版）2022 年第 5 期。

"社会实然"。

关于如何扎实推进共同富裕，目前学术界形成了"理念论""战略论""制度论""机制论""问题论"等不同的研究进路。"理念论"认为，"以人民为中心"的发展理念为共同富裕提供了出发点①，创新、协调、绿色、开放、共享五大新发展理念从动力源泉、平衡杠杆、美丽底色、外部条件、价值遵循等方面为共同富裕实现提供了着力点②；"战略论"提出，共同富裕"是事关国家安全与社会稳定的政治问题"③，必须大力实施乡村振兴战略、新型城镇化战略、城乡融合发展战略、区域协调发展战略；"制度论"建议，要从强化社会主义基本经济制度、完善所有制结构、创新三次分配方式等方面推动共同富裕；"机制论"主张，要建立解决相对贫困的长效治理机制④，培育共同富裕的内生动力机制⑤，才能实现共同富裕；"问题论"聚焦收入差距、城乡差距、区域发展不均衡、经济发展质量不高、供给侧结构性改革不到位、分配方式不合理等问题，强调实现共同富裕必须解决这些问题。这些不同学术视角的研究，都提到了基本公共服务均等化与共同富裕的关联性问题，普遍认为基本公共服务均等化是促进共同富裕的着力点。⑥ 然而，既有研究对基本公共服务均等化推动共同富裕的基本逻辑阐释不够清晰，对其内在机制分析不够深入，对其实践路径思考不够到位。本文将针对以上三个问题进行研究，从而为后续基本公共服务均等化以及共同富裕的政策制定提供更为精准的建议。

## 一　基本公共服务均等化推动共同富裕的基本逻辑

习近平总书记强调，扎实推动共同富裕，不仅要提高发展的平衡性、

① 高锡文：《共同富裕背景下收入分配的实践路径》，《人民论坛》2022 年第 24 期。
② 耿百峰：《新发展理念视阈下共同富裕的实现路径前瞻》，《科学社会主义》2018 年第 1 期。
③ 李猛、杨海蛟：《以区域协调发展扎实推动共同富裕的政治学分析》，《社会科学战线》2022 年第 10 期。
④ 蒋永穆、谢强：《扎实推动共同富裕：逻辑理路与实现路径》，《经济纵横》2021 年第 4 期。
⑤ 欧健：《共同富裕：历史方位、现实图景与实现机制》，《河南社会科学》2022 年第 1 期。
⑥ 姜晓萍：《基本公共服务均等化是实现共同富裕的着力点》，《光明日报》2021 年 10 月 7 日。

协调性、包容性，而且要促进基本公共服务均等化。① 面向"扎实推动共同富裕"的崭新使命，科学统筹好效率和公平的两大价值，基本公共服务均等化必须有责任和担当。基本公共服务均等化之所以是共同富裕治理体系的一项基础性工程，是因为二者价值理念统一、理论基础通约与治理体系耦合。

### （一）价值理念统一：人民性

"人民性"是中国共产党全部理论和实践的价值归依。为最大多数人谋利益，为全人类求解放，是马克思主义哲学的根本立足点，也体现了中国共产党的人民情怀。马克思主义哲学以利他主义、社会本位、人民中心代替利己主义、个人本位、自我中心，实现了对资产阶级哲学的超越。马克思主义哲学不是从抽象的存在、空洞的理性出发，而是从现实的人出发。"人民性"是马克思主义哲学思想的核心特点。中国共产党人在革命、建设、发展的不同阶段都将"人民性"作为一切工作的指导原则。在毛泽东的执政理论里，"为人民服务"是中国共产党一切执政实践的出发点及归宿。邓小平将"是否有利于提高人民的生活水平"作为判断改革开放得失的根本标准。江泽民"三个代表"重要思想的核心就是"始终代表中国最广大人民的根本利益"。胡锦涛科学发展观的核心是"以人为本"，强调要"不断实现好、维护好、发展好最广大人民根本利益"。"以人民为中心"作为习近平新时代中国特色社会主义思想的价值核心和基本准则，为新时代各项社会事业确定了行动原则，深刻而全面地体现了人民性。人民性既是基本公共服务均等化的思想底座，也是共同富裕的价值旨归。基本公共服务均等化是马克思主义人民性在新时代的实践方式。虽然西方较早就有公共服务的相关理论探索，但是基本公共服务却是由中国学者结合中国国情提出的一个概念，西方学界并没有"Basic Public Services"之类的词汇，只有类似"public goods"和"public services"一类的词汇。"每个人对与其他人所拥有的最广泛的基本自由体

---

① 习近平：《扎实推动共同富裕》，《求是》2021 年第 20 期。

系相容的类似自由体系都应有一种平等的权利。"① 根据《国家基本公共服务体系"十二五"规划》，基本公共服务是旨在保障全体公民生存和发展基本需求的公共服务。《"十三五"推进基本公共服务均等化规划》再次明确基本公共服务是由政府主导、保障全体公民生存和发展基本需要、与经济社会发展水平相适应的公共服务。基本公共服务均等化追求"全体公民都能公平可及地获得大致均等的基本公共服务"，正是实现人民平等权利的最佳切入口，坚实地实现了"一切人，或至少是一个国家的一切公民，或一个社会的一切成员，都应当有平等的政治地位和社会地位"②。从这些制度文本的表达中我们可以清晰地看出，人民性为新时代社会建设确定了行动原则，也为基本公共服务均等化指明了基本方向。

共同富裕是马克思主义人民性在新时代的实践样态。马克思在《1857—1858 年经济学手稿》中强调指出，在社会主义制度下，"社会生产力的发展将如此迅速……生产将以所有的人富裕为目的"。毛泽东指出，"这个富，是共同的富，这个强，是共同的强，大家都有份"。改革开放新时期，邓小平强调"社会主义的本质，是解放生产力，发展生产力，消灭剥削，消除两极分化，最终达到共同富裕"。邓小平认为，社会主义最大的优越性就是共同富裕。党的十八大以来，以习近平同志为核心的党中央持续发力，全面建成小康社会取得决定性胜利，促进全体人民共同富裕被摆在了更加重要的位置上。习近平指出，"我们说的共同富裕是全体人民共同富裕"③。党始终贯彻落实"让改革发展成果更多更公平惠及全体人民"的要求，并让"人民群众对美好生活的向往"成为共同富裕的目标导向。在此意义上，"人民性"始终是共同富裕的精神内核。

## （二）理论基础通约：共享论

共享论是马克思建构美好人类世界的重要指导思想。基于对资本主

---

① ［美］约翰·罗尔斯：《正义论》，何怀宏、何包钢、廖申白译，中国社会科学出版社 1988 年版，第 56、2 页。

② 《马克思恩格斯选集》第 3 卷，人民出版社 1972 年版，第 143 页。

③ 习近平：《扎实推动共同富裕》，《求是》2021 年第 20 期。

义生产方式现实情境的批判，马克思、恩格斯"最终构建出蕴含共创财富、共有财富、共享财富三重逻辑在内的社会共享思想"[1]。在马克思的共享论中，分配正义是共享的逻辑基点，共同责任是共享的精神要义，人的幸福是共享的价值取向。[2] 尽管马克思的共享思想生成于自由资本主义时代，但其指向的问题论域仍然是现代社会思考的关键话题。中国共产党人结合时代背景与具体实践，对马克思与恩格斯的共享思想进行了拓展和延伸。早在中国社会主义建设初期，就有了关于共享发展理念的实践雏形。改革开放后，中国将工作重心转移到社会主义现代化建设上来，"效率优先，兼顾公平"体现了对共享的坚持和发展。党的十六届五中全会提出"更加注重社会公平"。党的十八届五中全会将共享和创新、协调、绿色、开放一起作为指导中国经济社会发展的理念，标志着共享发展理念的最终形成。习近平总书记指出："共享发展注重的是解决社会公平正义问题。"[3] 它内蕴了全民共享、全面共享、共建共享、渐进共享四个方面的规定性。共享论既是基本公共服务均等化的理论基础，同时又为共同富裕的社会实践提供了理论逻辑。

基本公共服务均等化从实质上看就是实现基本公共服务的共享。各个国家在实现基本公共服务均等化过程中，都是从低层次的均等化到更高水平的均等化逐步发展的，其内容和标准也在不断动态调整。就中国的现实情况与未来发展而言，它大致会经历区域共享、城乡共享到全民共享的变迁历程。"在一个正义的社会里，平等公民的自由权被认为确然不移的，得到正义保障的权利不受政治交易的支配，也不受制于社会利益的权衡。"[4] 就基本公共服务而言，"均等化"是共享发展理念的基本落脚点，也是中国特色社会主义的一个本质要求。"十三五"规划提出"人人参与"与"人人享有"的要求，并强调要"提高公共服务共建能力和共享水平"。党的十九大报告指出，要"履行好政府再分配调节职能，加快推进基本公共服务均等化"，"保证全体人民在共建共享发展中

---

① 宫维明：《马克思恩格斯社会共享思想及其当代价值》，《理论视野》2022 年第 9 期。

② 马俊峰、王斌：《马克思共享思想的逻辑境构及其当代价值》，《学习论坛》2020 年第 6 期。

③ 《习近平谈治国理政》第 2 卷，外文出版社 2017 年版，第 216 页。

④ ［美］约翰·罗尔斯：《正义论》，何怀宏、何包钢、廖申白译，中国社会科学出版社 1988 年版，第 56、2 页。

有更多获得感"。"十四五"规划提出要"推进城乡基本公共服务标准统一、制度并轨"，推进"社会公平正义进一步彰显"。党的二十大报告指出，"健全基本公共服务体系，提高公共服务水平，增强均衡性和可及性，扎实推进共同富裕"。基本公共服务的共享既是公平性在公共行政过程中的具体实践，也是公共性在政治运作实践中的应有之义。

共同富裕是社会福祉从非均衡向均衡迈进的"共享"动态过程。① 新时代的共同富裕，其内涵极为丰富。我们不能单纯从经济视角去解读，或者把它简单地理解为一种社会财富的"再分配方式"，必须从"发展与共享的有机统一"的宏大话题去把握它。② 在社会主义现代化建设新征程中，如何能够既实现经济高质量增长又能维护社会公平正义？必须建构新的发展逻辑与治理体系。共同富裕并非低水平的均等富裕，必须建立在高质量发展基础上，实现从"物质生活的需要"到"美好生活的需要"的嬗变。共同富裕也不是"整齐划一的平均主义"，而是在合理差异的基础上实现社会成员的梯度富裕。共同富裕也并非将全民收入和财富"拉平式"地分配，而是以持续、动态、均衡、协调、渐进的方式缩小不同社会阶层、不同经济区域以及城乡间收入及财富差距的一种发展过程。资本主义国家在现代化进程中"一方面是财富的积累，一方面是贫困的积累"这一矛盾无法从根本上解决。共同富裕则是"发展为了人民、发展依靠人民、发展成果由人民共享"。新阶段的改革发展成功与否，最终的判断标准是人民是不是共同享受到了发展成果。

## （三）治理体系耦合：元治理

20 世纪 90 年代，针对科层制与市场制模式的弊端，网络化治理理论开始在全球范围滥觞。然而，"网络也不比国家和市场更加优越"③，最终

---

① 孙国民、陈东：《高质量推进共同富裕：概念理解与发展逻辑——基于城乡公共服务均等化的视角》，《学术论坛》2022 年第 1 期。

② 何植民、蔡静：《元治理视域下推进共同富裕的理论逻辑与行动框架》，《行政论坛》2022 年第 5 期。

③ 孙珠峰、胡近：《"元治理"理论研究：内涵、工具与评价》，《上海交通大学学报》（哲学社会科学版）2016 年第 3 期。

"在复杂性不断加剧的当代，市场、层级、网络治理都必然倾向于失灵"①。元治理是"治理的治理"，"追求科层制、市场和网络三种治理的协调"。② 在元治理理论视野中，国家的角色重新得到定位，它可以将效率和民主两种极其重要但是经常对立的价值结合起来。国家可以在治理的监管、驾驭和协调方面发挥关键作用，同时还可以动员治理中所必要的资源，最终实现治理的合法性和责任性。在元治理的理论构架中，强调国家或者政府的政治控制力，但是不同于传统官僚制的直接控制，而是优先使用"软法、协调、激励、诱导、规劝、绩效管理、制定规则、意识形态灌输、独立的第三方审计机构"等柔性手段。③ 元治理与中国的国情有着内在的巨大契合。中国共产党的领导是中国特色社会主义最为鲜明的特征。在中国国家治理场域，我们倡导"社会参与"，但是更为强调"党委领导、政府主导"。在基本公共服务均等化以及共同富裕的进程中，都要构建元治理理论观照下的治理体系。基本公共服务均等化必须构建"政府主导、多元协同"的治理体系。基本公共服务是对公共服务的适度"收敛"。④ 在现实本质上，基本公共服务是政府基于政治资源、经济基础、社会条件和文化环境的局限，在公共服务领域"量力而行"的结果。一般而言，政府必须提供的基本公共服务包括保障人的基本生活，满足人的基本需求以及实现人的基本权利的公共服务。⑤ 在此意义上，基本公共服务供给是政府的底线责任，政府在基本公共服务均等化发展中责无旁贷，必须进行"政府主导"。当然，"政府主导"不等同于"政府包办"，基本公共服务治理体系仍然是元治理所倡导的"强政府、

① Bob Jessop, "Governance, Governance Failure, and Meta-Governance, Universitàdella Calabria, ArcavacatadiRende: Policies, Governance and Innovation for Rural Areas", *International Seminar*, No. 21 – 23, 2003.

② Bob Jessop, "The Rise of Governance and the Risks of Failure: The Case of Economic Development", *International Social Science Journal*, Vol. 50, No. 155, 1998, pp. 29 – 45.

③ 孙珠峰、胡近:《"元治理"理论研究: 内涵、工具与评价》,《上海交通大学学报》(哲学社会科学版) 2016 年第 3 期。

④ 曹爱军:《民生的逻辑: 基本公共服务均等化研究》, 博士学位论文, 南开大学, 2014 年。

⑤ 范逢春、田昭:《城乡基本公共服务均等化: 历史、现实与未来》, 中国社会科学出版社 2021 年版, 第 36 页。

强市场、强社会"协同发挥作用。①

元治理理论对于共同富裕治理体系构建具有极大的适用性。"共同富裕治理体系是社会主义国家一种面向现代社会与后现代社会的崭新治理体系，直接来源于中国政治体系的推动。"② 在社会主义中国，"共同富裕"不是一个用于政党选举的政治口号，而是国家建设的战略目标。共同富裕涉及经济发展规划制定、收入分配制度改革、公共服务优质共享、社会主义文化发展以及生态环境保护等诸多重大话题，单纯的科层治理、市场治理和网络治理无法满足全面性的需要。强有力的执政党和政府既是共同富裕顶层设计的制定者，也是宏伟蓝图的实施者，同时是市场力量与社会主体参与的引导者，在治理主体结构中充分发挥宏观统筹、规则建制、力量整合、运行监督的作用。

## 二 基本公共服务均等化推动共同富裕的内在机制

"基本公共服务均等化，实质上是一项促进社会公平维护社会和谐稳定的公共政策。"③ 作为一种社会政策工具，其遵循"帕累托改进法则"，运用公共资源回应民众的基本需求，意图"使最大多数人得到最大福利的公共产品"。凭借多种正向"外部性"，基本公共服务均等化也成了促进共同富裕的关键性制度安排。④ 基本公共服务均等化推动共同富裕主要是通过社会阶梯效应、拉动增长效应、分配调节效应、全面发展效应来实现的。

① 郭永园、彭福扬：《元治理：现代国家治理体系的理论参照》，《湖南大学学报》（社会科学版）2015 年第 2 期。

② 郁建兴、刘涛：《超越发展型国家与福利国家的共同富裕治理体系》，《政治学研究》2022 年第 5 期。

③ 范柏乃、唐磊蕾：《基本公共服务均等化运行机制、政策效应与制度重构》，《软科学》2021 年第 8 期。

④ 钱振明：《公共服务新发展：走向共同富裕的新型城镇化质量提升政策支持》，《苏州大学学报》（哲学社会科学版）2022 年第 4 期。

### （一）社会阶梯效应：打破阶层藩篱

马克思对资本主义社会中的贫富分化进行了批判，认为共同富裕必须建立在"人的全面发展"上，即"个人关系和个人能力的普遍性和全面性"① 之上。阿玛蒂亚·森也指出："我们应该用一个人所拥有的自由来代表他的利益，而不应该用（至少不能完全用）一个人从这些自由中所得到的东西（福利的或主观能动的）来代表他的利益。"② 阿玛蒂亚·森强调人的权利和能力对于社会可持续的重要性。推动基本公共服务均等化，可以提高人力资本，实现人的"主观能动自由"，打破阶层固化，进而推动社会的可持续发展。

贫困家庭的子女同富裕家庭的子女比较而言，在教育、健康方面处于明显的弱势，继而带来就业与收入上的劣势，其陷入贫困的可能性明显更高。Corcoran 利用 PSID 数据库对美国贫困的代际传递进行了分析，发现有 30% 出生在贫困家庭的美国黑人在成年后仍然处于贫困之中。③ 在中国，代际贫困现象也比较严重。相关研究显示，代际收入弹性高达 0.8。④ 尤其是在中国农村地区，存在着非常明显的贫困代际传递现象，2003 年后绝对贫困的代际传递程度有所降低，但是相对贫困的代际传递还是较为突出。⑤ 之所以出现这种现象，有多维的原因。在个体层面，父代人力和经济负资本会导致子代"能力的贫困"⑥；从群体视角来看，贫

---

① 《马克思恩格斯全集》第 30 卷，人民出版社 1995 年版，第 112 页。

② ［印度］阿玛蒂亚·森：《伦理学与经济学》，王宇、王文玉译，商务印书馆 2018 年版，第 50 页。

③ Corcoran, M., Mobility, Persistence, and the Consequences of Poverty for Children: Child and Adult Outcomes, Danziger S., Havemanr（eds）, *Understanding Poverty*, Cambridge MA : Harvard University Press, 2001, pp. 127 – 161.

④ 汪燕敏、龙莹：《我国居民代际贫困的实证研究》，《襄樊职业技术学院学报》2009 年第 6 期。

⑤ 张立冬：《中国农村贫困代际传递实证研究》，《中国人口·资源与环境》2013 年第 6 期。

⑥ 王卓、时玥：《彝族贫困代际传递现状及影响因素研究》，《中国人口科学》2019 年第 3 期。

困群体会产生不同于主流规范和价值观的"亚文化"①；从社会制度审视，教育的不均等性一直被认为是收入不平等的重要因素，精英教育和教育产业化的目标取向加剧了教育不公平和贫困代际延续。② 基本公共服务均等化能够阻断贫困的代际传递，促进向上流动。"教育是实现人类平等的伟大的工具，它的作用比任何其他人类发明都要大得多。"③ 同时，健康保障、医疗服务等也是促进人力资本积累的关键要素，对于下一代的后续发展也能起到重要作用。但是，这些基本公共服务要发挥其促进社会平等的功能，必须以自身的公正为前提和基础。④ 以教育公共服务为例，如果不能实现均等化，可能会固化阶层差距，导致社会向上流动通道被封闭。教育公共服务均等化则能够提供起点公平与机会公平，成为打破阶层藩篱和阶层区隔的"社会阶梯"，承担起防止阶层固化、优化社会结构的制度功能。

### （二）拉动增长效应：扩大财富总量

共同富裕，前提是富裕，要富裕就必须紧紧扭住经济建设这个中心。按照马克思的社会生产理论，社会生产涉及生产、分配、交换、消费四环节，它们之间密切联系、相互制约，构成了一个既对立又统一的有机整体。马克思认为"生产"对经济发展是具有决定性作用的，同时又指出："生产直接也是消费。""消费直接也是生产，正如在自然界中元素和化学物质的消费是植物的生产一样。"⑤ 经济要增长，就需要发挥基本公共服务均等化对于生产、分配、交换、消费等不同环节的积极意义。国外相关研究表明：公共投资通过刺激中间物品的需求，增强了经济发展，

---

① Lewis Oscar, *Five Families*: *Mexican Case Studies in the Culture of Poverty*, New York: Basic books, 1959, p. 35.

② 马新：《教育公平对切断贫困代际传递的作用》，《现代教育管理》2009 年第 1 期。

③ ［美］约翰·布鲁贝克：《高等教育哲学》，王承绪等译，浙江教育出版社 1998 年版，第 71 页。

④ 张厚军、朱宏军：《教育公正：实现社会公正的阶梯》，《国家教育行政学院学报》2006 年第 3 期。

⑤ 《马克思恩格斯选集》第 2 卷，人民出版社 1995 年版，第 8 页。

对经济增长有正向影响。[①] 国内学者以实际 GDP 作为经济增长指标,通过 Granger 因果关系检验,对基本公共服务与经济增长的关系进行了实证检验,也得出了基本公共服务水平的提高可以促进经济增长的结论。[②]

不同类别的基本公共服务均等化,带动的相关产业有差异。基础设施公共服务可以直接带动矿业、机械设备制造业、建筑业、电力、热力、运输仓储邮政、信息传输、计算机服务和软件业等产业的生产;教育公共服务可以直接带动文化产业、机械设备制造业、建筑业以及其他制造业等产业的生产;医疗卫生公共服务可以直接带动化工业、机械设备制造业、建筑业等产业的生产;社会保障、就业等其他类型的公共服务,也都能带动相关产业的生产。高水平的基本公共服务均等化,能够为民众提供安全感,减少预防型储蓄,增加当期消费,进而拉动经济增长。另外,基本公共服务均等化还能发挥社会矛盾"缓冲器"的作用,带来稳定的社会环境,从而为经济平稳健康发展提供保障。综合学者们的研究,基本公共服务均等化对经济增长具有"直接拉动效应、间接拉动与推动效应、正外部性效应"[③],其价值从"被动"转向"积极",成为高质量发展的重要动力。

发展不平衡不充分问题是影响共同富裕的主要因素。提高基本公共服务均等化供给水平,是满足人民美好生活需要的必要之举,同时也是降低不平衡不充分程度的重要举措。增加养老、健康、教育等领域公共财政的大规模投入,同时还可以吸引社会资本和民营资本的积极参与,长久地促进社会需求,带动社会生产,让财富"蛋糕"越做越大,进而对促进共同富裕起到基础性作用。

### (三) 分配调节效应:缩小收入差距

共同富裕为正义观念和正义实质提供了基本的历史唯物主义评判。[④]

---

① Tamai T. , "Variety of Products, Public Capital, and End Ogenous Growth", *Economic Modelling*, No. 26, 2009, pp. 251 – 255.

② 杨颖、穆荣平:《基本公共服务与经济增长关系的理论与实证研究》,《科学学与科学技术管理》2012 年第 11 期。

③ 付焕、张萌、王静:《新型城镇化公共服务支出的经济增长效应研究》,《现代经济探讨》2017 年第 8 期。

④ 肖祥:《共同富裕:社会正义的中国实践及其发展启示》,《理论月刊》2023 年第 1 期。

其核心是在做大"蛋糕"的基础上分好"蛋糕"，关键是对效率和公平的兼顾，制定并落实合理的分配政策。党的二十大报告指出："分配制度是促进共同富裕的基础性制度。"相关研究表明，依靠市场本身进行的初次分配，其收入调节作用有限，不能实现新发展阶段全体人民共享发展成果。共同富裕建立基础是有着较大时空差异、结构性差异与均衡差异的全面小康社会，需要在城乡之间、区域之间、群体之间实现均衡化发展。

基本公共服务均等化具有很好的再分配调节效应。① 政府获得财政收入，通过财政转移支付，再向公众提供公共服务，这在本质上是国家主导的再分配过程，明显有助于缩小城乡、区域和不同社会群体之间的收入差距，因此公共服务的均等化能够缩小分配差距。② 社会保障、公共教育、公共就业等不同类型的公共服务对收入差距都有很大的影响。以社会保障服务为例，发达国家的经验表明，社会保障及其福利制度对缩小收入差距具有积极的作用，且高于税收的影响。在瑞典、丹麦、芬兰、英国等国家，社会保障对减少收入不平等的贡献率达到 80%；在美国，这一数字也达到了 55%。③ 相关研究也证明，教育公平有利于促进收入公平④，就业公平对缩小收入差距也存在"正向效应"⑤。

在某种意义上，居民所享受的公共服务，也是其广义收入的一部分。政府通过差别税率进行税收筹集公共财政收入，然后通过公共财政支出均等化地为不同群体、不同区域的城乡居民提供各种公共服务，从而形成了清晰而完整的再分配链条。基本公共服务均等化实际上是一种保障民生、推动社会公平的政策工具，能够促进社会成员共享改革发展成果。

### （四）全面发展效应：提供精神食粮

共同富裕体现了物质性与精神性的辩证统一，是"物质生活和精神

---

① 蔡昉：《拉动内需应当加大再分配力度　突破口是基本公共服务均等化》，《企业观察家》2020 年第 10 期。

② 陶东杰、陈政弘：《公共服务均等化与居民再分配偏好》，《湖北经济学院学报》2022 年第 5 期。

③ 杨穗、赵小漫：《走向共同富裕：中国社会保障再分配的实践、成效与启示》，《管理世界》2022 年第 11 期。

④ 陈全才：《教育公平与收入差距关系的协整分析》，《商业经济》2009 年第 2 期。

⑤ 邵勤、许超：《就业公平对中国城乡收入差距的影响研究》，《统计与决策》2016 年第 5 期。

生活都富裕"①。只有物质上的富裕，而没有精神上的富裕，就不是真正的共同富裕。② 共同富裕与人的全面发展高度统一，扎实推进共同富裕最终必须落脚于实现"人的全面自由发展"。在此意义上，共同富裕必须奠基于基本公共服务均等化。

基本公共服务大量内容关涉的是社会指标，内蕴了中国式现代化的基本特征。2012 年 7 月国务院印发实施的《国家基本公共服务体系"十二五"规划》，明确了基本公共服务的"核心范围"包括基本民生领域、公益性事业领域以及与人民生活环境相关的公用设施、环境保护、公共安全等领域"扩展范围"。2017 年 1 月国务院印发实施的《"十三五"推进基本公共服务均等化规划》，对基本公共服务的范围进行了一定程度的调整，调整为基本公共教育、基本劳动就业创业、基本社会保险、基本医疗卫生、基本社会服务、基本住房保障、基本公共文化体育、残疾人基本公共服务 8 个领域的 80 个项目。2021 年 12 月国务院印发实施的《"十四五"公共服务规划》将基本公共服务确定为"幼有所育、学有所教、劳有所得、病有所医、老有所养、住有所居、弱有所扶、优军服务保障、文体服务保障"。从政策文本分析可以发现，基本公共服务的内容是随着社会变化而动态调整的，在整体上体现了从"物质文化生活需要"到"美好生活需要"的嬗变。

共同富裕的"文化"属性与"精神"含量，标示了中国式现代化模式超越了"物质增长至上""个人资本至上"的西方现代化模式，是人类文明进步的新形态。基本公共服务均等化通过不断提升精神生活共同富裕的实现程度，为共同富裕提供了现实可能性与历史必然性。从现实可能性来看，推进基本公共服务高质量供给，提供多样化、多层次、多方面的精神内容，可以实现对人民群众的美好生活需要的期盼，持续促进人的全面发展，共同富裕就会取得实质性进展；从历史必然性来看，深入推进基本公共服务均等化，持续为社会主义现代化事业提供价值引导力、文化凝聚力、精神推动力，共同富裕必定能够实现。

---

① 习近平：《扎实推动共同富裕》，《求是》2021 年第 20 期。

② 李辉：《共同富裕的哲学意涵》，《中南民族大学学报》（人文社会科学版）2022 年第 6 期。

# 三 基本公共服务均等化推动
# 共同富裕的实践路径

"任一民主国家的稳定不仅取决于经济发展，也取决于它的政治制度的合法性与有效性。"[①] 共同富裕作为经济高质量发展基础上的社会建设理想，描绘了未来中国社会的包容性、公平感与美好度，作为一种目标已经形成了社会共识，能够为中国特色社会主义制度提供合法性与有效性。共同富裕作为一种现实实践活动，必须在尊重社会发展客观规律的基础上去实现。基本公共服务均等化是实现共同富裕的逻辑前提、坚实基础与关键环节，必须健全二者的有机衔接机制。[②]

**（一）调整基本公共服务空间布局，提升均等化程度，促进共同富裕**

从空间维度上看，基本公共服务均等化并非追求完全的空间均质发展，而是在合理空间差异基础上的均衡发展。中国是一个幅员辽阔的国家，区域之间发展非常不平衡。东部沿海地区相对发达，中西部地区相对欠发达，即使是同一个省份内部，发展差异仍然巨大，因此，基本公共服务均等化应该允许地区差异。在城市与农村之间，由于长期的城乡二元经济结构影响，城乡之间在经济发展水平以及社会环境等方面存在明显落差，城乡居民对基本公共服务的需求同样存在差异，因此基本公共服务均等化应该允许城乡有别。当然，这种地区差异与城乡有别应该是符合国家标准前提下的正常差别。基于当前区域之间、城乡之间差距过大的情况，国家需要调整基本公共服务空间布局，提升均等化程度，从而更好发挥基本公共服务促进共同富裕的政策效应。

以城乡融合发展为手段促进城乡基本公共服务均等化。在贯彻乡村振兴战略与新型城镇化战略的基础上，通过制度、空间和经济三个层面

---

① ［美］利普塞特：《政治人：政治的社会基础》，刘钢敏、聂荣译，商务印书馆1993年版，第53页。

② 姜晓萍：《基本公共服务均等化是实现共同富裕的着力点》，《光明日报》2021年10月7日。

公共服务供给制度集成创新，以及"城乡对接—城乡并轨—城乡融合"动态过程，实现各种基本公共服务的均等化分享。在制度层面，逐步缩小并最终消灭城乡基本公共服务的制度差异，核心措施是将基本公共服务供给水平与享受者的户籍、职业等"脱钩"，与公民权利、居住地等"挂钩"，按照常住人口配置公共资源，解决城乡不同人群公共服务不均衡的问题。在空间层面，持续降低农村居民享受公共服务的成本。这个成本主要体现在货币和时间两个层面。要通过空间规划、建设与治理，优化道路基础设施、开展道路详细规划以及提供充足的公共交通工具等，让农村居民能更方便地获取公共服务收益。在经济层面，加大对乡村区域基本公共服务的财政投入力度，对低收入人群给予一定的政策补助，加快实现城乡居民公平均等地享有公共服务受益权利。

以财政转移支付为手段促进区域基本公共服务均等化。财政转移支付作为重要的财政体制安排，可以大大降低区域财政能力与公共服务供给的不平衡程度，有助于基本公共服务均等化。优化转移支付制度设计，可以从完善转移支付结构、提升资金使用效率与完善横向转移支付三个方面着手。要严格控制专项转移支付资金规模，适量补充特殊转移支付，提高一般性转移支付资金中基本公共服务转化比例，完善转移支付结构。要建立激励约束机制，对年度基本公共服务均等化的实现程度进行持续监测，对相关项目的投资效率进行分析，全面推广基本公共服务均等化的年度进展报告制度；增强省级政府统筹职能，按照帮扶类、应急类和补偿类分别确定运作方式，完善横向转移支付。

**（二）优化基本公共服务供给结构，提升均等化精度，促进共同富裕**

基本公共服务供给与需求的匹配度，是衡量其供给有效性的标准。随着社会主要矛盾的转移，基本公共服务供给结构不合理的情况比较明显，主要表现为公共投资偏好于维护性和经济性的公共服务，对社会性公共服务投资不足；城市地区的公共服务资源非常集中，而欠发达的农村地区公共服务资源供给明显不足；精神文化类的公共服务供给水平偏低，难以满足人们不断增长的需求。因此，必须充分发挥政府"有为之手"的功能，利用各种政策工具不断优化基本公共服务的供给结构，提升均等化精度，从而更好地促进共同富裕。

提升民生性基本公共服务的支出比重，强化基本公共服务的兜底性功能。基本公共服务作为"基础安全网"发挥兜底性重要功能，在促进全体人民共同富裕的过程中能够持续提供保障作用。要针对弱势群体、相对贫困人群的服务需求，增加对基本保障类公共服务的投入，不断扩大最低生活保障、义务教育、基本医疗卫生等领域公共财政资金投入。要通过大数据等手段，精准定位"夹心层"人群，针对这一类人群的需求，加大对教育培训、就业指导、住房保障等领域的投入，为共同富裕提供内生动力。针对农业转移人口，按照以人为核心的新型城镇化的内在要求，建立基本公共服务同常住人口挂钩、由常住地供给的机制，持续提高非户籍常住人口在流入地享有的基本公共服务项目数量和水平。

加大文化类基本公共服务的供给力度，提升基本公共服务的赋能性功能。文化类基本公共服务往往以价值理性与工具理性的统一为行动逻辑，具有价值性、先导性、浸润性、生态性和发展性特征，对于减少能力贫困、提升权利意识、实现精神富裕具有重要的作用。要加大欠发展区域的公共文化资源投入，推动基本公共服务为低收入人群赋能，通过人力资本提升实现其可持续发展。要提升乡村区域文化服务效能，着力打造邻里守望相助、共筑精神家园的平台，建立优质文化资源共享机制，发展特色文化产业与文化事业。加大以新基建为代表的公共服务类基础设施投资力度，适度超前推动赋能型服务的供给侧改革，提升优质教育培训资源、医疗卫生资源在基层和乡村的可获得性，重视知识扶贫、语言扶贫、信息扶贫，扎实推进精神生活的共同富裕。

**（三）提高基本公共服务供给质量，提升均等化高度，促进共同富裕**

在全面建设社会主义现代化国家新征程上，"高质量发展"和"共同富裕"是指导基本公共服务均等化前进方向的两个原则。[①] 特别需要说明的是，基本公共服务的"基本"，从来不意味着质量标准的低下。某一质量水平，对于这一阶段高于"基本"，可能在下一阶段就变成了"基本"。基本公共服务提供水平不是静态的，而是不断变化的。随着经济社会的

---

① 袁威：《基本公共服务均等化的政策逻辑与深化：共同富裕视角》，《中共中央党校（国家行政学院）学报》2022 年第 4 期。

发展，供给水平需要不断提高，供给范围需要不断扩大。人民群众对劳动就业、社会保障、公共教育、医疗卫生等服务需求由低渐高逐次递进，有序发展，政府也要不断调整职责范围与服务水平，去回应民众的需求，更好地适应共同富裕的要求。

动态调整基本公共服务供给标准。2021 年国家发改委等 21 个部门发布了《国家基本公共服务标准（2021 年版）》，从 9 个方面明确了国家基本公共服务的具体保障范围和质量要求。同时，相关部门提出"国家标准原则上每五年进行集中统一调整"。这为基本公共服务均等化与共同富裕的同步推进提供了方向指引。在新发展阶段，要按照技术逻辑，坚持"尽力而为"与"量力而行"的统一，通过常态化、制度化的调整机制，确保基本公共服务质量的标准调整与共同富裕的发展进程基本一致。

建立整体性基本公共服务治理体系。基本公共服务治理要有系统思维，整体性治理理论对其供给过程有很好的适用性。要做好顶层设计，推动治理过程中的层级合作，完善区域基本公共服务统筹机制，提升不同社会事业发展规划的协同度，避免资源浪费。要实现多元协同治理，基于元治理理论创新公共服务合作机制，完善基于 PDCA 的政府购买公共服务全过程质量保障机制。要建立大数据驱动的基本公共服务管理体系，完善基本公共服务需求信息平台，搭建供需对话空间，根据需求偏好进行公共服务项目的科学排序，有效解决公共服务供需错位问题。

# 四 结语

习近平总书记指出："共同富裕是中国特色社会主义的根本原则，所以必须使发展成果更多更公平惠及全体人民。"① 作为执政理想与社会目标的"共同富裕"，不仅是对资本主义社会"贫富悬殊"的批判，还是中国共产党基于人类社会历史发展一般规律在新时代作出的政治承诺。"基本公共服务均等化"作为一个现代性的命题，由中国政府提出并由中国学者加以探析、延伸和拓展，其与共同富裕存在着价值理念、理论基础与治理体系的吻合，因而成为扎实推进共同富裕的坚实基础与重要举措。

---

① 《习近平谈治国理政》第 1 卷，外文出版社 2018 年版，第 13 页。

　　《共产党宣言》指出,"人的自由发展"是我们追求的终极目标,而"每个人的自由发展是一切人自由发展的条件"。新时代推进共同富裕的理论创新与制度实践,开辟了马克思主义新境界,是对历史逻辑的当代阐释。在社会主义现代化建设新征程上,实现基本公共服务均等化,进而推动共同富裕,都面临着长期性、艰巨性与复杂性的挑战。未来要在大历史观的指引下,创新基本公共服务的中国话语,彰显共同富裕的中国气质,以中国式现代化开辟人类文明新形态。

# 县域治理：中国之治的"接点"存在[*]

王敬尧　黄祥祥[**]

## 一　问题的提出

作为提升"十四五"时期社会治理效能的关键载体，县域居于"国家—社会""城市—乡村"的接点位置。因其在各个方面的重要性，也有"政治接合点""城乡融合点""生态稳定器"等生动形容。截至 2020 年底，中国有县级行政区 2844 个，县域面积约占中国面积的 93%，县域人口约占中国人口的 74%，县域 GDP 约占中国 GDP 的 53%。[①] 2022 年，在中央一号文件《中共中央　国务院关于做好 2022 年全面推进乡村振兴重点工作的意见》中，"县"与"县域"词频出现次数达 41 次，强调将县域作为乡村振兴的基本单元。《"十四五"推进农业农村现代化规划》要求"将县域作为城乡融合发展的重要切入点"，并着重强调"县域统筹"和"整县推进"。《关于推进以县城为重要载体的城镇化建设的意见》进一步明确，以县城为重要载体推进城镇化建设。从一系列国家战略和政策制定角度看，从县域找到新的突破口和增长点，是当前社会各界的基本共识和努力方向。这既表明县域的特殊角色、关键地位和战略意义，也表明"国家—社会二分法"已经无法解释当下的中国治理，社会实践

---

　　[*]　来源：《行政论坛》2022 年 7 月。

　　[**]　王敬尧，四川大学公共管理学院教授；黄祥祥，华中师范大学政治与国际关系学院研究生。

　　[①]　何晓斌：《以县域为基础的现代化和共同富裕》，《探索与争鸣》2021 年第 11 期。

恰恰展现出二合一的趋势。

## （一）县域特质

### 1. 场域特殊性

作为国家治理的"接点"，县域治理的重要地位不言而喻，但是就场域谈场域是远远不够的，县域有着区别于其他治理单元的核心特征，需要进一步揭示县域治理的单元特质。作为一个既包括城镇地区又涵盖乡村区域的特殊单元，县域治理在实践发展和学术研究中都有其既定的场域特殊性。

其一，县是两千多年以来中国基层最为完整的行政建制，并且具有成熟的组织形态。这种完整和成熟背后是一种承上启下的稳定结构，虽然在当代中国乡镇分担了一部分县级政府部门职能，但是县的组织完整性未受影响，特别是近年来乡镇政府能动性的不断弱化，使县级政府更加成为基层社会治理的关键节点。其二，县域囊括了中国基层的最一般场景，同时又因其分布广泛而包含特殊性。一方面，县域是国家意志执行的最基础落实者，更是承上启下者，贯彻的是国家的统一意志；另一方面，国家的广袤和地区的差异，使各个县域的资源禀赋和社会样态等都不尽相同，县域可以充分反映中国发展进程中多个阶段的丰富特质。其三，县域是城市与乡村的衔接点，更是城镇化过程中最具流动性的过渡点。县域包含着农村和城镇，县城又是离乡村最近的城市，更是传统乡村政治生活、经济生活和文化生活的主要核心。同时，经过代际更迭，大量农村和乡镇青年都在向上流动，在这个过程中，县城堪称一个不断接受过渡的"流动转换器"，更是人口城镇化的"测度表"。其四，县域是中国农村改革的前沿阵地，其因充分的代表性，成为各领域农村改革试点的最基础样本。改革开放以来，多个领域的农村试点改革不断开展，大多是以县为单位在中国范围内进行选取，"试点县"和"示范县"① 成为改革与发展的重要参照。

---

① 这里"试点县""示范县"中的"县"主要指县级行政单位，包括县、县级市、市辖区与自治旗。

2. 历史延续性

概览中国几千年发展史，县域都是沉浮更迭的见证者，其背后蕴含着鲜明的"生存逻辑"，而"生存逻辑"所体现的历史延续性更是后世发展的重要财富。作为一个亘古有之的持续话题，县域的治理与发展背后潜藏着国家与社会、权力与权利、资源与能力、集权与分权、政体与层级等多种内在关系。从空间上看，县域一直具有相对独立的稳定区域。囿于自给自足的自然经济，在封建社会更迭过程中，以县为单位的区域之间一直有着相对独立性。加之地理条件和自然环境等客观因素，大多县域的边界并未发生明显变化，展现了一种超稳定的存在形式。① 长期的基层组织保障，使县域对于社会秩序一直发挥着关键的维护作用。从时间上看，县域一直处于不断更迭的历史节点。自春秋时期取代分封制，郡县制历经王朝更迭，直到封建社会晚期都依然是政权最坚固的经济基础、政治基础和社会基础。而且，清朝末年传统"大一统"价值观念的瓦解，乃至君主专制与中央集权的政治制度的分崩离析，皆是在县域制度改革的催化下发生的。② 不同历史时期县域治理的环境背景移易与权力运作演变，对于当前的学术研究和实践发展，都有着很大的研究价值与参考意义，对于县域治理一般性分析框架的构建也有着显著的助推作用。

3. 视角多元性

县域治理的内容涵盖了地方政府、区域经济、社会治理和地理格局等领域的诸多视角。随着研究的进一步发展成熟，各领域视角下又开辟出多个研究分支，其层层交叠，彼此交叉融合，进而促使县域治理研究视角不断多元化。值得注意的是，视角多元的背后是县域特质普遍性与特殊性的统一。一方面，县域场域内各个视角都受到县域特质的影响；另一方面，各个具体领域又存在其自身发展的规律。因此，这些视角的现实发展和学术研究，兼具自身领域和县域场域的双重特征。同时，在县域多个具体领域视角之外，还有将县域作为一个环节或者部分的整体性推进视角，诸如在国家整体战略——脱贫攻坚、乡村振兴和城乡融合等推进中的作用及其生发机制，均是县域治理的多元视角之一。对多层

---

① 郭和平：《县级管理学》，山东人民出版社 1988 年版，第 19 页。
② 宋亚平：《晚清自治思潮与县制改革》，《武汉大学学报》（人文科学版）2013 年第 2 期。

次、多阶段、多元视角发展的充分关注，正是县域治理过程得到最大限度还原的关键所在。无论是从主体、内容、体系抑或目标来看，县域治理的研究视角都有着极其广阔的涵盖面和包容度。

4. 理论聚焦性

县域治理有着很强的理论聚焦性和广阔的开拓空间。杨雪冬以政治系统分析的方法，建立了一个县域中观分析框架。[①] 徐勇以特定事件为对象，针对县域角色提出了"接点政治"的分析概念。[②] 王敬尧构建了"县级治理能力"分析框架。[③] 更有学者主张将"县"作为一种研究方法和概念体系，并致力于形成由县而生发的中层理论。[④] 然而，对于县域治理这一包罗万象的研究场域，现有理论参照的解释度和延展性仍是不足的。理论的生产是当前学界的共同难题，作为一个在适用理论方面较为广泛多样的县域治理研究则更为甚之。以往关于地方政府的研究更多的是对于"地方"的泛化研究，虽然近年来对省域、市域和县域治理方面的研究逐渐具体化，但是作为具体内容有着明显区别的研究场域，其各自的理论聚焦度依然有待提升。而且，现有的县域治理研究较多侧重现实问题导向的对策研究，缺乏系统性的学理研究，本土化理论提炼不足。有鉴于此，未来学术界的研究应对其予以关注。一方面，需要规范化的学术表达，发展县域靶向的理论研究。立足县域治理的本土实践，对其内在发展的要素结构、体制机制、实践机制等方面进行概念化与理论化，对县域治理进行统合化的学理表达和理论归纳。另一方面，需要立足中国特色，构建县域治理的框架体系。从县域治理的中国经验出发，通过田野调查和实证研究，将长时段、多视角县域治理的历史逻辑、理论逻辑和现实逻辑进行本土化归纳总结。

---

① 杨雪冬：《论"县"：对一个中观分析单位的分析》，载《复旦政治学评论》第 4 辑，上海人民出版社 2006 年版。

② 徐勇：《"接点政治"：农村群体性事件的县域分析——一个分析框架及以若干个案为例》，《华中师范大学学报》（人文社会科学版）2009 年第 6 期。

③ 王敬尧：《县级治理能力的制度基础：一个分析框架的尝试》，《政治学研究》2009 年第 3 期。

④ 刘岳：《作为方法的县》，《文化纵横》2019 年第 5 期。

### （二）"接点"特征

"接点"一般指开关、插销、电键和继电器中使用电路或通或断的开合点。徐勇提出"接点政治"的概念，并分别从县级政治和县级社会分析了县域这一"接点"部位。① "接点政治"概念中的"接点"类比的是电焊接口的"接点"，借以形容易锈蚀、易疲劳的"最为脆弱的'接点'部位"。本文中的"接点"将"脆弱点"发展为"开合点"，借用电路中的关键部位，用以强调事物发展过程中的矛盾点、冲突点与关键点。本文将县域类比为一个"接点"，它处于国家这台巨大机器的关键位置，是事关整个国家治理"或通或断"的"开合点"。一方面，基层治理成败最能反映国家治理能力的强弱，县域在基层属于"既城又乡"的角色，对基层治理有着较为广泛的代表性；另一方面，县域治理又是"上下一盘棋""条块模式"中的关键节点。具体而言，作为国家治理关键"接点"的县域治理，主要是从哪些方面凸显其"接点"地位的呢？再进一步，县域治理中事关成败的矛盾点和冲突点，也就是县域治理的内部"接

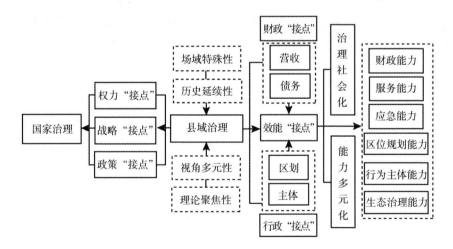

**图 1　国家治理的县域"接点"与县域治理"接点"**

---

① 徐勇：《"接点政治"：农村群体性事件的县域分析——一个分析框架及以若干个案为例》，《华中师范大学学报》（人文社会科学版）2009 年第 6 期。

点"，县域治理处于国家治理的"接点"位置，哪些内容又处于县域治理的"接点"呢？本文围绕县域治理在国家治理中的"接点"地位，以及县域治理的"接点"及其主要研究脉络发展进行阐述与讨论，如图 1 所示。一是突出县域治理的"接点"在何处，二是分析县域治理的"接点"从何处来又将往何处去，此两点是本文的核心问题。[①] 另外，在回应现阶段国家治理现实关切的同时，本文也试图为本土化国家治理和基层治理经验寻求更贴合的理论解释。

## 二 作为国家治理关键"接点"的县域治理

县域治理是基层治理的核心部分，更是国家治理体系和治理能力现代化的关键"接点"。在历史发展、现实推进和制度变迁过程中，县域治理可以分别被视为国家治理的权力"接点"、战略"接点"和政策"接点"。

### （一）权力"接点"：历史洪流中的县域治理

县的出现既是社会发展的时势使然，与春秋时期军事化环境背景息息相关，也是诸侯国内忧外患的产物。内稳上下，外利动员，郡县制可以说是春秋时期治理效率竞争的结果，加之官僚制度的迅速成长，促成了"治权"发展，进而成就了郡县制的确立。[②] 柳宗元在《封建论》中认为，郡县制是秦王朝实现六国一统的关键，"秦有天下，裂都会而为之郡邑，废侯卫而为之守宰，据天下之雄图，都六合之上游，摄制四海，运于掌握之内，此其所以为得也"[③]。塞缪尔·E. 芬纳也将秦朝集权化大一统政府得以形成的原因之一归结于郡县制的重要作用。[④] 同时，中国古代"内重外轻""外重内轻"的博弈也与郡县制有着密切关系。封建与郡

---

① 需要特别说明的是，乡村治理是县域治理的重要组成部分，但因篇幅有限，本文仅聚焦于"县"，文中对其未进行专门列举。

② 李磊：《中国政治传统中的郡县制》，《文化纵横》2017 年第 5 期。

③ （唐）柳宗元：《柳宗元集》，中华书局 1979 年版，第 71 页。

④ ［英］芬纳：《统治史（卷一）：古代的王权和帝国——从苏美尔到罗马》，王震、马百亮译，华东师范大学出版社 2010 年版。

县之辨，既造就了观念与经验双重面向的真正历史，同时也隐含着"公""私"之辨。① 它既属于经学史学的研究范畴，也影响着多领域理论与现实发展。在古代不同历史时期，封建与郡县之辨超脱了政体本身，延展到了权力与资源的分配、中央与地方政府的界限、权力的集中还是分散、政体设置需要集权还是分权孰更有利于传统国家政权稳定等话题，在晚清时期更是代表了权利、自治等政治观念的建立与发展。②

"皇权不下县"，是长久以来广受关注又分歧不断的话题。秦汉之后，虽然郡县制在中国的历史长河中屹立两千多年，但是后期随着权收于上，再加上对下放权，最终导致了"郡县空虚"，"官"止于州县，城邑转向乡野。③ 费孝通认为，民间自发形成的"双轨"治理，使基层社会在远离"皇权"的情况下，通过自上而下的"郡县制"和自下而上的"乡村自治"相结合实现自主运行。④ 萧公权则认为，传统中国的"皇权"以都城为核心向外的行政体系权力影响逐渐减弱，同时通过"精巧设计"由村庄、宗族和其他乡村团体延伸并控制到最底层。⑤ 当前，对于"皇权不下县"的态度，社会学界和政治学界多表示赞同甚至视为既定模式，但历史学界大多意见相左。当代基层治理的发展与改革，也大多以县为权力"接点"，中央自上而下适度向县下放权力，民众自下而上对县域治理充分参与。"郡县治，天下安"，作为两千多年传统中国的基石，县域在整个国家治理体系中，一直充当着权力的"接点"，也是权力运作、互动与博弈的重要场域。虽然权力经历了多轮的上收和下放，但在每一轮循环中也都不断地演变与创新，且直观展现其时的国家治理结构与运行效能。

---

① 渠敬东：《中国传统社会的双轨治理体系：封建与郡县之辨》，《社会》2016 年第 2 期。

② 鱼宏亮：《明清之际封建与郡县之辨再探——权力、利益与道德之间》，《文史哲》2018 年第 3 期。

③ 罗志田：《地方的近世史："郡县空虚"时代的礼下庶人与乡里社会》，《近代史研究》2015 年第 5 期。

④ 费孝通：《乡土中国》，上海人民出版社 2007 年版，第 275—293 页。

⑤ 萧公权：《中国乡村——论十九世纪的帝国控制（英文版）》，中国人民大学出版社 2014 年版，第 501—505 页。

### （二）战略"接点"：现实推进中的县域治理

在现实推进中，县域治理作为战略"接点"，其主要作用体现在以下五个方面。第一，县域是脱贫攻坚的主要场域。县一级是脱贫攻坚的前线指挥部，"贫困县"也是脱贫工作的基本承载体。[①] 从中国早期的减贫之路到新时代的脱贫攻坚战略，以县域为主要场域的扶贫开发方式是中国贫困治理体系推进中始终坚持的路径与方法，县域贫困治理对国家扶贫事业起到了基础性和支撑性作用。[②] 而且，经过脱贫攻坚实践，县级的枢纽作用以及沟通上、下层级实现有效配合，成为优化治理效能的重要依托。执行"精准扶贫"这一系列超复杂政策的过程，也是县域治理不断进行权力重塑与政策调适的过程。第二，县域是乡村振兴的基本单元。县域作为推进乡村振兴独具优势的基本单元，既能实现城镇化与乡村振兴的同步发展，也能协调基础设施建设与全面振兴的辩证关系，还契合了农民渐进城镇化和半城镇化特点。[③] 县可以直接进行乡村振兴战略的一线布局规划，根据县域内不同区域特点灵活制定政策，实现整体推进、区域布局和分类实施的内在统一。第三，县域是城乡融合的重要切入点。在人力资源、农地要素、产业质量、产业融合、教育资源、基础设施和社会保障等方面[④]，县域既有问题如何解决、潜在能量怎样发挥，都直接决定着城乡融合的成败。第四，县域是农业农村现代化推进的关键。地方政府在财力分配、管理体制和土地指标等主要环节向县域倾斜的做法，保障了县域的发展权和发展空间；以县为基本发展平台和推进单元，实现了农业农村现代化的整县推进[⑤]，是探索以县域为"接点"的中国特色

---

① 2012 年 3 月，中央扶贫办发布"国家扶贫开发工作重点县名单"，公布了中国范围内592 个国家扶贫开发工作重点县，也称"国家级贫困县"。参见《扶贫办发布"国家扶贫开发工作重点县名单"》，http：//www. gov. cn/gzdt/2012 –03/19/content_2094524. htm。

② 龚冰、吕方：《"摘帽县"如何巩固拓展脱贫成果？——基于兰考县案例的思考》，《甘肃社会科学》2020 年第 1 期。

③ 杨华：《论以县域为基本单元的乡村振兴》，《重庆社会科学》2019 年第 6 期。

④ 孔祥智、谢东东：《城乡融合发展面面观：来自县域的报告》，《河北学刊》2022 年第2 期。

⑤ 王立胜、刘岳：《整县推进：农业农村现代化的"潍坊模式"》，《文化纵横》2021 年第2 期。

农业农村现代化的重要路径。第五，县域是共同富裕的实现基础。在改善公共服务均衡程度、打破城乡二元社会结构、推进居民收入"扩中""提低"等方面，县域的整体发展是实现共同富裕的基础。① 另外，县域生态治理直接关乎"碳达峰""碳中和"战略目标的实现，县域消费潜能的激发则是构建以国内大循环为主体、国内国际双循环相互促进的新发展格局的主要途径。

### （三）政策"接点"：制度变迁中的县域治理

作为一种自上而下的公共政策层级扩散路径，从"局部地区试点"到"全面推行"②，从改革试点走向制度示范，是各类关键性政策和创新性改革推进的必经之路③，而这一必经之路的主要铺筑基础，则是以中国范围内各个具有代表性的县域实践为试验基石。在制度发展和改革的过程中，省、市两级在一定程度上只是进行着改革政策的转译工作，而县级大多是直接执行者。县域的适度规模也使其在自主制定战略规划的同时，又能保证与公民的密切接触与直接沟通，具有区域政策即时变动的灵活性优势。④ 在以往众多政策扩散和制度变迁过程中，县域都扮演着重要角色，是从"试点"走向"示范"的重要依托。县域"接点"接收上级创新政策的执行任务，经过本土化规划，在试点实践开展顺利后，进行政策扩散与示范推广，为整体改革铺平道路。之所以将县作为主要试点对象，一方面，是因为以乡或村为单位，经验参照和可采信度稍差，无法形成能被有效参考且进行制度转化的公共政策；另一方面，如果从县级以上的层级直接开展试点，试错风险较高，可控性不足，灵活性也较差。而且，作为基层最完整的建制和农村改革"一线指挥部"，县域既是政策试点的最重要场域，也是最常见的中国式制度变迁的出发点。最具显著性的制度改革与政策扩散案例是近年来在县域试点的"三块地"

---

① 何晓斌：《以县域为基础的现代化和共同富裕》，《探索与争鸣》2021年第11期。
② 王浦劬、赖先进：《中国公共政策扩散的模式与机制分析》，《北京大学学报》（哲学社会科学版）2013年第6期。
③ 姚尚建、刘铭秋：《从政策试点到制度示范——发展型国家的治理转向》，《学术界》2020年第8期。
④ 贺东航、孔繁斌：《公共政策执行的中国经验》，《中国社会科学》2011年第5期。

改革，为《中华人民共和国土地管理法》的修订提供了实践基础；电子商务试点县建设的启动，保证了电子商务进村综合示范县的分批推进与稳步转化。中共中央办公厅、国务院办公厅印发的《乡村建设行动实施方案》也提出要"持续开展数字乡村试点"，而《关于开展国家数字乡村试点工作的通知》发布后，在中国范围内业已开展了以县域为单位的数字乡村试点探索。

## 三 县域治理的现实"接点"及其发展趋势

纵览改革开放以来的县域发展和学术研究历史脉络，大致可从三个模块进行划分：从县域财政发展、县域行政改革走向县域治理效能提升。三者也存在不同侧重点的递进性，不过这种递进性并非互相替代，而是主要体现在现实追求和研究视角的变化方面，在重要性程度上并不排他。根据不同地区各类县域的发展程度，县域治理各个"接点"的侧重程度仍然有着与其发展阶段相适应的重要性。

### （一）营收模式与地方债务：县域治理的财政"接点"

县域经济作为整个国民经济运行过程中的基本组成单元，是中国国民经济的基层经济、基本支柱和统筹城乡发展的重要环节。县域经济作为一个整体，既有完整的产业结构，也包括区域内产业的总和以及各种经济所有制的总和。县域经济直接关系到农村经济的发展状况，承担着农村改革和乡村振兴的重要责任。县域经济的联动与合作，在区域经济发展过程中扮演着重要角色，促进经济要素在更大范围内的集聚与流动，能够实现对行政界限的突破，激发区域发展动力，增强区域经济发展的平衡性。深究县域财政发展"接点"，从收支平衡角度分析，主要还是落脚在县域营收模式与县域债务问题上。

财政资源是县域治理的一个重要基础，财政制度改革甚至被视为解决县域问题的核心出路之一。通过对财政收支状况的分析，我们可以直观地反映出县域公共服务的供给能力和治理能力，而从财政的角度对县域发展的状态和原因进行分析，可以通过财政收支状况考察县级财政现状，并进一步厘清财政现状对县域内公共服务供给的影响。县级财政自给能力的弱势，加之与其不对称的事务职责和支出责任，容易引发地方财政决策行为的扭曲。财政层面的收支问题虽然是县域经济发展的核心，但是二者均受到各个领域的复杂影响。张五常就提出了"县域竞争"论，认为县与县之间在土地的利用上展开的竞争是地方财政发展乃至中国经济高速增长的根本原因。① 这一论点得到了广泛回应，但也备受争议。周业安认为，地方府际竞争加剧了宏观经济的不平衡和区域不平等，容易导致重复建设和地方保护主义，同时也是土地财政的主要原因之一。② 当前，中国范围内的各个县域经济发展状况，有着明显且在持续扩大的绝对差异。③ 在中国东部、中部、西部和东北部等四大区域，西部地区县域经济发展水平差异最大。在各个地区内部，东部地区和中部地区内部县域经济差异在扩大，西部地区和东北部地区则逐渐在缩小，而县域经济发展活力仍主要集中在东部沿海发达地区、中西部大城市周边地区和北方能矿资源富集地区。④

　　20 世纪末，乡镇企业"异军突起"。1991 年的乡镇企业总产值占农村社会总产值的 66.4%，乡镇工业产值占中国工业总产值的 34.4%。⑤ 在部分地区，乡镇企业一度成为县域经济的"顶梁柱"。国内外学者对乡镇企业的研究主要集中在繁荣原因、产权性质及其模式特殊性等方面。周飞舟将既有解释划分为三大类，即"经济结构论""政府行为论""历史背景论"。⑥ 戴慕珍也对乡镇企业迅速发展背后的独特机制进行了深入

————————

　　① 张五常：《中国的经济制度》，中信出版社 2017 年版，第 158 页。

　　② 周业安：《地方政府治理：分权、竞争与转型》，《人民论坛·学术前沿》2014 年第 4 期。

　　③ 据中国社会科学院财经战略研究院县域经济课题组的《2020—2021 年全国县域经济形势报告》统计，2020 年，400 个样本县（市）地区生产总值平均经济规模 527.9 亿元，东部地区平均经济规模为 649.1 亿元，中部地区平均经济规模为 450.5 亿元，西部地区平均经济规模为 404.2 亿元，东北地区平均经济规模仅为 290.7 亿元。从县域 GDP 规模上看，GDP 超过 1000 亿元的县（市）共有 38 个，其中，江苏省从上年的 13 个增至 16 个，浙江省由 8 个增至 9 个，福建省从 3 个增至 4 个，湖南省仍为 3 个，山东省仍为 3 个，河北省从 0 个增至 1 个，陕西省、江西省与贵州省仍各 1 个。

　　④ 曹丽哲、潘玮、公丕萍等：《中国县域经济发展活力的区域格局》，《经济地理》2021 年第 4 期。

　　⑤ 李炳坤：《乡镇企业改革开放十五年的历程回顾与前景展望》，《管理世界》1993 年第 5 期。

　　⑥ 周飞舟：《回归乡土与现实：乡镇企业研究路径的反思》，《社会》2013 年第 3 期。

挖掘。[①] 有学者对乡镇企业进行实地研究，从而针对乡镇企业的发展历史与运行机制进行了详细分析。[②] 渠敬东从占有、经营和治理三个层面剖析了乡镇企业的产权特殊性和制度创新性。[③] 也正是因为其产权特殊性，乡镇企业后期发展逐渐失衡，虽然进行了各种转制和改革，但是"产权明晰"难度过大且成效甚微，各种不可逆转的问题接踵而来，大部分乡镇企业走向破产。

随着乡镇企业发展开始走向没落，加之城镇化的日益加速，县域经济的内生资源挖掘与依赖开始侧重以土地开发为主，一种新的县域财政来源开始出现并且迅速占据主导地位——土地财政。分税制改革之后，县域经济的发展模式主要是县域政府通过融资平台与项目平台来应对中央规制，通过获得土地等核心资源的垄断权力，以刺激经济发展。[④] 也可以说，土地财政是分税制改革所带来的一个意外结果。土地征用、开发和出让及其带动的建筑业和房地产业的兴盛成为城市扩张的核心内容，并构成地方政府财政收入最重要的支柱。然而，随着城镇化进程的持续加快，农民土地收益的均衡缺失以及《中华人民共和国土地管理法》的最新修订，土地财政的可持续性越发受到质疑，既有发展路径已难以为继。目前，县域财政的经营创收仍然处于对创新型可持续化模式的探索阶段。在各种新型的县域财政创收途径中，县域电子商务因其明显的正向溢出效应而备受瞩目，或许能够成为可供探索的创收模式之一。[⑤]

在县域财政的难解"痼疾"中，最突出的就是规模庞大、影响深远

① OI, J. C., *Rural China Takes Off: Institutional Foundations of Economic Reform*, Berkeley: University of California Press, 1999.

② 马戎、王汉生、刘世定：《中国乡镇企业的发展历史与运行机制》，北京大学出版社1994年版。

③ 渠敬东：《占有、经营与治理：乡镇企业的三重分析概念（上）：重返经典社会科学研究的一项尝试》，《社会》2013年第1期。

④ 折晓叶：《县域政府治理模式的新变化》，《中国社会科学》2014年第1期。

⑤ 王奇、牛耕、赵国昌：《电子商务发展与乡村振兴：中国经验》，《世界经济》2021年第12期。

且偿还能力有限的县域政府债务问题。① 分税制改革以来，县域财政长期面临着主体税源不足、转移支付制度欠佳和可持续性创收途径狭窄等问题，但却肩负着县域基础设施建设和农村基本公共服务的直接责任，收入能力与支出责任严重不对称，"小马拉大车"更是使其长期处于财政吃紧的状态。加之某些地区性"短视"项目的上马等，使县域债务存量规模不断增大。不少县域政府的债务业已达到或者接近一种不可持续的状态。② 实践表明，单纯依靠征管技术、转移支付和政府债券等方式只能起到短期的缓解作用，最为有效的方式依然是增强地方财政自身的"造血"功能。现阶段，县域政府债务问题的防范与消解走向何方，已经直接影响着县域治理、地方治理乃至国家治理效能的提升。

### （二）行政区划与行为主体：县域治理的行政"接点"

长期以来，县级政府都是政府层级中最基层的单位。虽然下设乡镇政府，但是乡镇政府没有完整的建制，缺乏相对独立的治理资源和权力。在相当长的一段时间内，乡镇政府的具体定位与县乡关系都引起了广泛的学术讨论。可以说，县级政府始终是县域范围内的行政核心，更是党组织和国家政权结构中的关键"接点"。在"接点政治"的概念中，在政治层面，县政承上启下，是国家上层与地方基层、中央领导和地方治理、权力运作与权力监控的"接点"；在社会层面，县城是城市与乡村、传统与现代、中心与边缘地带的"接点"③；在政府层级方面，县级政府在整体"省—市—县"层级结构中处于基层"执行者"的角色，在基层"县—乡—村"结构中则扮演着"压力型体制"中的上级角色，县级政府对乡镇政府的压力，大多又被乡镇政府摊派分解至村"两委"，并被缺乏

---

① 2013年6月，地方政府债务规模10.8万亿元，其中，县域政府债务4.2万亿元，占比38.9%；至2020年年底，地方政府债务余额为25.66万亿元，县域政府债务仍占地方债务近三成。参见《2013年第32号公告：全国政府性债务审计结果》，http://www.audit.gov.cn/n5/n25/c63642/content.html；《2020年全国财政决算》，http://yss.mof.gov.cn/2020zyis/。

② 庄佳强：《新格局下县域政府债的规模、结构与可持续性》，《财政监督》2021年第18期。

③ 徐勇：《"接点政治"：农村群体性事件的县域分析——一个分析框架及以若干个案为例》，《华中师范大学学报》（人文社会科学版）2009年第6期。

财政能力的村"两委"有选择地执行抑或是化解①；在政府治理模式方面，以分税制为分水岭，县域政府"权力—意志—绩效"互相推动形成了新型运作模式②，进而引起县级政府角色的新转变。在党政体制、"政治统合制"视角下的县域治理体制，党政体制与科层体制分工合作，共同应对着县域治理的大部分问题。③ 但是国家权力体系在一定前提下具有提高地方治理能力的潜力，党政体制、"政治统合制"也并非纵览一切的"特异功能"。④ 相对于其他层级，县域政府机关的相对独立性和灵活性，使其能够更加创造性地开展工作，这一特点有利于其职能的充分发挥。然而，在相当长的一段时间内，作为基层公共服务的提供主体和县域内城乡均衡的直接调控者，县级政府普遍存在责权不匹配、财权与事权不相称以及县的自主权过小等问题，对其运作也造成了持久影响。现阶段，行政区划改革与行为主体"能动者"⑤，是县域行政运作的主要"接点"。

在行政区划改革方面，"省直管县""撤县设市""撤镇设市"均是近年来的主要方向和创新思路。"省直管县"改革，即从"省—市—县"体制转变为"省—县"体制，主要分为"行政省直管县"与"财政省直管县"。这类体制改革最早可追溯至新中国成立初期，是一种以县域为基点的行政区划扁平化设计，通过一定程度的条块优化和简政放权，在县域治理组织结构和资源结构方面取得了明显的成效。同时，"省直管县"改革对于县域城镇化、城乡关系、产业结构、生态治理等方面都起到了大量的正向效应，但是在层级权力配适度、改革的区域选取标准、省内城镇建设结构以及县域间均衡问题等方面仍需审慎。⑥ 而且，以往制度中的制度黏性所导致的路径依赖，在一定程度上会弱化部分"省直管县"的改革效果。以"省直管县"改革为代表的行政区划改革，需要进行全

---

① 吕玉霞、刘明兴、徐志刚：《中国县乡政府的压力型体制：一个实证分析框架》，《南京农业大学学报》（社会科学版）2016 年第 3 期。

② 折晓叶：《县域政府治理模式的新变化》，《中国社会科学》2014 年第 1 期。

③ 杨华：《县域治理中的党政体制：结构与功能》，《政治学研究》2018 年第 5 期。

④ 虞崇胜、何路社：《我国县域地方治理权力架构的考察及讨论》，《扬州大学学报》（人文社会科学版）2019 年第 5 期。

⑤ 欧阳静：《治理体系中的能动者结构：县域的视角》，《文化纵横》2019 年第 2 期。

⑥ 熊文钊、曹旭东：《"省直管县"改革的冷思考》，《行政论坛》2008 年第 5 期。

方位的体制改革，才能有效地实现府际关系的重构①，以寻求行政区划改革的突破口。除行政和财政方面的"省直管县"以外，改革后的实际权限配置、权限承接、与省辖市关系、司法与人事配套改革等方面的细节问题也需要进一步探索。

此外，围绕县域行政区划改革更为常见的是"撤县设市"。在《2021中国县域高质量发展报告》公布的高质量发展县域百强名单中，共有76个县级市和24个县，前十强中只有1个"县"。② 这也表明，在发展质量较高的县域推行撤县设区和撤县设市是大势所趋。为了促进行政区划与经济发展和城镇化进程相适应，中国曾经在扩大城市规模和增加城市数量之间权衡，撤县设市和撤县设区是后者的重要方法。撤县设市带来了一系列的溢出效应、竞争效应、辐射效应。虽然因为竞争效应的负面影响扩大以及"假性城市化"而被一度叫停③，但是其正向效应和负面影响在不同地区的发展也有着明显的异质性。有研究指出，撤县设市在东部和经济发达地区有着明显的经济促进效应，而在中西部发展不充分地区效果不甚显著。④ 在新一轮的行政区划改革中，作为县域行政区划发展的重要方向，其因地制宜效果则是改革成效的关键影响因素。同时，撤县设市、撤县设区抑或是省直管县，还需要在一定区域内制定明确标准。在省直管县与撤县设市之外，还有改制县辖市、撤镇设市等创新构想与实践。

在行为主体方面，中央政府的基层政策执行职责主要在县级政府，而作为主要行为主体的县域干部，在政策执行过程中发挥着至关重要的作用。县域干部"作为中国干部队伍中数量最大的一个群体"，其状况直接关乎政权的稳定与改革的推进。⑤ 有研究将县乡干部称为"战略性群

———————

① 杨发祥、伍嘉冀：《"省直管县"的制度变迁与路径依赖——基于历史制度主义的分析视角》，《华东理工大学学报》（社会科学版）2017年第2期。

② 熊文钊、曹旭东：《"省直管县"改革的冷思考》，《行政论坛》2008年第5期。

③ 范逢春、周森然：《撤县设市政策的变迁：历程、逻辑与展望——基于历史制度主义的分析》，《北京行政学院学报》2021年第5期。

④ 唐为：《经济分权与中小城市发展——基于撤县设市的政策效果分析》，《经济学》（季刊）2019年第1期。

⑤ 冯军旗：《中县干部》，博士学位论文，北京大学，2010年。

体”，从而分析地方政府能动性与政策执行之间的关系。① 戴慕珍提出"地方政府法团主义"来解释县、乡、村三级干部的行为。② 在激励机制方面，县域干部的晋升虽然面临"科级天花板"的问题③，但是通过任务层层分解的政绩考核体系，县级干部还是被引入"晋升锦标赛"中，晋升同组织培养、综合能力乃至环境机遇均有着密切的关系。除晋升以外，县域干部的"层级分流"与关系主义运作，也是影响官员考核与激励的主要因素。同时，"问责"已成为县域干部的一种主要激励方式④，"避责"业已成为县域干部的一种主要行为取向。

县域治理的"一线指挥部"是县级党委常委会，作为县一级的领导核心，基本规模与任职分工及其背后的影响因素和调整原则⑤，对县域治理领导主体的运作效能有着重要影响。县委书记和县长之间的权力边界问题也尤其值得注意。⑥ 其中，作为县级党委"一把手"的县委书记，是"县域治理的核心行动者"。⑦ 县委书记对整个县域的发展来说，甚至可以一人代表整体意见，以其对县域条块资源的强大整合能力，组织动员全县资源"经营县域"。⑧ 所以说，虽然县的权力需要进一步扩大，但是县级领导"一把手"的权力则需要进一步审慎。一旦县级"一把手"的权力过大，随之而来的风险就不再是体制问题。只寄希望于个人的职业操

———————————

①　[德] 托马斯·海贝勒、舒耕德：《作为战略性群体的县乡干部（上）——透视中国地方政府战略能动性的一种新方法》，刘承礼译，《经济社会体制比较》2013 年第 1 期。

②　OI, J. C. , "Fiscal Reform and the Economic Foundations of Local State Corporatism in China", *World Politics*, Vol. 45, No. 1, 1992, pp. 99 – 126.

③　陈家建、赵阳：《"科级天花板"：县域治理视角下的基层官员晋升问题》，《开放时代》2020 年第 5 期。

④　杨华：《县乡中国：县域治理现代化》，中国人民大学出版社 2022 年版。

⑤　向杨：《适度规模与有效领导：地方党委常委会规模的逻辑》，《政治学研究》2022 年第 1 期。

⑥　黄其松、胡赣栋：《类型与授权机制：县域党政一把手权力配置分析》，《政治学研究》2019 年第 4 期。

⑦　樊红敏：《政治行政化：县域治理的结构化逻辑———一把手日常行为的视角》，《经济社会体制比较》2013 年第 1 期。

⑧　于建嵘、张正州：《理念、体系、能力：当前县域治理的转型困境与发展方向》，《学术界》2019 年第 6 期。

守和道德品质，这会引起很大的不确定性①，甚至导致县域政治生态的恶化。中共中央印发的《中国共产党党校（行政学院）工作条例》，就明确将县委书记纳入主要培训对象。中共中央组织部和中央党校也共同开办了县委书记研修班，对县委书记群体进行常规性的系统培训。而且，县委书记在官员履历中有着很显著的重要性，凡是履历中显示曾经担任过县委书记一职，在之后的晋升竞争中将会获得压倒性优势。② 也有学者提出县域官员的"异地任职"强化了县域公共权力"私有化"的可能，"流官当政"也"愈来愈不能满足央地两个治理主体相对独立的治理偏好"，"流官"注重升迁，"土官"则更加关注本地的利益网络，异地主官和本地官员之间的冲突分歧也易造成严重的政治资源内耗，"改流归土"也可以作为县域干部任用的参考取向。③

### （三）社会化与多元能力：县域治理的效能"接点"

治理效能是国家治理和县域治理的核心"接点"。治理效能由制度和政策共同决定，也是检验制度绩效的重要标准。④ 县域治理效能在内容上涵摄前两个模块，有着多个面向的广泛内容，其发展对县域治理的社会化程度和多元能力都有着新的要求，在这一发展目标的达成过程中，对县域财政发展和县域行政运作均有着显著的正向作用。

在国家治理体系和治理能力现代化的过程中，作为国家政权组织体系金字塔"底座"和城乡之间的节点⑤，县域治理有着相当特殊而关键的作用。县域社会治理体系包含多元的治理主体、特定的空间范围和复杂的治理内容，不仅反映着体制运作情况和变迁过程，而且作为协调"国家—社会"的中间环节，集中体现着国家与社会的关系互动。建立在国

---

① 徐勇：《"接点政治"：农村群体性事件的县域分析——一个分析框架及以若干个案为例》，《华中师范大学学报》（人文社会科学版）2009 年第 6 期。

② 刘岳：《作为方法的县》，《文化纵横》2019 年第 5 期。

③ 于建嵘、张正州：《理念、体系、能力：当前县域治理的转型困境与发展方向》，《学术界》2019 年第 6 期。

④ 燕继荣：《制度、政策与效能：国家治理探源——兼论中国制度优势及效能转化》，《政治学研究》2020 年第 2 期。

⑤ 杨典、欧阳璇宇：《金融与县域治理体系现代化——对县域社会的经济社会学研究》，《中国社会科学评价》2020 年第 1 期。

家与社会关系失衡基础上的县域治理是脆弱且不可持续的，基层治理现代化要求进一步发挥社会的能动性。同时，基层正式治理与非正式治理长期处于彼此影响和互相协调的状态，传统治理"技术"与新型技术治理之间不断进行分野与融合，传统治理策略型技术（如"摆平""搞定""软硬兼施"）与创新性高新技术治理、大数据治理相比，前者以权力为依托，是正式治理能力弱化的表现，后者以科技为凭借，是新型科技治理能力提升的路径，二者既有重叠之处可以融合，也存在有待彼此商榷之处抑或补足点。正式治理和非正式治理、政治制度和非政治制度间的互动，在基层治理中表现得尤为突出，这对县域治理社会化提出了更高的要求。例如，"乡情治理"利用传统文化与感情要素为县域社会治理提供助益①；"说服式治理"通过"正式制度下的非正式运作"，运用非正式资源通过沟通"说服"以实现治理目标②；等等。在常规治理方式之外，柔性治理能力的发展不断明确着县域治理社会化的指向。深入推进社会化治理，不断提升多元治理能力，既是县域治理的效能"接点"，也是从注重经济效益到注重政治发展并最终落脚于治理效能的关键所在。

治理能力是判断县域治理效能的核心指标之一。随着时间的推移，县域治理越发强调治理效能的提升，在治理具体能力层面则表现为对多元化程度的侧重。一方面，县域治理需要增强面对上级的政策执行能力；另一方面，县域治理不仅需要增强面对基层的回应和满足能力，还必须增强面向社会的实现公共秩序的能力。县域治理能力是判断县级政府治理绩效的重要指标，具体可以分为财政能力、服务能力和应急能力三个构成要件。③ 其中，财政能力是治理能力的重要基础，包括收支与平衡，通过县乡财政收入稳定增长、县乡最低财力保障和引导财力向下转移，有效保障县域财政能力，并为农村公共服务供给均等化奠定基础；服务能力是治理能力的重要表现，可以通过提供公共服务的对应性、普及度

① 蓝煜昕、林顺浩：《乡情治理：县域社会治理的情感要素及其作用逻辑——基于顺德案例的考察》，《中国行政管理》2020 年第 2 期。

② 鹿斌：《基层治理中的"说服"：一种非正式治理行动的研析》，《江海学刊》2020 年第 3 期。

③ 王敬尧：《县级治理能力的制度基础：一个分析框架的尝试》，《政治学研究》2009 年第 3 期。

和贯彻力来衡量；应急能力则指向规避风险和稳定保障，涵盖内容比较全面，要求在财政能力的基础上保证多元能力的均衡储备与发展，这在新冠疫情暴发后表现得尤为明显。在治理体系和治理能力现代化的过程中，县域治理体系逐渐从结果管理向过程管理发展。[①] 县域治理能力在财政能力、服务能力和应急能力三个要件之外，尤为倾向于多元化治理能力的提升，即区位规划能力、行为主体能力和生态治理能力等。

第一，区位规划能力。县域区位规划能力主要表现为对整体经济社会发展战略和县域空间综合布局的协调统一，以及对县域内各类要素资源的统筹考虑。县域在地理上具有承上启下的空间意义，其背后潜藏着独特的历史变迁与空间格局演化规律。在地理空间因素之外，基层行政区划更是关乎国家权力配置、经济运行效率以及尺度重构倾向等多项重要因素。[②] 在当前社会发展条件下，县域空间发展的平衡性、农村空间格局的科学化以及对个中发展规律的认识与把握，是县域治理中区位规划能力的重要指向。一方面，必须具备一定的过往回溯能力，掌握传统县域空间格局的历史演进与各类规律；另一方面，应明晰当代县域格局的发展趋势，把握整体地理格局与类型划分，进而顺应县域各异的区位特征和治理优势。除县域行政区划设置相关改革以外，县域内部的小区域行政区划也有进一步调整的空间。县域区位规划能力的有效发挥，有利于依托县、乡、镇、村的空间条件，优势互补，促进治理效能最大化。此外，还可以根据县域自身的特殊性区位，制定和规划治理策略与发展路径。例如，居于国家边界的边境县治理，便可致力于实现"县治"和"边治"的统一，并不断发展为"以县治边""因边治县""边县合治"的复合型治理。[③]

第二，行为主体能力。县域治理的行为主体以县域干部为主，同时受其他主体的综合影响。行为主体能力直接关系到基层政策执行和社会

---

① 田先红：《从结果管理到过程管理：县域治理体系演变及其效应》，《探索》2020 年第 4 期。

② 王佃利、于棋：《国家空间的结构调试：中国行政区划 70 年的变迁与功能转型》，《行政论坛》2019 年第 4 期。

③ 夏文贵：《边县合治：中国边境县治理的复合逻辑》，《湖北民族大学学报》（哲学社会科学版）2022 年第 1 期。

吸纳，在县域治理过程中发挥着最直接的作用，并对地区发展产生深刻且持久的影响。在保证县委班子规模和组成科学化的基础上，县委书记集合权力的分工协作，匹配县域运行实践的多元复合结构，必须明确"一线总指挥"的角色定位与职责使命。① 与此同时，也要保证有效的权力协调和监督机制。除此之外，县域治理能动者结构的进一步多元化，是县域治理效能导向的基本要求。将具体的行为人纳入能动者分析视野②，从政治性、行政性、社会性、经济性以及个体性等多类型分析复杂的治理关系与角色作用③，是全面、客观地发现和审视行为主体这一治理效能"接点"的重要条件。

第三，生态治理能力。对经济发展追求的长期固守，使县域生态环境挑战相伴而生。生态治理视角的场域下移使生态治理越发成为县域治理的主要重视方向，促使其不断提升生态治理能力。随着绿色发展理念向纵深落实，原本在大城市存在生态问题的部分企业开始往基层地区搬迁，这也使生态治理问题转移至县域。面对严峻的县域生态挑战，县域生态文明建设、自然资源优化和县域绿色治理迫在眉睫，县域生态治理能力提升逐渐成为县域治理效能"接点"的重要内容。近年来，各类新型治理能力在不断地被提出和强调，对于县域治理能力多元化和发挥"接点"效能来说，也代表着重点关注领域的不断扩展与深化。

## 四　余论

当前，随着实务界各个层级与学术界多个学科对"县域"关注度的持续攀升，县域治理发展的机遇与挑战并存。在多项国家战略协同推进的大背景下，县域在乡村振兴、城乡融合、新型城镇化、中国式现代化和共同富裕等方面的关键作用，不断掀起学者的研讨热潮。这一趋势既是县域治理效能得以充分发挥的有利时机，也是县域治理研究焕发活力

---

① 徐彬、仲帅：《集合权力：多元赋能与分工协同——县委书记权力结构研究》，《政治学研究》2020 年第 5 期。

② 欧阳静：《治理体系中的能动者结构：县域的视角》，《文化纵横》2019 年第 2 期。

③ 蒋小杰、王燕玲：《县域社会治理的行动者分析与模式构建》，《行政论坛》2019 年第 2 期。

的最佳契机。从现实角度看，县域治理既包含着普遍性和特殊性的有机统一，也包含着多元的研究视角，这就将县域治理"接点"置于事关成败的关键环节。一旦县域内各个"接点"安装成功，多元化治理能力实现高效能运转，那么基层治理现代化必将实现一个巨大跨越，国家治理现代化也指日可待。与此同时，这也使县域面临了多领域高质量发展的期待与压力。地方经济发展受疫情影响时有停摆，财政收入锐减，县域财政营收不平衡更加明显。在此背景下，国家政策不断向县域倾斜，以促进县域商业体系完善，通过刺激县域消费等方式实现"换道超车"。因此，县域治理效能"接点"的重要性尤为突出。在"财""力"不足的情况下，只有在"开源节流"之外进一步引入新方略，才能减少治理成本，提升治理效能。从理论角度看，结合县域这一主题包罗万象的特质，县域治理研究涉及的领域必然会持续扩大，涉及学科也在不断增多，学科交叉和学科融合程度将进一步加深，但是本土理论的缺乏仍是当前面临的主要困境。当前，大多数县域治理研究有着较强的经验主义倾向，虽然具备细致的经验调查，但欠缺理论层面的深入分析和升华。县域治理既有着中国传统的历史延续性，又有着区别于西方基层建制的场域特殊性，这使得西方理论体系的适用性被弱化。加之当前研究的多元化视角，对本土学术理论和话语体系提出了更高的要求。对于县域治理体系内的具体领域，也要进行精细化归类与融合。形成系统的县域治理理论和研究方法，打造县域治理的"地方性知识"，仍将是但不仅限于政治学、经济学、管理学和社会学等多个学科的重要发展方向。

# 以考核促治理：基层治理专项
# 考核的效能转化机制
## ——来自四川省宜宾市的考察*

### 吴晓林　白一媚**

## 一　问题的提出

考核深植于组织管理活动中，是公共部门的重要工作机制。20 世纪 80 年代以来，受历史"考课"传统与西方"新公共管理运动"影响，中国先后涌现出目标责任制、效能监察、社会服务承诺制、公民满意度评价等考核模式。

公共部门的考核是为了实现评估、控制、学习与组织提升[①]等目的。但是，考核往往面临价值偏离[②]与功能失调[③]的困境，造成组织注意力局限于部分指标、绩效信息使用失效、操纵考核结果等问题[④]，违背了考核

---

　　*　来源：《华中师范大学学报》（人文社会科学版）2022 年 9 月。

　　**　吴晓林，南开大学周恩来政府管理学院教授；白一媚，南开大学周恩来政府管理学院研究生。

　　①　参见 Robert D. Behn，"Why Measure Performance? Different Purposes Require Different Measures"，*Public Administration Review*，Vol. 63，No. 5，2003，pp. 586 – 606。

　　②　参见秦晓蕾《我国乡镇政府绩效考核控制、博弈中的异化及改革路径》，《江苏社会科学》2017 年第 3 期。

　　③　参见 Sandra van Thiel and Frans L. Leeuw，"The Performance Paradox in the Public Sector"，*Public Performance & Management Review*，Vol. 25，No. 3，2002，pp. 267 – 281。

　　④　参见 F. Hemici，G. Kontogeorga，"Performance Measurement in Public Auditing and Challenges for Supreme Audit Institutions"，*Sayıştay Dergisi*，Vol. 31，No. 117，2020，pp. 39 – 55。

初衷。已有研究多关注某一维度上"考核与治理效能"的关系，少有从考核的实际运行过程出发，考察其对治理效能的影响。那么，治理中的考核究竟如何运行，它又是如何向治理效能转化的呢？

本文将以四川省宜宾市城乡基层治理专项考核为窗口，分析专项考核的过程，探讨考核促进基层治理效能的机制。

## 二 既有研究的回顾

检诸以往，学界对于考核与效能之间的关系研究主要集中于三个维度。

一是研究了考核的价值取向对公共部门行为的影响。价值取向意味着考核目的与工具的确认，引导和调整着考核实践。① 考核不只局限于工作实绩，还包括对未来工作的要求和期望②，引导公共部门的选择。有学者指出，相较于西方重视考核的评估价值，中国政府更强调将考核运用于创造绩效，具有很强的主观能动性。③ 因为地方政府价值取向本质上是受政绩考核导向的影响而形成的④，这要求考核既涉及传统的经济、效率、效益，也要进一步在公共价值基础上进行构建⑤。

二是研究了考核的主体关系对公共部门行为的影响。考核的行动主体分为两类：一类是考核方，一类是被考核方。研究显示，考核方的强激励会引导不同任务对组织注意力的竞争⑥，促使组织行为收敛于特定考

---

① 参见彭国甫《价值取向是地方政府绩效评估的深层结构》，《中国行政管理》2004 年第 7 期。

② 参见丁煌、李新阁《干部考核作用下基层政府政策执行力的动力机制及其优化——以 A 省 B 市生态环保政策执行与考核为例》，《行政论坛》2019 年第 5 期。

③ 参见高小平、盛明科、刘杰《中国绩效管理的实践与理论》，《中国社会科学》2011 年第 6 期。

④ 参见包国宪、关斌《公民集体偏好会影响地方政府公共支出结构吗——基于公共价值理论的实证研究》，《东北大学学报》（社会科学版）2019 年第 2 期。

⑤ 参见包国宪、王学军《以公共价值为基础的政府绩效治理——源起、架构与研究问题》，《公共管理学报》2012 年第 2 期。

⑥ 参见孙雨《中国地方政府"注意力强化"现象的解释框架——基于 S 省 N 市环保任务的分析》，《北京社会科学》2019 年第 11 期。

核指标，在相互冲突的目标中作出权衡。① 考核与激励、问责等制度的组合强化了公共部门的博弈。② 但是，被考核方可能会以"努力完成""变通执行"③ "建设性反馈"④ 等策略行为进行回应。在双方互动中，考核方的专业性⑤与被考核方的公平感⑥等要素影响公共部门的行为。

三是研究了考核使用的技术对公共部门效能的影响。有学者认为，考核现存的相当一部分问题，可以通过考核系统的仔细设计和实施来克服。⑦ 具体来看，考核反馈回路与考核结果信息使用的强化，是有效考核的必要组成，也对公共部门决策与日常管理提供支持。⑧ 有研究显示，尽管考核或许不能完全达到预期效果，但是当使用最佳实践技术时，产生效能可能会比平时高两三倍。⑨

既有研究从价值、主体和技术三个层面讨论了考核对公共部门行为的影响，为进一步的研究奠定了基础。但是，相关研究仍存在一定局限：其一，部分研究一般化处理考核本身，专注于讨论抽象意义的、总体化的考核，少有触及具体考核的实际过程；其二，尽管学者们认可考核评

---

① 参见 H. S. Chan and J. Gao，"Putting the Cart before the Horse：Accountability or Performance?"，*Australian Journal of Public Administration*，Vol. 68，No. s1，2009，pp. 51 – 61。

② 参见秦晓蕾《我国乡镇政府绩效考核控制、博弈中的异化及改革路径》，《江苏社会科学》2017 年第 3 期。

③ 参见艾云《上下级政府间"考核检查"与"应对"过程的组织学分析——以 A 县"计划生育"年终考核为例》，《社会》2011 年第 3 期；张国磊、张新文《行政考核、任务压力与农村基层治理减负———基于"压力—回应"的分析视角》，《华中农业大学学报》（社会科学版）2020 年第 2 期。

④ 参见 D. Gassner, A. Gofen, and N. Raaphorst，"Performance Management from the Bottom up"，*Public Management Review*，Vol. 24，No. 1，2020，pp. 106 – 123。

⑤ 参见尚虎平《激励与问责并重的政府考核之路——改革开放四十年来我国政府绩效评估的回顾与反思》，《中国行政管理》2018 年第 8 期。

⑥ 参见张永军《绩效考核公平感对反生产行为的影响：交换意识的调节作用》，《管理评论》2014 年第 8 期。

⑦ 参见 Geert Bouckaert and B. Guy Peters，"Performance Measurement and Management"，*Public Performance & Management Review*，Vol. 25，No. 4，2002，pp. 359 – 362。

⑧ 参见 P. Micheli and A. Neely，"Performance Measurement in the Public Sector in England：Searching for the Golden Thread"，*Public Administration Review*，Vol. 70，No. 4，2010，pp. 591 – 600；Wouter van Dooren, Geert Bouckaert, and John Halligan，*Performance Management in the Public Sector*，London：Routledge，2010，p. 9。

⑨ 参见 E. Gerrish，"The Impact of Performance Management on Performance in Public Organizations：A Meta-Analysis"，*Public Adminstration Review*，Vol. 76，No. 1，2016，pp. 48 – 66。

估最终的目的是提高绩效，但是对于考核能否提高绩效却没有达成共识，能够验证其因果关系的实证研究相对较少①，部分研究在探究二者关系时，只是关注了某些中间变量，难以形成考核与治理效能之间的完整链条。

# 三 研究方法

本文采用案例研究与扎根理论方法，解释考核向治理效能转化的过程。

## （一）案例研究

考虑到案例的典型性与信息的可及性，本文选取四川省宜宾市作为分析对象。宜宾市位于四川省南部，辖三区七县，常住人口为 458 万余人。2019 年底，宜宾市委通过《关于坚定贯彻党的十九届四中全会和省委十一届六次全会精神全面加强基层组织建设提升基层治理能力的决定》，将城乡基层治理作为全市重点工作布局谋划。近年来，宜宾市在基层治理领域取得一定进展，成功创建中国市域社会治理现代化试点城市、四川省城市基层治理示范市，多项治理经验获评中国市域社会治理创新优秀案例。为了保障城乡基层治理工作的推进，宜宾市形成"市—县区—街镇—村居"完整的专项考核体系。相较于综合考核，基层治理专项考核集中于考察基层治理目标的完成情况。

笔者团队于 2021 年 7 月至 2022 年 4 月多次在宜宾市开展调查研究，到 7 个市直部门、11 个乡镇街道和 17 个社区调研，与相关负责人进行深度访谈。访谈对象超过 70 人，形成约 30 万字的访谈文本，其中 8 万字的文本与基层治理专项考核直接相关（见表 1）。同时，团队收集了大量的官方文件、新闻报道、情况汇报等二手材料，为研究提供翔实的证据支撑。文中出现的组织名及人名均做匿名化处理。

---

① 参见 T. H. Poister, O. Q. Pasha, and L. H. Edwards, "Does Performance Management Lead to Better Outcomes? Evidence from the U. S. Public Transit Industry", *Public Administrati on Review*, Vol. 73, No. 4, 2013, pp. 625 – 636。

**表1**                           **访谈对象**

| 访谈对象 | 编码 | 人数 |
| --- | --- | --- |
| 市级党政部门负责人 | m | 11 |
| 区县党政部门负责人 | d | 17 |
| 乡镇、街道负责人 | s | 19 |
| 村、社区"两委"负责人 | c | 26 |

## （二）扎根理论

扎根理论是系统地收集和分析材料以发现理论的一种研究方法。① 本文遵循比较严谨的扎根理论操作程序与分析技术，从实证材料中抽象出理论逻辑，同时借助案例分析找回复杂性，将逻辑补充完整。本文按照开放式编码、主轴编码、选择性编码与饱和度检验的顺序展开分析，识别关键要素与过程机制。

### 1. 开放式编码

借助 Nvivo 软件，我们首先对基层治理考核的相关文本进行开放性编码。编码时，尽可能覆盖原始资料中与研究主题相关的可编码句段，形成初始概念。对初始概念进行系统整理与提炼后，我们发现并命名相似类属作为初始范畴，实现概念范畴化。对覆盖度不高的范畴进行筛除后，形成9个初始范畴（见表2）。

**表2**                       **开放式编码部分列举**

| 原始资料 | 初始概念 | 初始范畴 |
| --- | --- | --- |
| 压实治理责任，提升治理效能 | 总体要求 | 价值取向 |
| 我们已经上了一次领导小组会，制定了绩效考核办法 | 上会制定 | 组织统筹 |
| 根据年初工作要点开展工作，考核要求对应工作要点 | 对应工作任务 | 完成任务 |
| 按照区治理办的要求，每一天要在上面打卡 | 平台打卡上传 | 督促协调 |
| 年底对全年的工作进行联合打分、年终考核 | 联合打分 | 量化打分 |

---

① 参见 Barney G. Glaser and Anselm L. Strauss, *The Discovery of Grounded Theory*：*Strategies for Qualitative Research*，Chicago：Aldine Publishing Company，1967，p. 49。

续表

| 原始资料 | 初始概念 | 初始范畴 |
|---|---|---|
| 到年终对村、社区进行一次排名考核 | 年终排名 | 相对排名 |
| 绩效工资在年终发放，由街道来考核 | 关联绩效工资 | 工资绩效 |
| 考核将影响单位绩效考核 | 影响组织绩效 | 组织奖惩 |
| 市委组织部把社区活动阵地的改造作为一个示范 | 示范打造 | 经验共享 |

### 2. 主轴编码

在挖掘范畴的基础上，主轴编码要求进一步发展各独立范畴，构建逻辑联系。分析初始范畴的关系、次序，归类形成6个副范畴与3个主范畴，主范畴分别是目标设定、全程约束与双重激励（见表3）。

**表3　　　　　　　　　　　主轴编码示例**

| 主范畴 | 副范畴 | 初始范畴 | 编码 |
|---|---|---|---|
| 目标设定 | 宏观导向 | 价值取向、组织统筹 | A |
| | 具体指标 | 完成任务、解决问题 | B |
| 全程约束 | 过程督促 | 规定动作、督促协调 | C |
| | 量化排名 | 量化打分、相对排名 | D |
| 双重激励 | 个人激励 | 工资绩效、发展通道、心理激励 | E |
| | 集体激励 | 组织奖惩、资源保障、经验共享 | F |

### 3. 选择性编码

我们确定的核心范畴是"基层治理专项考核的效能转化"，各范畴之间形成系统联系。故事线是，考核方在目标设定后，对被考核方进行全程约束与双重激励，从而促进基层治理效能提升（见图1）。

### 4. 饱和度检验

扎根理论以"理论饱和"为抽样原则，指所有的范畴与概念都得到充分发展，要求研究者对编码进行饱和度检验。我们以2个月的时间间隔对其中30%的材料进行编码比较，输出 Kappa 系数和编码一致性百分比作为评价编码可信度与一致性的依据，结果分别为0.81和91.4%，符合一致性标准。在人工检验后，范畴出现重合和相似，并未出现新的重

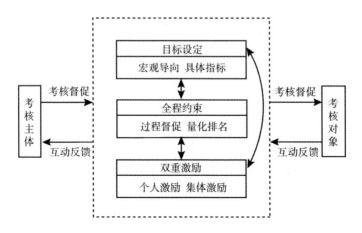

**图1 专项考核机制的作用过程**

要范畴和关系，因此编码具有较强的可靠性。通过 Pearson 相关系数对各节点范畴进行考察发现，层级节点之间相关性较强，相关系数均大于0.7，且多数大于0.9（见图2）。

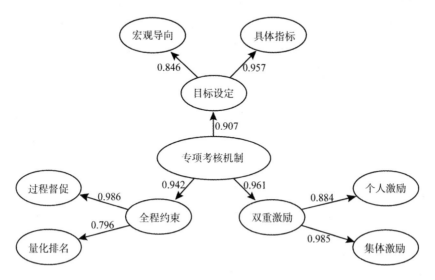

**图2 编码节点相关性树状图**

# 四  基层治理专项考核的过程

本文揭示了宜宾市城乡基层治理专项考核的过程，包括考核的主体、对象、内容与方式等。

## （一）谁考核："上下对口"的考核主体

2019 年，中共四川省委《关于深入贯彻党的十九届四中全会精神推进城乡基层治理制度创新和能力建设的决定》提出，"成立省委城乡基层治理委员会……市县党委相应健全领导机构"。这些议事协调机构履行牵头统筹、组织协调、督导落实等职责，其办公室设在各级党委组织部。

2020 年，宜宾市按照四川省委部署，在市级党委序列组建"城乡基层治理委员会"（简称"基治委"），由市委常委、组织部部长兼任"基治委"主任，市委常委、政法委书记和分管副市长任副主任，39 个市直部门为成员单位。市委城乡基层治理委员会办公室（简称"基治办"）设在市委组织部，由市委组织部副部长担任主任。基治办承担日常工作，负责制订年度专项考核方案，在提交基治委全体会议审议后，组织实施专项考核。区县级党委同样成立基治委（办），统筹辖区内的基层治理工作，并且监督考核辖区内的有关单位。乡镇（街道）不新设基层治理的议事协调机构，而是由党（工）委直接统筹推进辖区内的治理工作，他们通常将基层治理专项考核嵌入对村（社区）、职能科室的综合考核中。由此，宜宾市构建起层级联动、上下对口的基层治理专项考核主体。

## （二）考核谁："条块兼具"的考核对象

宜宾市在专项考核中划分了条、块两类考核对象，将承担基层治理工作的单位均纳入考核（见图 3）。

一类考核对象是"属地管理的块块"，市考核区县、区县考核镇街、镇街考核村居组织，体现出"下考一级"的特点。上级考核主体根据"块块"特征，在设定普遍的考核项外，还提出了差异化要求，各区县可以选择重点项目作为示范试点。例如南溪区锚定乡村、老城、新城、两新、国企 5 个领域开展重点项目；兴文县选取乡村治理、红色引领小区共建

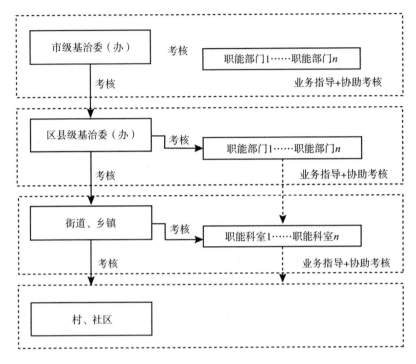

**图3 宜宾市基层治理专项考核的结构**

以及少数民族集中区治理为重点项目推进。

另一类考核对象是"专业管理的条条"，承担基层治理工作的职能部门、科室等，都是被考核的对象。在市、区县层级，各"条条"对象依据任务量被划分为一、二、三类考核单位，接受考核。在2020年专项考核中，市委基治委（办）对39个职能部门的基层治理工作展开考核，包括组织部等4个一类考核单位、财政局等10个二类考核单位、妇联等25个三类考核单位；区县层面也根据实际分工进行调整，例如高县38个"条条"考核对象中，一、二、三类考核单位分别有4个、13个、21个。

**（三）考什么："共性与个性结合"的考核内容**

宜宾市在设置专项考核内容时，遵循了"共性与个性相结合"的原则（见表4）。

表4 宜宾市对条块单位的考核项目

| 共性 | 考核对象 | 差异 | | |
| --- | --- | --- | --- | --- |
| | | 分类依据 | 分类情况 | 基础分项 |
| 基础分值（95分）<br><br>+<br><br>额外加减分（15分） | 条条 | 考核对象 | 一类考核单位 | 8项以上任务 |
| | | | 二类考核单位 | 3—7项任务 |
| | | | 三类考核单位 | 2项及以下任务 |
| | 块块 | | 根据具体情况调整考核项 | |

首先，对条块单位均设置"基础分项与额外加减分项"。基础分项的内容由年度工作任务分解形成，各条块单位的基础分值均为95分；额外加减分根据各单位治理工作表现判定，加分事项包含书面肯定、信息刊用、承办工作、创新工作等，减分事项则覆盖基层治理中出现负面事件、受到批评问责与履职不力的情况。按照考核办法规定，加分上不封顶，但在折合进考核总分时上限为15分。

其次，对条块单位的基础分项设置存在"共性与差异"。区县、乡镇（街道）等块块的考核内容与宜宾市"党建引领乡村、城市基层治理两年行动计划"内容一致，分为乡村基层治理制度和能力创新、城市基层治理制度和能力创新、基层治理组织领导三类考核项目，值分别为38分、38分与19分（总分为95分）。对"条条"单位则设置个性化的基础指标，一类考核单位承担8项以上的考核任务，二类承担3—7项，三类则承担2项及以下任务。例如，市委组织部作为一类考核单位接受考核，涉及8项考核指标，包含社区志愿服务平台、公民道德建设工程、全民阅读活动、先进文化进院落、文化扶贫示范创建、新时代农民教育培训、创建中国文明城市等7项（每项10分），以及牵头市委城乡基层治理办宣传工作（25分）；在二类考核单位中，市委人才工作局需要承担包括引进基层专业人才（28.5分）、完善基层人才评价特殊支持政策（28.5分）、强化基层人才支撑（38分）的三项考核任务；市委目标绩效办统筹全市纠正"四风"工作并协助专项检查考核等工作，也作为三类考核单位承担两项任务，一是探索建立街道评议职能部门的工作机制（47.5分），二是配合完成基层治理年度考评工作（47.5分）。

### （四）怎么考："年考与平考结合"的考核方式

宜宾市采取年终考核与平时考核结合的方式，推进基层治理考核。

市委基治委（办）于年初制订该年度基层治理工作方案，年中形成专项考核方案的征求意见稿，年终正式印发《宜宾市城乡基层治理工作考核方案》，将考核内容明确细化为一事一项的具体指标。各区县、镇街在梳理本级工作的基础上，参考上级专项考核方案制定本级考核要求。

各层级基治委（办）、镇街一般以月度或季度为周期开展平时考核，主要是工作盘点形式的督促性考核，侧重于推动工作落实。被考核者需要汇总当期工作完成情况，进行现场或书面汇报。在年终考核中，考核部门则以检查性、评估性的打分排名为主要方式，被考核者提交相应数据和材料，年度专项考核得分由各级基治委审定后生效。

在结果运用上，考核方对平时考核提供及时性的反馈与指导，年终考核结果则与奖惩挂钩。按照考核方案要求，考核得分排在前40%的条块单位可以获得通报表扬，排名末位的块块和排名后两位的条条需要接受提醒谈话。同时，专项考核的得分在折算后计入年度组织绩效考核分值。

## 五　考核何为：从考核到基层治理效能的转换

研究发现，专项考核"目标设定、全程约束与双重激励"的三重机制共同作用于基层治理效能。

### （一）定目标，分任务

考核目标引导组织注意力的集中。[1] 宜宾市在专项考核中注重考核的导向性，统筹设置了目标和具体任务指标。

---

[1] 参见尹利民、田雪森《"责任兜底"：基层政府的避责行为与逻辑——基于J县精准扶贫实践的经验分析》，《南昌大学学报》（人文社会科学版）2021年第3期。

1. 统一价值定目标

考核评估的价值取向直接影响公共部门运行的方向与重点①，也为考核实施提供指引。宜宾市明确价值取向，并以此为导向设定考核目标。一方面，专项考核的目标落于"以造福人民为最大政绩"，民众"满不满意、方不方便"被具体化为考核内容；另一方面，专项考核方案明确要为"如期建成全省经济副中心和加快建成成渝地区经济副中心"服务。在基治委的统筹下，各基层治理单位形成同向度的价值共识。考核主体希望通过考核落实价值目标，市委基治委的一位领导表示：

> 我们要实现的价值目标，还是依靠考核的指挥棒，通过三考一评（基层治理纳入年度目标绩效综合考核、党政领导班子和领导干部政绩考核和党组织书记抓基层党建工作述职评议考核，支持人大社建委评议基层治理工作成效）的机制，来倒逼大家开展工作。（Am3，2021-07-19）

作为被考核的一方，也能将上级确立的价值目标与所从事的工作结合起来。正如一位乡镇干部所言：

> （考核）首先是讲政治的，上面下的任务都是党的方针政策，各条线的要求，到下面肯定是要执行。换过来说，（这些要求）本来也是为了群众，我们要干这项工作，本来就有这样的一个职责使命。（Ad2，2021-07-20）

2. 对标任务设指标

指标体系是治理效能可考量性的载体②，是价值导向的具体化呈现。宜宾市考核方对标行动方案与任务要求，梳理考核"必要项"，依照总体

---

① 参见薄贵利《政府绩效评估必须确立正确的价值导向》，《国家行政学院学报》2007年第3期。

② 参见刘方亮《推进治理进程中应当把握和处理好的几个关系》，《社会科学研究》2020年第1期。

任务分解指标。

宜宾市将"基层治理改革后半篇"与"党建引领乡村、城市基层治理制度与能力建设"等行动作为基层治理中心工作。专项考核的事项也按照总的目标任务进行调整，引导各条块集中推进基层治理。从市到乡镇（街道）的考核主体，均结合上级要求设置具体考核指标。例如，四川省近两年来将城乡结合部社区治理等作为重点工作，宜宾市在基层治理重点工作推进与考核中增加了这部分内容。

考核内容细化有助于增强工作的可操作性。宜宾市对于条块组织分类设置考核指标，将考核内容与组织承担的基层治理任务相匹配。具体指标的明确化使得被考核者的注意力更易于集中。正如一位街道干部所言：

> （专项考核）有利于将基层治理工作任务细分到各个部门，由各个部门牵头，推动各项任务落细落实。针对考核重点，聚焦重点工作任务，各部门协同推动。（As3，2022-2-20）

### 3. 双向互动调指标

在设定指标的过程中，宜宾市也注重执行者的条件，考核方和被考核方可以围绕指标进行互动协调。市委基治委（办）主动回应社会需求设置指标，事先开展意见征集，根据实际情况调整考核指标。

同时，被考核的单位也主动沟通指标的设置。尤其是在一些示范性、探索性的工作上，具体指标得到考核双方认可。条块组织结合上级要求与工作特色，先行申报重点任务，由相应层级的基治委进行统筹与确认，以文件印发的形式明确下来。在一些街镇社区也是如此：

> 目标任务一部分是从上面下来的，另外一部分就是社区自己提出的。一些重点社区承担的创新工作相对多一点，另一些社区（因为条件有限）就是把基础的工作完成。（As5，2021-07-21）

在互动式协调中，考核双方能够构建起一种基于目标的承诺，提高对具体指标的认可度，也使得目标能够有条件落实。

### （二）实施全过程约束

治理效能的提升要求约束组织行为，使其符合治理目标的要求。① 宜宾市通过全程约束，强化考核对象的责任，制约阻碍效能提升的行为。

**1. 程序约束与追责问责**

宜宾市在专项考核中要求"按规定实施"，通过资源约束、追责问责，为基层治理实践划定基础行动范围，规范组织权力行使。

一方面，上级组织施加程序约束。宜宾市在专项考核方案中，对基层治理工作的时间、数量、资金使用等方面提出要求，对相应内容进行约束。例如，市级基治委在对市民政局的考核内容中有一项是："地方未投入社区建设类专项资金且综合服务设施覆盖率未达到100%的，2021年底前主城区党群服务中心亲民化改造未完成1/3的，每项视情况扣20%—50%。"这项任务是四川省考核宜宾市基层治理工作的任务之一，因此，相对而言，在各项要求上也更加明确。

另一方面，考核主体对考核对象追责问责。问责与考核相衔接，是促使考核对象履行职责、提升治理效能的重要方式。宜宾市将考核结果作为通报、约谈的依据，通过问责将压力传导至个人，并指出错误、提出要求。在问责压力下，被考核方只能寻求"不出错"的工作方式，保持与规定动作的一致性，并且区分"按要求落实"与"创造性开展工作"，确保完成工作。一位街道办主任表示：

> 考核最主要的就是保证政策不走样，这是核心。然后就是如何在政策法律法规赋予的框架内完成工作，有些可能是创造性的，有些是无法创造性开展工作的。（Cs3，2021 - 07 - 19）

但是，相关部门对于问责程序的启动也是审慎的，为基层干部提供一定的容错空间。正如一位区县基治委的干部所讲：

---

① 吕方：《治理情境分析：风险约束下的地方政府行为——基于武陵市扶贫办"申诉"个案的研究》，《社会学研究》2023年第2期。

本来社区干部和街道干部都比较辛苦，如果再这样动不动就给他一巴掌，谁会干这个事呢？就没人愿意了。（Cd2，2021 – 07 – 20）

**2. 定期督促与反馈协调**

宜宾市持续性督促各类治理主体，并重视沟通反馈，约束基层治理的效率与行为。

其一，考核主体采取多种方式督促任务落实。考核主体以月度或季度为单位，联合相关责任方开展平时考核盘点，包括实地查看、召开会议与查阅资料等多种形式，为任务落实提供保障。一位街道党群办主任讲道：

> 考核方会有几种方式，有一种就是后台 App 可以看到，还有就是通过实地查看日常工作、暗访、抽查之类，包括用电话抽查，这种情况都会存在。几种形式是结合在一起的。（Cs10，2022 – 01 – 29）

在具体的工作方式上，技术为考核形式的更新提供支持。近年来，宜宾市强调考核的"去报告化"，在年终考核时以"找数据"代替"交报告"。部分区县借助智慧平台进行自动留痕与数据抓取，考核数据通过后台实现可视化，一定程度上减轻基层干部的"留痕"压力。

其二，通过反馈沟通推动问题解决。相较于通报、约谈等正式性的反馈，考核方更多时候选择经常、直接、面对面的沟通反馈来指导工作。这种调节式的考核反馈不仅有助于畅通考核信息传输，也使考核双方更聚焦于问题，关注"做不完"与"有问题"的工作。

在平时工作中，"块块难以调动职能部门"是条块矛盾的突出表现。市、区县基治委（办）每季度召开工作调度会暨重点工作推进会，为交流工作成效与困难提供沟通平台，同时发挥基治委议事协调的作用，统筹条块、整合资源，保证指标的完成。一位县级基治办的干部指出，以基治委的名义能够有力地推动困难解决：

> 在会上，社区一般不可能直接对部门反映这个问题（部门）没

有解决好。我们基治委就要强势一点，跟各个部门沟通，限期什么时间去解决。小问题我们就跟各个部门沟通解决，大问题我们以基治委的名义，反馈给相应的分管县领导，来召集几个部门解决。（Cd3，2021 - 07 - 22）

到年底，面对解决问题、完成指标的压力，考核主体往往会总体协调、推进目标未完成的部分工作。例如，2021 年 12 月，宜宾市委基治办召开该年度第二次全体会议，要求各单位加大条块上的汇报和争取力度，"倒排工期、加快进度，确保年底清账"，积极协调解决"一方面做不了，多个方面做不好"的工作。

3. 打分排名与竞争牵引

对条块组织进行打分排名，评价基层治理效能产出，事实上发挥了行为规训和竞争牵引的作用。考核主体在年终整理汇总各类数据、信息，按照目标设定进行逐项打分，并兑现平时考核的加减分，形成年度专项得分。部分区域在平时考核中根据目标任务进行打分，主要是侧重于督促工作进度。

根据得分结果，考核方对考核对象开展相对排名。相对排名的公布，在事实上构建起关于基层治理的横向竞争，牵引被考核者追求比较优势。宜宾市对条块组织展开分类排名，划分出"优秀""合格""基本合格""不合格"等不同等级，通过党组织、政府通报的形式，在被考核对象内部公开，形成基层治理工作定性的评价，并将排名作为奖惩激励的基础。打分排名的结果并不能直接作用于基层治理效能，更多情况下，它使得组织处在排位比较和上级约谈的压力之中。一位市直部门的领导讲道：

市委、市政府会对省级评估结果为一般等次的，或者连续两年在全市倒数三位的，进行通报。（全市）10 个县区，30% 的可能都会遇到这个情况。然后是市委、市政府的联系领导对区县的主要领导和分管领导进行约谈，约谈情况分别书面报省市领导小组，所以压力是挺大的。（Dm1，2021 - 07 - 19）

### （三）个人与集体的双重激励

专项考核与个人、组织的发展挂钩，形成"双重激励"，利于激发落实工作的积极性。

1. 对个人的激励

其一，专项考核结果被纳入个人综合考评，与工资绩效挂钩。一般来说，考核结果影响的主要是基层干部的绩效工资，绩效工资依据年底考核结果按比例兑现。考核方调整排名靠后干部的工资，将其作为优秀个人的奖励。同时，针对评优情况或一些特定任务，宜宾市也安排发放一次性奖金作为即时激励。有街道干部表示：

> 我们对基层干部的工资也是按绩效的，比如说每个月3000元的工资，每月只能领70%，剩下的30%放到年底来兑现。（Es1，2021 - 07 - 19）

其二，上级组织将考核结果用于个人培养与发展。考核不仅向基层工作者"加担子"，也为其"递梯子"，传递一种发展信心。一方面，宜宾市将基层工作者的发展培训纳入专项考核要求，通过基层治理"大比武"、现场演说等形式，提高其综合素质与核心能力；另一方面，个人考核结果为评优评先、干部调整提供参考。2021年，宜宾市公开选调公务员的基础条件包括"近三年年度考核为称职（合格）以上等次"，并对获得"优秀等次"或"综合类表彰"的个人，放宽学历、工作年限等条件。反之，当基层工作者及所在组织连续排名靠后、受到批评问责，其职业发展面临的风险也相对提高。一位区委基层治理办的负责人提道：

> 比如说（被考核人）今年考核是优秀的，他的晋级年限就可以缩短半年，评为省优秀的缩短两年，评为市级优秀的缩短一年。如果是差的话，有几类情形就要退出了。（Ed2，2021 - 07 - 21）

其三，考核本身还会形成对个人的心理效应。尽管有奖金、晋升等作为外在奖励，在考核活动中，塑造个人的成就感与职业认同也同样重要。居民满意度等形成的直观反馈，造成基层干部心理上的满足或失落。通过现场交流与比赛的形式，考核结果与个人"面子"挂钩，形成一定程度上的"声誉荣辱感"。正如一位社区党委书记所讲：

> 比如说年终让基层干部做差的经验交流，到时候上台，社区之间都认识，人家有好的经验交流，你上台就做差的工作交流，多没面子。（Ec3，2021 - 07 - 19）

2. 对集体的激励

专项考核影响组织奖惩与资源支持，引导组织将注意力集中于可能实现效能提升的工作。

对于考核排名靠前的单位，上级会进行直接奖励、通报表扬或正面宣传报道，组织也获得在未来工作中"优势叠加"的资源。反之，对组织的惩罚也有累加倾向。当基层治理工作造成负面影响、受到通报批评以及既定任务不能完成时，考核方会对相关单位进行扣分、通报批评以及约谈，作为即时惩罚与累计打分的依据。一位区县基治办的干部讲道：

> 比如说经费奖励，去年其中一个板块我们全区是拿了两个红榜，然后市上就给了区上奖励，以及一些政策奖励，黑榜的肯定就会有惩罚。（Fd2，2021 - 07 - 20）

同时，宜宾市推广拉练会、现场会的模式，定期组织区县、街道、社区相关人员前往拉练点位参观学习。一方面，承办单位本身是工作绩效优秀、考核靠前的单位；另一方面，这种形式确实有利于交流经验。有区县基治委干部表示：

> 区内大家觉得（拉练）效果还可以，虽然平时乡镇之间从事的工作有交流，但是没有实际来看的现场冲击感。（Fd4，2021 - 07 - 21）

被考核方实际上也认识到考核获优所带来的好处，对效能提升的探索成为其"何乐而不为"的事务。

# 六　结论与讨论

本文基于对四川省宜宾市基层治理专项考核实践的案例考察，分析了考核向治理效能转化的内在机制，得出了相应的结论与启示。

其一，完整呈现基层治理领域专项考核"主体—对象—内容—方式"的全过程。作为基层治理的一项工作机制，专项考核由较高层级组织部署，利于调动基层治理资源，引导下级组织领导的注意力，形成基层治理工作"一盘棋"局面。本文揭示了基层治理专项考核的全过程：上下对口的考核主体，条块兼具的考核对象，共性与个性结合的考核内容，年终考核与平时考核结合的考核流程。这种全过程的结构揭示，利于帮助人们理解地方政府内部的运行过程。

其二，揭示了考核向治理效能转化的"目标设置—全程约束—双重激励"三重机制。效能转化的关键在于制度执行到位，"只有制度动起来，效能才能强起来"[①]。考核是抽动基层治理这个"陀螺"的"鞭子"，其作用过程主要体现在三个方面（见图 4）：一是目标设定的机制，考核主体基于价值判断确定总体目标，进行任务分解，考核双方互动协调，既牵引考核对象聚焦中心工作，又充分考虑目标执行的资源条件，使得考核双方凝聚共识、双向发力；二是全程约束的机制，考核主体通过设置规定、定期督促、打分排名等，将考核对象置于科层规则的压力下，约束考核对象可能出现的"行为偏离"，促使考核双方关注治理中存在的问题；三是双重激励的机制，考核主体将个人激励与集体激励同效能提升挂钩，强化考核对象在专项工作上的积极性。"目标设定—全程约束—双重激励"构成专项考核的三角结构，贯穿基层治理实践，共同作用于基层治理效能。

其三，研究的贡献与相关讨论。本文有助于从两个方面同既有理论对话。首先，针对具体考核进行动态的过程分析，而非讨论一种抽象的、单一化的考核。本文挖掘了考核的全过程和作用机制，使得人们更加直观地

---

① 张明军、赵友华：《制度成熟与提升治理能力现代化的逻辑》，《学术月刊》2020 年第 8 期。

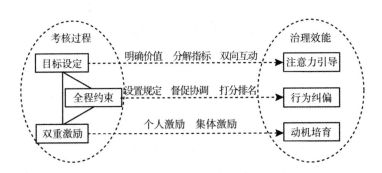

**图4 考核促进基层治理效能转化的作用机制**

认识专项考核本身,将考核方与被考核方置于"同时在场"的场景下研究,避免了只看一方的缺憾。这种统纳"考核双方互动过程"的视角,利于拓展考核研究的思路。其次,本文解释了一种"考核双方的互动逻辑"。案例研究也表明,考核并非一个完全的自上而下的"压力传导"关系,考核双方同时具有"主动构建"与"被动回应"的行为逻辑,二者的互动利于将识别问题与解决问题的过程同步化,畅通信息传递,推动条块协调。因此,要使得考核真正服务于治理效能,考核双方的互动是重要的。在考核主体向考核对象施加压力的同时,有必要考虑考核对象的执行条件和需要,在科层制基础上留存自主性空间,使其能够结合地方性知识推动工作。这种互动利于保证"以考核促治理"的愿景。

当然,本文尚存在进一步深入的空间。本文着意探究考核与治理效能的关联,并未对效能提升的程度和考核过程的局限做过多讨论。我们所研究的案例,在实践中同样不可避免地存在这样那样的问题。例如,专项考核以年度为基准,对考察跨年度效能提升的作用有限;专项考核的约束局限在公共部门内部,外部直接监督对治理效能提升的影响并未得到充分重视;在基层有限的资源与晋升空间下,来自专项考核的正向激励存在不足等。为了更好地发挥考核效能,有必要在统筹设定目标、适度施加约束、强化增量激励之外,辅之以第三方客观评估与民众客观评价。此外,未来的研究仍需对基层考核进行全局性、结构化考察,解释基层治理中多重考核的互动机制,助力基层治理效能的提升。

# 组织同构与职能重组：
## 乡村治理体系一体化的实现路径
### ——以彭州市宝山村和兴文县自由村为例<sup>*</sup>

衡 霞<sup>**</sup>

## 一 问题的提出

乡村治理体系作为国家治理体系的重要组成部分，不仅是国家政权体系在基层的延伸，也是理解中国乡村社会治理变迁的重要方面。改革开放以来，中国农村社会逐渐由此前"政、经、社"高度重合的治理模式向三者分离转变，村民自治成为乡村治理的显著特征，村民委员会虽然是自治组织，但呈现出一定程度的行政化倾向。党的十八大以来，中国城乡基层治理取得重大进展，逐步健全了党组织领导的自治、法治、德治相结合的城乡基层治理体系，为加强城乡社区治理和服务体系建设夯实了制度基础。但随着城市化进程的加快，农村精英人才流失，老龄化、"空心化"加剧，乡村价值规范的生产能力不断下降；再加上部分经济发达地区对原住民权益的选择性保护，农村社会治理主体呈现"走出去""进不来"的尴尬境地，减弱了自治体系的社会基础，满足不了农民追求共同富裕和共享公共服务的需要。村民之间的关系也越来越倾向于局限在"村域空间"，原子化家庭的私人生活与城市关联成为农民生活的

* 来源：《探索》2022 年第 3 期。
** 衡霞，四川大学公共管理学院教授。

主轴，乡村社会也开始具有了格式化、规则化的现代性形态，呈现出一定的"脱域"特征①，即农民一旦市民化，参与乡村事务治理的积极性就会大幅降低，反而寻求新的居住空间中更高品质的公共服务和公共事务治理的参与权。

党的十九届五中全会明确提出要实现高质量发展，进一步完善治理体系，提升国家治理效能，因此，新时代的乡村治理体系具有突出的任务属性和公共属性。自治法治德治体系作为创新性的乡村治理体系，有助于破解治理主体的失语、治理规则的失衡以及治理结果的失效等困境；村级党组织、村民委员会和集体经济组织同构，有助于强化基层党组织的引领功能和国家意志的贯彻能力，规范村级权力，提升村民对村级组织的认同感，以公共服务为纽带在国家和农民之间建立起更为稳固的公共关联，进而推动基层治理的现代化进程。但自治法治德治体系与原有村级治理体系的叠加很难在短期内改变村级治理所必需的社会基础条件。虽然"一肩挑"的制度安排适应了当前农村社会高流动性的现实，却没有从根本上解决"谁来治理"和"治理什么"等问题。与此同时，村级自治体系也因为既有治理主体知识结构的老化，排斥法治理念和法治思维，出现传统治理方式与现代治理方式的冲突；部分村民不顾集体利益而极力维护"自己认为的"权益，出现公共性与自主性的矛盾②；村民与村干部因为治理信息不对称、村庄利益分配机制不完善等使村民自治有异化风险。

基于上述背景，袁方成等人认为，需要将农村和农民组织起来，打破基层组织的封闭性，以城镇为中心规划基层治理单元，构建更加开放、包容、城乡一体的乡村治理体系，促进社区和社会的整合与融合。③ 事实上，各地农村都在探索乡村治理体系的创新，尤其是多种治理体系的融合与一体化。彭州市宝山村自 20 世纪 80 年代初就建立了村党组织、村民委员会与村集体企业同构的组织架构，以利益为纽带，采取契约治理模

① 安东尼·吉登斯：《现代性的后果》，田禾译，译林出版社 2011 年版。

② 衡霞：《农村社区治理能力现代化的双重困境研究》，《理论探索》2021 年第 12 期，第 68—74 页。

③ 袁方成、杨灿：《从分治到融合：中国乡村治理体系之变》，《中央社会主义学院学报》2018 年第 10 期。

式调动村民参与的积极性，保证了村庄的长期繁荣和村民的共同富裕；宜宾市兴文县自 2018 年以来探索村党组织、村民委员会与村集体企业的横向同构和"县—乡镇—村社"集体经济组织的纵向一体化，将村庄内外资源整合，撬动了省级贫困县的乡村振兴之路，极大调动了精英返乡参与乡村治理的积极性，为基层治理现代化提供了人才支撑。由此可见，部分农村地区的乡村治理体系一体化实践与国家治理现代化的宏大叙事理念一脉相承，核心都在于重构乡村治理的社会基础，寻找村庄外的社会资源，建立起农村社会现代化必需的治理体系和生产体系，通过治理体系的重构来促进乡村振兴背景下农民权利与义务的重新匹配。结合部分地区乡村治理体系一体化的实践效果，本文重点考察乡村治理体系一体化的基本形态和内在机制，以期更清晰地认识乡村治理体系创新的内在逻辑及历史关联，准确把握乡村治理体系一体化的实践逻辑与理论内涵。

## 二 文献综述与分析框架

乡村治理体系一体化是乡村治理体系创新的高级形式，是对现有组织、文化、服务、生态等体系的多元整合与重组，主要路径是通过横向一体化与纵向一体化把担负核心治理任务的多个组织联结起来，在党建引领下彼此协同与合作，以弥补主体缺位带来的治理困境，把不同组织的制度资源、关系资源和技术资源嵌入乡村治理中，尤其通过经济资源的反哺提升乡村治理效能。

### （一）文献综述

乡村治理体系创新的研究成果比较多，但关于乡村治理体系现代化和一体化的研究成果较少。近年来，国家陆续出台了《关于加强和完善城乡社区治理的意见》《关于加强和改进乡村治理的指导意见》等系列政策文件，明确了实现乡村治理现代化的时间节点和乡村治理体系现代化的具体任务，因此，关于乡村治理体系现代化的研究也逐渐增多。一是对乡村治理体系变迁进程进行研究，比如袁方成等人对中国乡村治理体系从分治到融合的研究①；二是针对单一治理体系展开深度剖析，比如"三治"融合体系②、智慧治理体系③、服务体系④、生态治理体系⑤、权力体系⑥。另外，也有学者针对乡村治理体系创新的实践做了典型案例研究。但上述研究成果并没有围绕乡村治理体系现代化试点的全部内容，从组织体系、运行机制、职能职责、治理手段和方式等方面进行系统研究，没有回答如何在一个传统的乡村进行多元治理体系的系统集成，也没有致力于从发现的案例中寻找一体化治理体系生成的内在逻辑。

"一体化"概念来源于经济学领域，强调经济组织为了降低交易费用、优化资源配置，将若干分散的同类型企业和产业链的上中下游企业联合起来，通过横向一体化和纵向一体化实现规模经济效益。后来，由于国际社会日益紧密的联系，国际性组织不断增多，基于意识形态、政治体制和经济发展水平的一体化理论研究也日趋广泛，逐渐形成了功能主义、制度主义和建构主义的不同学派，并拓展了一体化的研究领域。根据"新现实—多元主义"流派的观点，只要公众接受，原组织中的内部交流和相互依赖产生的内聚力分离而形成新的整体，将发挥出每个组织单独治理时所不具有的系统性功能。基于这种观点，学界对于乡村治理体系一体化亦有研究。比如李兵园在研究"村社重叠"视野下的乡村治理时，对合作社的经济治理体系与村"两委"的治理体系如何融合发

---

① 袁方成、杨灿：《从分治到融合：中国乡村治理体系之变》，《中央社会主义学院学报》2018 年第 10 期。

② 王冠群、杜永康：《技术赋能下"三治融合"乡村治理体系构建——基于苏北 F 县的个案研究》，《社会科学研究》2021 年第 5 期。

③ 文雷、王欣乐：《国家治理现代化视域下乡村智慧治理体系构建与实现路径》，《陕西师范大学学报》（哲学社会科学版）2021 年第 2 期。

④ 毛铖：《乡村治理现代化与农村服务体系社会化的耦合》，《中南民族大学学报》（人文社会科学版）2021 年第 8 期。

⑤ 陈健：《国家治理现代化视阈下乡村生态治理新体系构建》，《现代经济探讨》2020 年第 6 期。

⑥ 戴玉琴：《基于乡村治理现代化的三维权力运行体系分析》，《教学与研究》2015 年第 9 期。

展进行了研究①；王进在对西北农村的深入调查中发现，当前农村基层治理体系高度趋同，逐渐形成一种以合作社发展农村经济、村党组织与村民委员会供给公共服务的新型治理体系，并指出村社一体化是农村发展的必然选择②；衡霞以四川省彭州市 13 个镇街为例，对当地村"两委"与集体经济组织同构现象进行了典型案例分析，尤其对这种组织同构模式促进乡村高效治理的内在逻辑进行了深入研究③；梁庆民以黑龙江省桦南县为例，分析了当地在县、乡、村三级改革的系统集成中全面构建上下贯通、三级联动、协同高效的基层治理体系，为基层治理现代化找到了突破口④。显然，学界对乡村治理体系一体化的零星研究折射出乡村治理体系未来可能的研究新领域。

不论是村"两委"与集体经济组织同构的研究还是县、乡、村三级系统联动的研究，均反映出农村公共事务扩张给治理带来的跨界性与交织性特征，超出了原有单一组织体系的职能范围。同样地，单个组织提供的"碎片化"服务与低效治理结果并不能满足村民们的整体性需求，也不能有效解决乡镇政府与村委会的关系问题，更不能解决乡村治理面临的人才短缺问题。基于此，学者们对整体性治理理论进行不断拓展与完善，并将其广泛运用于乡村治理研究。⑤

### （二）分析框架

近年来，村"两委"与集体经济组织同构的治理体系不断涌现，再叠加文化、生态等其他多元治理体系后，乡村治理体系显得比较繁杂。笔者在实地调研中发现，有的村庄发挥党组织的引领功能，在整合村

---

① 李兵园：《"村社重叠"视野下的乡村治理研究——以山东省伏田村为例》，硕士学位论文，华中师范大学，2013 年。

② 王进：《中国农村新型治理体系转型与村社一体化融合发展研究》，《经济学家》2016 年第 10 期。

③ 衡霞：《组织同构与治理嵌入：农村集体经济何以促进乡村治理高效能》，《社会科学研究》2021 年第 2 期。

④ 梁庆民：《加快县乡村三级改革系统集成全面推进治理能力和治理体系现代化》，《黑龙江粮食》2021 年第 4 期。

⑤ 曾凡军、陈兰芳：《乡村产业何以振兴：碎片化与整体性治理》，《四川行政学院学报》2021 年第 11 期。

"两委"与集体经济组织的过程中，充分发挥县、乡两级党委的引领作用，建立起村、乡（镇）入股的乡（镇）和县级集体资产管理公司，村党支部书记不仅担任本村集体资产管理公司董事长或法人，还通过选举担任乡（镇）集体资产管理公司董事长（或法人、监事、董事会成员等），村委会全资入股村资公司，乡（镇）农业服务中心全程指导相关工作的开展。显然，治理结构的重组、治理职能的重构、治理机制的重建、治理资源的整合，对系统性、集成性、创新性治理体系的重建起到了重要的推动作用，有利于乡村振兴战略和乡村治理现代化的实现。

　　本文将整体性治理理论进行延伸，以村民需求和治理结果为导向，针对差异性和多元化治理体系在共同治理目标下通过协调、沟通和合作解决复杂性乡村社会问题，并试图解释实践中一体化的乡村治理体系在现代化目标下何以可能与何以可为。对此，笔者构建了乡村治理体系一体化选择的理性审视框架（见图1），回答组织同构、职能重组、机制优化的理论逻辑与实践价值，其中将机制优化的内容融合到组织同构与职能重组的分析中。

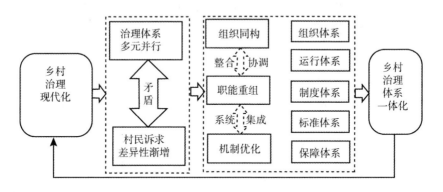

**图1　乡村治理体系一体化的分析框架**

　　首先，乡村治理体系多元化与村民诉求差异性的日益增加催生了治理体系的重组，继而使乡村治理体系实现一体化发展成为可能。在组织维度上，治理体系的多元性意味着乡村治理的"碎片化"与分散性，而村党组织、村民委员会和集体经济组织"三位一体"的组织结构是主动回应上述问题的创新性探索。在权力维度上，村民诉求的差异性增加暗含着村级治理主体对治理权力的吁求，特别是在"空心化"和老龄化程度比较严重的村庄，村民越来越不能接受外出务工且对村庄事务不熟悉的村干部主导村庄治理。在基层政府的引导下，村民更加主动地参与村级组织的同构。在这个过程中，不同村治主体也在积极调整相关治理职能与权责，健全和优化系列治理机制以保障新型治理体系的健康运行。其次，组织同构与职能重组基础上的乡村治理体系呈现出政治、经济、社会等方面治理体系的一体化趋势，推动不同村治主体形成相同或相似的组织、制度、运行、标准和保障体系，共同促进乡村治理现代化。

### （三）案例选择与研究方法

笔者在对近 5 年中国创新社会治理典型案例的质性研究中发现，多元治理体系的融合是社区治理创新可持续的动力源泉。由于笔者在彭州市宝山村和兴文县自由村参与式观察的时间较长，本文将以这两个村为典型案例对乡村治理体系一体化问题进行深入研究。彭州市宝山村自 20 世纪 80 年代在传统乡村治理体系下创新性地将村党组织、村民自治组织、村集体经济组织同构，村党支部书记同时担任这三个组织的"一把手"，并随着村庄的三次创业和三次产业转型，将法治、德治及时融入新型治理体系，促使集体经济发展道路在村庄保持了最纯粹的继承与发扬。兴文县自由村是在精准脱贫过程中开展乡村治理体系一体化创新实践的。该村集体经济收入长期为零，社会治理成效较差，但兴文县委县政府在脱贫攻坚中创新性引导县、乡、村建立三级集体资产管理公司，上级党委和政府不仅嵌入本级和下级集体资产管理体系，还嵌入传统乡村治理体系，新型村庄共同体加强同内外部主体之间的联系，在互融共生中实现了乡村经济高质量发展与社会治理的高效能。两个案例的创新路径虽然不同，但效果相同，其中蕴含的内在逻辑是否一致，正是本文要回答的问题。

本文采取实地调研的方式收集资料，访谈对象既有组织部、民政局、农业农村局、乡镇工作人员，也有村"两委"成员、集体经济组织负责人、村民小组长、"三会"（村民议事会、理事会、监事会）成员、村民。虽然不同村庄的治理力量、资源、结构、制度、体系有差异，但均在不同程度上对治理体系进行了整合。需要说明的是，虽然本文重点研究村庄内不同治理体系的横向一体化和以集体经济为载体的纵向一体化，但仍然需要在同一关系下进行比较，选取较为稳定的比较标准来归纳出一体化的运行逻辑与实践价值。

# 三 组织同构：乡村治理体系一体化的结构嵌入

组织趋同理论认为，当存在强有力的外生性权力、组织的功能性或规范性吸引力、组织负责人在认知及规范上形成一致性或面临较强的竞争压力时，组织趋同不可避免。目前，农村基本实现了村党组织书记的"一肩挑"，交叉任职的村"两委"成员和集体经济组织管理人员从便利性出发不自觉地保持了传统乡村治理体系、自治法治德治相结合体系与集体经济组织管理体系在价值、制度、决策、程序和技术等方面的基本一致，形成了组织管理的规范性趋同。但基于市场逻辑和多重竞争性逻辑的强制性趋同和混合趋同机制也在两个案例中同时兼有。

## （一）基于市场逻辑的强制性趋同：村庄内部治理体系一体化

实现乡村治理现代化不仅需要多个治理体系的系统集成，还需要符合市场逻辑的制度设计。宝山村随着集体经济的发展壮大，"集体经济组织生产的主要'产品'抽象化以后被农村这个大系统所利用和'消费'，与乡村治理形成类似的共同信念和知识体系一起成为'合乎情理的逻辑'而被社会所承认"[①]，全新的乡村治理体系应运而生（见图2）。在宝山村"三位一体"的组织架构中，坚持同一套选聘、考核、分配标准和激励机制，实行按劳分配为主、按资分配为辅的多元化分配形式，保障共同富裕；允许村"两委"成员与集体企业中高层管理人员自由流动和外部优秀人才的引入，确保村级党组织在村庄发展中领导作用的发挥。由此可见，宝山村治理体系横向一体化的核心仍然是原来的政党治理、村民自治、集体经济治理体系，自治体系中的"三会"制度不仅没有因为一体

---

① 衡霞：《组织同构与治理嵌入：农村集体经济何以促进乡村治理高效能》，《社会科学研究》2021年第2期。

化的治理体系而弱化，反而强化了反映农民诉求的整体性愿望；"宝山文化""正方精神""家风家训""社会主义核心价值观"等德治元素深刻融入企业治理体系；契约化的村规民约并未因严苛性、惩罚性而被村民排斥，却在40多年的集体经济发展中很好地发挥了"软法"作用；村民自觉接受市场化的治理规则，积极通过电话、微信、参会、列席等形式为村庄发展献计献策，或组建社会组织和志愿者组织，较早形成了共建共治共享的乡村治理格局。在调研中我们很难准确判断宝山村治理体系的社会属性，但较高的村民满意度和乡村治理现代化程度①客观呈现了村庄内部治理体系—体化所带来的良好治理效能。它不仅源于对市场规则的遵守，还在于市场体系的无形压力促使其形成强制性趋同，当然也能在其中看到模仿性、规范性趋同的因素。

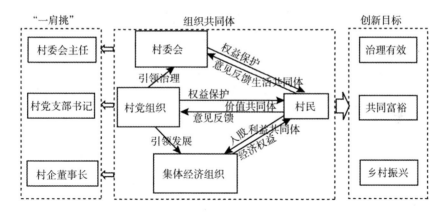

**图 2　乡村治理体系横向一体化**

### （二）基于政府逻辑的规范性趋同：乡村治理体系纵向一体化

乡村是国家治理的基本单元，乡村治理体系的法治化、科学化、精细化水平事关基层社会的和谐稳定。党的十九大以来，建设自治、法治、

---

① 笔者正在对全国乡村治理现代化现状进行测评，包括治理体系和治理能力两个方面。其中宝山村的现代化程度在彭州市抽样中为最高（77.8 分），其他抽样村的分值均未超过 70 分；即使在东、中、西部地区抽样村的评估中，宝山村的分值仍然居于第一方阵（评估值最低的村仅为 48.77 分）。

德治相结合的乡村治理体系成为基层政府开展社会治理的重要任务之一。兴文县自由村在此背景下探索党的领导、村民自治、村资管理"三位一体"的横向一体化治理体系，两年前又开始探索以集体经济组织为载体的纵向一体化治理体系（见图3）。在自由村治理体系横向一体化中，虽然组织同构了，但它的价值导向、制度体系、运行机制等方面远没有达到宝山村在这些方面的融合程度，契约规则在治理中的应用也要弱一些，但纵向一体化的治理体系更有创新性和推广性，它把县和乡（镇）都联结到村级治理体系中，提升了整体治理效能。

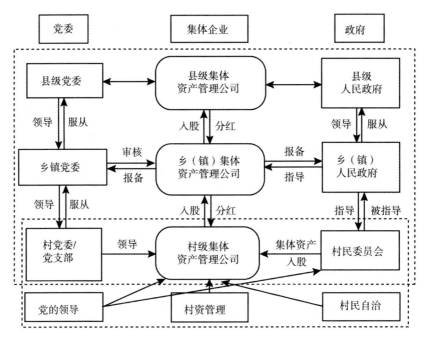

**图3　乡村治理体系纵向一体化**

纵向一体化由共乐镇党委和政府在自由村一体化治理体系的基础上启动，以借资形式使全镇所有村庄入股镇集体资产管理公司（即共乐镇农发公司）。在镇农业服务中心指导下，各村党支部书记推荐选举产生农发公司董事长、总经理、监事长等，其薪酬来自公司收益，占纯收入的20%；业务范围不与村集体资产管理公司重合，但需要在镇农业服务中心指导下事先做好规划报镇党委批准，然后年底向各村股东分红。与此同时，在县农业农村局指导下，国有独资公司"兴文僰苗文化旅游有限责任公司"下设县级集体资产管理公司，全县所有乡镇农发公司均为其股东，管理模式与乡镇农发公司基本相同。事实上，全县所有镇村通过资金、资产、资源入股形式，将长期"沉睡"的固定资产转化为收益，不仅村民每年能从镇、县两级集体资产管理公司获得分红，集体资产管理公司还能将部分盈余用于村庄公共服务和治理。这样的乡村治理体系纵向一体化实践，拓展了党政、村社、村民和社会力量在乡村治理中的积极作用，不仅实现了政府治理意图在乡村的真正贯彻，还极大增强了村民的向心力与凝聚力。

### （三）基于多重竞争性逻辑形成的混合趋同机制

乡村治理体系一体化是乡村社会适应自身结构变化的积极调适，目的在于激发乡村治理的内生性力量，消除乡村治理的制度脆弱性，增强乡村社会治理韧性。从宝山村和自由村治理体系一体化的过程来看，在市场逻辑与政府逻辑之外，还有历史的、发展的、责任的等多重竞争性逻辑。在实践中，基于市场逻辑的强制性趋同和基于政府逻辑的规范性趋同往往是在混合趋同的共同作用下形成一体化的治理体系。从主体结构来看，多个村级组织在规范与事实间不断耦合，共同形塑强大治理力量的公共场域。尤其是基层党委领导的政策执行能力、致富能力和战略思维，保证了治理体系在创新时始终与国家战略高度一致，极大提升了村民对村庄各类组织的认同感与信任度，从而确保了组织体系、制度体系、运行体系、评价体系和标准体系的一体化运营。从权力结构来看，村庄内部组织基于村民流动性现状，在平行空间中耦合，在从属关系中解脱，具有法理特征的契约关系正在逐步建立。从运行向度来看，以强制性趋同为主的横向一体化与以规范性趋同为主的纵向一体化，均在致力于摆脱乡村治理中部分主体的强自主性与新兴力量弱公共性的冲突困境，有效避免了乡村治理体系中权力结构的运行偏差。

## 四　职能重组：乡村治理体系一体化的流程再造

在实践中，村级组织的管理职能较多、任务较重，因此，借助乡村治理体系一体化重组不同组织的相关职能就显得尤为必要，同构组织的职能重组过程正是乡村治理体系一体化的流程再造过程。

### （一）职能属性

在乡村治理体系一体化的背景下，明晰村级组织的职能属性与职能边界成为构建一体化治理体系的基本前提。村级党组织原有的政治属性根据相关规定适当延伸，并拓展到一体化治理体系的各个组织中，充分发挥党的全面领导功能，将党的战略方针、宏观政策落实到村庄具体的发展过程与治理实践中，体现行政、社会和文化的治理属性，在发挥好引领作用的同时，重塑村级公共服务者角色；村委会的半行政属性回归到自治的公共属性，致力于乡村公共事务的治理，使其从"要我治理"变为与村民共同的"我要治理"，把村庄建设成生活共同体、价值共同体、精神共同体和利益共同体的公共场域，从而提升乡村社会的公共精神和现代治理理念；村集体经济组织原本只专注于村庄集体资产管理和集体经济发展，以利益为纽带建立起与村民更为稳固的公共关联，但在一体化的乡村治理体系中，高度趋同的组织结构和治理体系促使集体经济组织呈现出鲜明的服务属性，日益与村党组织和村委会的公共属性趋同。这反过来又进一步强化了乡村治理体系一体化的形成和推广，在一定程度上促进了乡村治理现代化建设。

### （二）权责分配

乡村治理体系一体化中的组织同构与职能属性的趋同意味着乡村正在形成一种有序的集体治理行动，不同体系通过组织、制度、运行、标准等的互动关联和系统集成来实现乡村治理资源的最大化利用和治理的高效能。图3清晰地展示出不同治理体系是如何在乡村内部实现关联和整合的，以及在不同案例中均呈现出主体间的默契配合和村庄社会发展的井然有序状态，因而治理体系中不同组织的权责分配就成为乡村治理体系一体化的关键。从一体化的乡村治理体系来看，村级党组织、村民委员会、村集体经济组织和其他组织的责任非常明确。村级党组织既有加强党的建设责任，也有义务培养党的后备干部和村级致富带头人，提升村民对党的认同感和满意度，巩固党在农村的执政基础；村民委员会回归自治功能，强化乡村治理的公共性与现代性，实现乡村社会的良序善治；村集体经济组织不仅要贯彻落实党的战略意图，更要具有强大的治理能力，带领村民实现共同富裕。近年来，党和政府陆续出台多部关于农村基层党组织、村民自治、村集体经济组织的法律法规，明确赋予不同村级组织在一体化治理体系中的应有权力，保证治理体系创新的生命力与可持续性。

### （三）资源统筹

在访谈中，基层干部多次提到治理责任属地化与治理资源部门化之间的冲突，不同部门均有相应的负面清单限制相关资源的使用范围，这反映出不同治理体系单独运行时对资源配置产生的负面影响。自由村党支部书记认为，本级组织同构以前，低保户确认难、书记主任扯皮多，导致公共政策执行难和资金使用效率低，乡村治理体系一体化后，这些问题得到了很好解决。从宝山村和自由村乡村治理体系一体化的运行现状来看，同构的村级组织有效整合了各种组织、制度、人才、技术资源，培育出多种专业化的社会组织和志愿者组织，发挥了他们在意见收集、困难帮扶、教育服务、公共安全、村民参与等方面的优势，为村级党组织决策提供了很好的依据。其中，宝山村和自由村党支部整合村社和村民资源，建立股份制集体企业，实行多种集体经济分配形式，促进了村民共同富裕。同时，通过发展壮大集体经济反哺美丽乡村建设，宝山村在多年的反哺中将村庄建设成为中国"百强村""文明村"和四川省"红旗村""小康示范先进村"；自由村党支部把致富能人培育成为党员和村干部后，用五年时间将一个集体资产为零的村庄发展成为年产值数十万元的先进村，村民的公共精神与自治意识明显提升，村庄环境得到明显改善。在对两个村庄不同群体的访谈中，我们得到一个共同结论，即乡村治理体系实现一体化后，村级党组织的资源统筹能力得到明显增强，资源整合成效非常明显。

## 五 结论与启示

乡村治理体系一体化是由基层治理主体能力提升而带来的创新性举

措，不论是横向一体化、纵向一体化，还是横向与纵向的相互嵌入与融合，均推动了整体性治理理念在乡村治理中的应用与拓展以及集成治理思维在乡村的扩散，解决了多元治理体系在思想和行动上带来的困难，有效助推了乡村振兴目标的顺利实现。

### （一）整体性治理理念是乡村治理体系一体化的关键与前提

整体性治理理论是针对"碎片化"治理而形成的政府改革理论。村民委员会和村集体经济组织虽然不存在政府部门复杂的条块关系，但村级党组织要服从上级党组织的领导；村民委员会虽然要接受上级政府安排的任务，但其因自治属性而游离于法律规范的行政主体范畴之外，虽然是集体经济组织的实质管理主体却不干预其独立自主的经济活动。在实践中，构建自治、法治、德治相结合的乡村治理体系仍然需要乡村原有的治理体系的支撑。因此，传统乡村治理体系的孤立状态已经不能适应新时代乡村振兴战略的要求。宝山村和自由村的乡村治理体系一体化探索在相关政策的支持下，运用整体性治理思维，试图破解以工作任务为核心的"碎片化"组织设计和以效率为核心的乡村弱公共性与弱自主性困境，针对村庄大量跨界性和交织性公共事务，通过多个治理体系的集成与耦合，系统提供无缝隙的多元服务，以解决人才短板与治理结构失衡、多个治理体系之间缺乏协调等问题。

### （二）现代化的治理能力是乡村治理体系一体化的核心与保障

虽然近年来国家先后出台了《关于深入推进农村社区建设试点工作的指导意见》《加强和完善城乡社区治理的意见》等政策文件，但很难在短期内改变农村社会治理的"悬浮"现象。尤其是农村"空心化"与老龄化后，治理主体缺失、治理能力不足，基层治理效率不高。因此，党委和政府选派了一批干部下沉到农村，但他们在村里工作的时间有限，仍然需要提升农村治理能力。[1] 宝山村横向一体化治理体系之所以有效，自由村纵向一体化实践之所以能获得县级政府的认同与推广，村级组织

---

① 蒋英州：《社会治理重心下沉、乡村振兴与乡镇党政干部的流动》，《江西师范大学学报》（哲学社会科学版）2020 年第 5 期。

的现代化治理能力是重要因素。在治理体系横向一体化实践中，村级党组织长期践行"农村富不富，关键在党支部""我们共产党人是人民群众的带头人，要带领群众走共同富裕的道路"等责任意识。正是村级党组织的坚强有力和党员先锋模范作用的发挥，才使得村级组织的动员能力、服务供给能力、矛盾纠纷化解能力、依法办事能力得以显著增强，乡村治理法治化、科学化、精细化水平和组织化程度得到较大提升。在治理体系纵向一体化实践中，基层政府为民服务能力和基层治理创新能力尤为重要。在自由村和共乐镇两级集体资产管理公司成功运作后，全县所有乡镇都开始借鉴学习，并推动县级集体资产管理公司的成立。加强不同层级政府部门和村级组织的关联与治理体系的耦合，尤其是在制度、标准、运行体系等方面的同步推进，为不同层级集体资产管理公司的现代化能力提升提供了保障。

**（三）乡村振兴是乡村治理体系一体化的目标与归宿**

实施乡村振兴战略是党的十九大作出的重大战略部署，是全面建设社会主义现代化国家的重大历史任务。从中央颁布的乡村振兴战略规划来看，产业、人才、文化、生态和组织振兴是重要的着力点。从乡村治理体系一体化实践成果来看，组织同构与经济反哺是前提，产业振兴与人才振兴是关键。从产业振兴来看，宝山村自20世纪80年代就建立了以集体经济为主、个体经济为辅的发展模式，工农业总产值超百亿元，集体纯收入的40%用于村民收入再分配，其余用于扩大再生产、村庄建设、公共服务供给。村民对村党组织高度认同，对村庄服务与治理非常满意，同构的组织架构与一体化的治理体系逐渐形成并稳固。自由村把集体经济收入的大部分用于村庄公共事业、公共福利和村民分红。从人才振兴来看，村里除了有村干部脱产和在职培训、网课学习与考试、后备干部培养计划、技能大比武等外，还实行村"两委"成员与村集体企业管理人员交流任职，使企业管理规范和管理技术嵌入乡村治理体系。其中兴文县153个行政村中以致富带头人身份担任村党支部书记的比例高达94.1%，村党支部副书记或支委委员全部兼任村纪律委员和村务监督委员会主任，保证了乡村治理体系的顺畅与有效，也促进了乡村振兴目标的实现。乡村治理体系的一体化变革从根本上改变了基层治理的组织结构和运行机制，有效提升了乡村治理效能，促使乡村治理从分散向集成转变。

宝山村和自由村的创新性探索表明，一方面，整体性治理理论不仅适用于公共部门，也适用于乡村治理场域，一体化不仅是城乡、行业、产业链的集成融合，也是场域、领域、治理链的全方位集成融合，从而破解不同组织管理带来的乡村治理资源分散困境；另一方面，乡村治理体系一体化首先是乡村组织、制度、标准、监督等治理体系的一体化，然后推动乡村政治、经济、文化和社会治理的一体化，并促进基层党委和政府深度参与一体化治理体系的构建。与此同时，乡村治理体系一体化的实践还表明，村"两委"与集体经济组织同构、村党支部书记"一肩挑"并不一定带来决策垄断、权力寻租、监督失效等问题，因为在创新治理体系时从制度设计上对这些问题进行了防范。在构建一体化的乡村治理体系时，村民以集体经济组织为利益联结点，更加重视利益分配的公平性，进而主动参与到乡村治理中来，提升了乡村治理体系一体化的运行效果；在推进乡村治理体系一体化的过程中，通过相关规制确保了流程再造后乡村治理组织的职能属性更加规范，主体责任更加明确，资源整合效果和治理绩效更加显著，促进了村庄的繁荣发展，提升了乡村治理的现代化水平。

# 实 践 篇

## 善治宜宾——城乡基层治理的地方实践

# 城乡基层治理的宜宾实践

## 一　善治宜宾之思：城乡基层治理的战略规划

### （一）宜宾城乡基层治理的战略源起

#### 1. 国家治理体系和治理能力现代化的客观要求

党的十九大报告指出，全面深化改革的总目标是完善和发展中国特色社会主义制度、推进国家治理体系和治理能力现代化。十九届四中全会以党的全会决定形式，专门对坚持和完善中国特色社会主义制度，推进国家治理体系和治理能力现代化若干问题作出决定。基层治理作为国家治理的基石，是实现国家治理体系和治理能力现代化的基础工程。城乡基层是社会治理的基本单元。城乡基层治理事关党和国家大政方针贯彻落实，事关居民群众切身利益，事关城乡基层和谐稳定。城市和乡村治理作为基层治理的两大"关键场域"，是实现国家治理体系和治理能力现代化的"前沿阵地"和"试验场"，提升城乡基层治理水平是加强国家治理体系和治理能力现代化建设的客观要求。

宜宾市基层治理中也存在着治理能力与治理任务不匹配、治理责任与治理权力不匹配、治理资源与治理需求不匹配等治理困境。其中，宜

[*] 姜晓萍，四川大学城乡基层社会治理研究院院长、公共管理学院教授；田昭，四川大学城乡基层社会治理研究院研究员。

宾市城乡治理资源不平衡和公共服务不平衡成为城乡协调发展的突出难题，城乡要素自由流动和平等交换的制度壁垒阻碍宜宾市城乡治理平衡。此外，宜宾市城乡基层治理还面临机制不畅、发展不均、布局不优、服务不强、队伍不专、主题不够、投入不足等现状和短板。

2. 城乡融合发展与推进乡村振兴的必然之要

党的十八大以来，中国在统筹城乡发展、推进新型城镇化方面取得了显著进展，但城乡要素流动不顺畅、公共资源配置不合理等问题依然突出，影响城乡融合发展的体制机制障碍尚未根本消除。党的十九大报告提出了实施乡村振兴战略和区域协调发展战略，对建立健全城乡融合发展体制机制和政策体系作出重大决策部署。2018年中央一号文件《关于实施乡村振兴战略的意见》进一步明确提出了"建立健全城乡融合发展体制机制和政策体系"的要求。可见，由于区域经济发展的不均衡，中国的城乡关系的特殊性和差异性仍是目前城乡基层治理的重点。重塑新型城乡关系，走城乡融合发展之路，促进乡村振兴和农业农村现代化，城乡全面融合和乡村全面振兴是全体人民共同富裕基本实现的着力点。

因此，统筹谋划城乡基层治理工作，必须注重以城带乡、以乡促城、优势互补、共同提高，促进城乡社区治理协调发展，促进公共资源在城乡间均衡配置，回应城乡发展一体化和基本公共服务均等化的要求。同时，实施乡村振兴战略，也需加强农村基层基础工作，健全乡村治理体系，确保广大农民安居乐业、农村社会安定有序，有利于打造共建共治共享的现代社会治理格局，是为推进国家治理体系和治理能力现代化"添砖加瓦"的必然之要。

3. 构建高质量公共服务的应然之义

公共服务发展质量是衡量经济社会发展文明程度的重要标志。高质量公共服务是人民群众获得感、幸福感和安全感的重要来源，是国家治理体系和治理能力现代化的重要体现，也是"以人民为中心"理念的重要落脚点。"十四五"规划纲要强调健全国家公共服务制度体系，提出加快补齐基本公共服务短板，着力增强非基本公共服务弱项，努力提升公共服务质量和水平。《"十四五"公共服务规划》首次将普惠性非基本公共服务、高品质多样化生活服务纳入规划范围。相较于"十二五""十三五"，《"十四五"公共服务规划》经历从"基本公共服务"向"公共服务"的多层次领域拓展,从"均等化"向"高质量发展"的高水平服务提升。

发展不平衡不充分、制度建设不完善、群众满意度不显著是推进高质量公共服务的难点和痛点。宜宾市对接新时代国家重大战略部署,需要坚持高质量公共服务的治理理念,不断完善公共服务高质量发展的制度体系和提高公共服务高质量发展的保障能力,以普惠性、均等化、标准化、高质量为方向,牢牢抓住人民群众最关心的问题。

**4. 落实两项改革"后半篇文章"的现实之需**

四川省谋划和启动四川省乡镇行政区划和村级建制调整改革的重大基础性改革(简称"两项改革"),两项改革的"前半篇文章"在调优减量、物理变化两方面取得显著成效。通过行政区划的合理调整,四川省拓展了镇村发展空间,打破了制约资源和要素跨行政区域流动的障碍,在更大范围推动了生产要素合理有效配置,激活了乡村经济发展动能。然而,在改革"前半篇文章"中,由于改革中化解互为交织的新旧矛盾需要渐进调适过程,加之相关配套支持政策还存在不足,在"合村并镇"后的新格局下仍然存在镇村组织机构合并与不同主体利益不均、乡村闲置资源盘活与集体经济发展衔接不够、镇村治理边界拓展与干部赋能激励不足、公共服务需求提升与供给资源对接不准、发展治理需求提升与多维要素保障不足五个方面的现实挑战。四川省落实两项改革"后半篇文章"中,对乡村全面振兴、新型城镇化建设和县域经济高质量发展大局作出了重点部署,强调推动两项改革"后半篇文章"乘势而进、行稳致远,以改革新成效推动新时代治蜀兴川再上新台阶。

宜宾市正是响应写深、写实两项改革"后半篇文章"的现实号召,不断推进城乡基层治理体系建设,做好三大任务:片区规划编制、片区资源配置、"四大任务"落地落实。同时,以特色产业、重大项目、特色镇村、改革路径、先进示范"五个一批"为抓手,实现城乡片区一体化高质量发展。

**(二)宜宾城乡基层治理发展的战略定位**

1. 价值定位

(1)向党而行:以基层党建全面引领基层治理

坚持党的领导是城乡基层治理的固本强基之策,是新时代基层治理现代化的根本保证。城乡基层治理是基层党委工作的重要阵地，基层党组织是党在基层全部工作和战斗力的依托和基础。通过党建引领对城乡基层治理体制发挥牵引性作用，进而构建一种系统式和引领式的基层治理模式，这是中国基层治理的制度优势所在。当前，随着城乡社会结构、生产方式和组织形态发生深刻变化，中国迫切要求探索党在基层有效领导、有序管理的新方式和新方法，通过优势回归与制度创新加强党对城乡治理工作的领导，推进城乡基层党组织建设，切实发挥基层党组织引领基层高效能治理的核心作用。

宜宾市在基层治理过程中，坚持向党而行，坚持党的领导，构建了以党建引领为核心的多层次、广维度、立体化基层治理体系，将党的政治优势、组织优势、制度优势、工作优势转化为基层治理效能。具体而言：一是优化城乡基层治理组织体系，在组织系统建立了城乡基层治理办公室，统筹开展基层治理工作，打破了以往的"九龙治水""多头管理""资源碎片""信息割裂"等局面，形成了面向基层治理问题、治理需求和治理发展的职能集中统筹、资源集成优化、治理信息共享、治理力量赋能和治理质量监督的格局。二是加强城乡基层治理组织队伍建设，不断吸收优秀人才充实基层党组织，打造一支政治强、有担当、作风正的城乡基层治理中坚力量。宜宾市通过建立选育用留全过程管理人才对外体系，形成了体制内治理队伍提动能、增效能和深投入，体制外队伍吸引、凝聚、融合的机制，打造了"参与广覆、能力互补、共同创新"的治理队伍。三是提升城乡基层治理组织动员能力。宜宾市依托传统群众工作的经验优势和互联网的新手段，建立参与渠道、激发参与动力、保障参与效果，广泛发动党员群众，建成共建共治共享的社会治理格局。通过改革，宜宾市不断扩大基层党建工作覆盖面，持续强化基层各领域党建融合，强化系统建设和整体建设，充分发挥街道社区党组织领导作用，有机联结单位、行业及各领域党组织，构建了区域统筹、条块协同、上下联动、共建共享的城乡基层党建引领治理新格局。

（2）向善而行：坚持以人民为中心的价值本位

基层作为社会利益的发生源、社会矛盾的聚合源、社会秩序的基础源、社会价值的共生源等社会生活的综合反映体，新时代人民日益增长的美好生活需要和不平衡不充分的发展之间的矛盾在基层治理中更具直接现实性。城乡基层治理必须增进民生福祉，不断实现人民对美好生活的向往，这是中国实现治理体系和治理能力现代化的价值倡导。坚持以人为本，服务人民，坚持"以人民为中心"的发展思想，把服务人民、造福人民作为城乡基层治理的出发点和落脚点。

宜宾市在城乡基层治理工作中将人民意志贯穿全过程：一是健全人民参与的基层治理体制机制，发挥人民群众的主体性，依靠人民群众主动性，提升人民群众的合作性，不断完善民主协商机制，完善城乡基层共治。二是在城乡基层治理中做到基层群众的操心事、烦心事、揪心事"搁眼里"，诉求表达、服务保障、风险化解"放心上"，拓宽人民群众反映意见和建议的渠道，着力推进基层直接民主制度化、规范化、程序化。三是将人民群众的满意度作为城乡基层治理效能的根本标准，推动善治为核心的理念转变、服务型政府的定位转变。

（3）面向未来：坚持新发展理念的治理动能

习近平总书记指出："发展必须是科学发展，必须坚定不移贯彻创新、协调、绿色、开放、共享的新发展理念。"① 城乡基层治理坚持新发展理念必须贯穿发展全过程和各领域，以质量变革、效率变革、动力变革为抓手，转变城乡基层治理的发展方式，实现更高质量、更有效率、更加公平、更可持续、更为安全的发展，构建城乡基层治理新发展格局。

创新是宜宾市城乡基层治理的"关键招"，城乡基层治理的发展战略、发展目标、实现路径的谋划，需要实现"跟跑"到"领跑"的思维跨越。协调是宜宾市城乡基层治理的"先手棋"，明确主体责任体系和融合治理体制机制都离不开"干戈"到"玉帛"的逻辑认同。"绿色""开放""共享"是宜宾市城乡基层治理的"组合拳"。绿色理念作为可持续发展的不竭动力，以人与自然和谐为价值取向。加强生态文明建设，走城乡基层治理绿色发展之路，是调整经济结构、转变发展方式、实现可持续发展的必然选择。开放理念有利于打开城乡融合的窗口期，推进城乡双向开放，不断满足人民日益增长的美好生活需要。共享理念是以人民为中心价值核心的有力体现，不断调动人民在城乡基层治理中的积极

---

① 《习近平谈新时代坚持和发展中国特色社会主义的基本方略》，2017 年 11 月 8 日，人民网（http://dangjian.people.com.cn/n1/2017/1108/0414210-29635030.html）。

性、主动性、创造性，不断提升人民的获得感、幸福感、安全感。此外，宜宾市城乡基层治理需要不断强化"造血"功能，才能有效回应城乡基层治理持续性和发展长远性的客观要求。通过对新发展理念的不断赋能，宜宾市持续推动和夯实城乡基层治理基础，从而提升基层治理体系和治理能力的可持续性。

2. 功能定位

(1) 以战略谋划为前提，做好科学周密的政策设计

城乡基层治理离不开顶层设计与基层探索之间的良性互动。国家治理体系致力于提供统一的体制机制和政策体系，而城乡基层治理作为国家治理体系和治理能力现代化的基础工程，不但要兼顾国家治理的统一性，更为重要的是地方性，立足现实的社会状况，因地制宜地进行制度政策设计。城乡基层各地应该立足自身资源禀赋、基础条件、人文特色等实际，确定加强和完善城乡社区治理的发展思路和推进策略，实现顶层设计和基层实践有机结合，加快形成既有共性又有特色的城乡社区治理模式。

宜宾市坚持和加强党的全面领导，坚持以人民为中心，以增进人民福祉为出发点和落脚点，以加强基层党组织建设、增强基层党组织政治功能和组织力为关键，以制度建设和能力建设为抓手，以"五治融合"为路径，建立健全基层治理体制机制。宜宾市"五治融合"的建设路径为：一是政治引领，将党建与城乡基层治理深度融合；二是自治强基，加强基层群众性自治组织规范化建设；三是法治保障，推进覆盖城乡居民的公共法律服务体系建设；四是德治浸润，倡导移风易俗，形成与邻为善、以邻为伴、守望相助的良好社区氛围；五是智治支撑，提高城乡社区信息基础设施和技术装备水平，加强公益性信息服务设施建设。宜宾市按照"一体两面、四轮驱动"的总体思路，着力打造共建共治共享的"善治宜宾"共同体，坚持治标与治本两方面结合，扎实抓好体系建设、能力建设、路径建设和示范建设；梳理"重点任务清单""问题清单"，制定城乡基层治理体系"作战图"，厘清重点，确保改革有特色、有亮点；优化空间规划，实施镇村空间整体规划，统筹教育、医疗、养老、文化、交通等六大重点领域，着力构建中心辐射周边、覆盖全域的城乡规划体系；统筹县域产业、基础设施、公共服务、基本农田、生态

保护、城镇开发、村落分布等空间布局，强化县城综合服务能力，把乡镇建设成为服务农民的区域中心，实现县乡村功能衔接互补；实施"区域协同发展合作"行动，以新区经济区显著优势联动四川南部山区资源县，重点围绕建设两地"1小时"公路圈、"飞地"承接九大领域打造开放式发展联合体，构筑南向通道经济带。

（2）以服务群众为根本，完善基层公共服务体系

提升城乡基层公共服务高效优质，需要打破行政区划管理思维和破除非此即彼的二元管制思维。宜宾市以服务群众提供高质量公共服务为行动起点，完善城乡基层公共服务体系：一是形成片区联动"一盘棋"的工作格局，构建"片区化"治理共同体。以片区为作战单元，共商共议、形成共识、优化路径，构建四级便民服务体系，制定分类明确、定位精准的需求清单、资源清单、项目清单。为进一步推动法治政府和数字政府建设，打造"互联网＋政务服务"体系建设，提升各级各部门政务服务质量，从2014年10月开始，宜宾市政务服务非公经济局坚持"一盘棋"思维，整合非应急类政府服务热线资源组建12345市民服务平台，持续推进12345市民服务平台建设。二是健全政府对社会组织分类管理、动态赋权的管理体制。选择性培育政府重点购买、具有发展潜力的组织，鼓励其他社会组织自主发展，动态调整分类管理项目。制定完善孵化培育、人才引进、资金支持等扶持政策，落实税费优惠政策，大力发展在城乡基层开展纠纷调解、健康养老、教育培训、公益慈善、防灾减灾、文体娱乐、邻里互助、居民融入及农村生产技术服务等活动的社区社会组织和其他社会组织。推进社区、社会组织、社会工作、社会资源和社区自治组织的"五社联动"行动框架，精准对接群众需求，统筹设计服务项目，支持社会组织承接，引导专业社会工作团队参与城乡基层治理。三是城乡基层治理过程中，既要通过市场机制来激发城乡各自优势资源，实现城乡互动治理格局，也要通过优化制度环境，使城乡优势社会资源公平交换，促进城乡基层基本公共服务体系完善。

（3）以机制创新为抓手，最大限度优化资源要素

城乡基层治理的理论创新通过单一性经验到综合性经验、局部性到中国性经验的转变，推动建立城乡基层治理模式。如："枫桥经验"经历了"顶层倡导—基层创新—中层承接—理论提炼—全国推广"的理论变

迁路径,产生"放之四海而皆准"的中国城乡基层治理现实价值。宜宾市以创新引领和支撑城乡基层治理现代化,以人才会聚推动和保障,以城乡基层自我发展为动力,鼓励城乡基层治理改革创新,加强城乡基层治理平台建设,加快城乡基层治理研究基地和智库建设。强化问题导向、基层导向、发展导向、利民导向、目标导向、结果导向"六大导向"和底线思维,积极推进城乡治理理论创新、实践创新、制度创新。宜宾市城乡基层治理的制度创新具有融合性,具体表现在:一是治理主体的嵌合性,形成城市和乡村基层治理组织相互嵌套、同时并存的局面;二是治理方式的联动性,建构协同联合机制,显现城乡联动性;三是治理内容的兼容性,城市和乡村两类社会事务日益复杂多元,囊括"城乡两域"基层治理因子的治理内容,呈现强大的包容性。此外,重视群众的主体作用,激发群众参与基层治理的积极性,推进治理创新向后端移动,改变创新给群众带来的效用曲线,精准对接群众需求,创新具有生命力的治理改革模式。

社会治理水平直接关系人民的获得感、幸福感、安全感,推动城乡基层治理全面创新成为新时代的必然要求。城乡基层治理资源保障弱势是面临的突出困境,宜宾市不断深化城乡基层治理改革,激活主体、激活要素、激活市场,调动各方力量投身城乡基层治理新格局。宜宾市在优化资源要素配置时有两点逻辑:首先,统筹谋划城乡社区治理工作,集中有限的资源,特别是在整体资源要素不足的状况下,最大限度避免资源浪费;其次,实行重点领域和产业的政策倾斜,适应城乡发展一体化和基本公共服务均等化要求,促进公共资源在城市和乡村有效整合、均衡配置、有序流动。资源配置过程中,注重以城带乡、以乡促城、优势互补、共同提高,促进城乡基层治理资源要素协调发展。

(4)以良法善治为支撑,全面提升基层治理水平

中国基层政府治理经历了从控制到治理的转型,而"善治"为城乡基层治理提供了新的治理方式,增添了多元诉求的治理手段。善治不仅要求拓展城乡基层治理的方式,而且对打破一些特定制度安排的张力而形成一种"合法化机制"提出了新的要求。

宜宾市在打造"善治宜宾"价值下,城乡基层治理两大关系发生变革:一是治理目标与社会结构。宜宾市的治理目标是打造"善治宜宾"

共同体，构建共治共建共享的治理格局，在城乡基层治理实践中逐渐演化为上下互动、双向回应型的变革。二是良法"护航"。良法保善治。法治国家、法治政府、法治社会是实现国家治理体系和治理能力现代化的标志，建立和完善城乡基层治理法治体系，建设城乡基层法治社会是实现国家治理体系和治理能力现代化重要的途径。宜宾市在城乡基层治理的实践中以良法善治为支撑，准确定位城乡基层群众法治素养教育的实践困境，着力打造城乡基层干部工作体系，着重把握城乡基层群众法治文化供给质量。

面对城乡基层治理中"车大马小""责大权小"的困境，宜宾市不断向基层一线赋权扩能。推进乡镇（街道）纪检监察组织规范化建设，指导县（区）将一批直接面向群众、基层治理急需且能够有效承接的县级执法权限依法赋予乡镇（街道）。大力推进执法重心下移，推进行政执法权限和力量向基层下沉，制定城乡基层权力、责任、综合执法等清单，对民生保障、社会治安、环境保护等服务执法事项下放。在法治的轨道上，不断推进基层治理体系和治理能力现代化，弘扬社会主义法治精神，坚持运用法治思维和法治方式推进改革，建立惩恶扬善长效机制，破解城乡社区治理难题。针对人员不负责、法律意识不强等情况，宜宾市做实乡镇综合行政执法机构设置，逐步实现"一支队伍管执法"；发挥基层群众自治性组织作用，整合驻区单位下沉社区，统筹治安巡逻队、小区保安、律师事务所等力量，设立"中心警务室"开展联防联控，全面落实"一村（小区）一法律顾问"制度，将矛盾化解在基层、处理在源头；进一步完善社区自治章程、居民公约、小区规约，增强群众归属感和凝聚力。

（5）以产业发展为基础，促进经济高质量发展

《乡村振兴战略规划（2018—2022）》提出创建特色鲜明、优势集聚、市场竞争力强的特色农产品优势区，支持特色农产品优势区建设标准化生产基地、加工基地、仓储物流基地，完善科技支撑体系、品牌与市场营销体系、质量控制体系，建立利益联结紧密的建设运行机制，形成特色农业产业集群。实施产业兴村强县行动，培育农业产业强镇，打造"一乡一业、一村一品"的发展格局，承接适宜产业转移，培育支柱产业。

宜宾市聚集产业，激发县域经济高质量发展新动能，发展壮大县域经济，促进片区集体经济发展，整合村居优势。一是推动农业产业深度融合。把握宜宾市城乡发展格局发生重要变化的机遇，培育农业农村新产业新业态，打造农村产业融合发展新载体新模式，推动要素跨界配置和产业有机融合，探索建立"城镇社区＋产业村"联营模式，打造全域性立体生态农业。二是充分预留产业用地指标，瞄准"头部前列"招大引强，紧盯"潜力新星"育强培优。建立全域式产业园区，加速引导科研物流、金融会展等高端服务业落户东北向，建设现代服务业集聚区。推动电子信息、重大装备制造等制造业集聚东向。打造智慧新型农业深度开发，建设现代农业示范区落地北域。"以园区引领、联农带农"行动，以国家农业科技园为基础，打造高质量农业高新技术产业示范区和国家农业产业融合发展示范园，实现产值的跃升，让城乡一、二、三产业在融合发展中同步升级、同步增值、同步受益。三是完善紧密型利益联结机制。始终坚持把农民分享更多增值收益作为基本出发点，着力增强农民参与融合能力，创新收益分享模式，建立统一片区集体经济组织，构建合理的片区利益分配机制；健全"联农带农"有效激励机制，让农民更多分享产业融合发展的增值收益。此外，形成片区资源与市场对接的分工体系，弥补阶段性集体经济利益分配纠纷。

### （三）宜宾城乡基层治理的逻辑思路

1. 目标层面——立足现在与未来

"千里之行，始于足下"，城乡基层治理现代化必须着眼于当下的基层治理状况，回应当前治理问题，也需顺应趋势，面向未来。立足现实问题，当前宜宾市面临着各地方普遍存在的乡镇整体呈现出的"数量多、规模小、分布密、实力弱"特征，特别是农村人口"空心化"、产业"空壳化"、"三留守"现象突出，同时不同乡镇经济状况差距较大，发展不平衡。着眼于未来，按照中央的统一要求和自身发展，宜宾市也面临着党建引领基层治理机制全面完善、基层政权坚强有力、基层群众自治充满活力、基层公共服务精准高效、党的执政基础更加坚实、基层治理体系和治理能力现代化水平明显提高的目标与要求。

对此，宜宾市近年来大力推进"乡镇行政区划和村级建制调整两项改革"。在两项改革"前半篇文章"中，圆满完成两大任务："一项减法"——乡村和建制村数量大幅减少，推动行政区划设置趋向合理；"一种模式"——推广嘉兴"农业全产业链改革"经验，推动西部农业结构实质性转变。在两项改革"后半篇文章"中，明确"善治宜宾"工作定位，推进"幸福宜宾十大工程"，弥补民生短板，强化城市功能，提升城市形象，增强城市的核心竞争力和影响力，着力打造城乡基层治理共同体。

2. 场域层面——融合城市与乡村

党的十九大报告提出实施乡村振兴战略，要求农村发展以"产业兴旺、生态宜居、乡风文明、治理有效、生活富裕"为目标，城乡关系以"建立健全城乡融合发展体制机制和政策体系"为思路，明确了"加快推进农村现代化"的总任务。城乡融合发展，从理论上讲就是要彻底打破传统二元结构，从实践上讲就是要形成城市和乡村竞相繁荣兴旺的新格局。

宜宾市以坚持城乡融合发展为基本原则，顺应城乡融合发展趋势，重塑城乡关系，激发城乡基层内部发展活力，优化外部发展环境，增强改革的系统性、整体性、协同性，着力破除户籍、土地、资本、公共服务等方面的体制机制弊端，加快打通城乡要素平等交换、双向流动的制度性通道，为城乡基层治理注入新动能。

3. 实践层面——平衡治理与服务

基层工作的重心是服务与治理，服务和治理在本质上具有一致性，在实践中则体现为职责归属的不同以及履职方式的差异，并以此而引发了基层治理中所存在的碎片化治理问题，影响着治理效能。对此，在基层治理中要推动治理与服务的深度融合，以系统化理念、整体性布局来实现二者在职责链条、资源集成、方式融合和成果共享上的深度融合，推动治理和服务的有效性。

宜宾市在实践中以共同体建设为目标，坚持党建引领、社区（村）居委会发挥组织作用，构建以社区为平台、以社会组织为载体、以社会工作者为支撑、以社区志愿者为辅助、以社会慈善资源为补充的"五社联动"现代社区治理服务行动框架，不断汇聚资源、整合项目、优化流程和提升效能，实现了治理和服务两个层面的补短板、强弱项、优方式，实现了服务和治理的同向发展与融合创新。

4. 效果层面——兼顾动能与效能

城乡基层治理是社会治理的基础和薄弱环节，治理有效是基础。"既要稳定有序又要充满活力"是当前城乡基层治理的价值目标。动能和效能是完善城乡基层治理体系的一个有机整体，动能强调实现有效治理的动机，能力则是有效治理的依赖载体。对于基层治理而言，只有能力提升，才能实现城乡基层治理的有效治理，而只有动能增强，才能更好保障高效能治理。

宜宾市的基层治理也是聚焦于动能和效能的双提升：一是基层一线赋权扩能，着力破解基层治理边界不清、权责不明、基层过度承载行政职能的问题，进一步明确基层的权责和能力来源，从行政执行能力、为民服务能力、议事协商能力、应急管理能力、平安建设能力、基层干部治理能力六个方面着手，提升基层治理能力，减轻基层负担。二是人才队伍强基提能，实施乡村人才振兴五年行动，持续深化农民工"聚火"工程，健全小区党组织书记和业委会主任选拔培养办法；建立基层工作人员的长效培训机制，推进"标兵"书记选育工程，实施学历提升工程等，着力建立一支高素质、有能力的基层工作队伍。三是智慧治理科技赋能，坚持改革和科技"双轮驱动"，以智能化推进城乡基层治理，让数据"跑起来"、群众"用起来"、治理"活起来"。

## 二 善治宜宾之行：宜宾城乡基层治理的创新举措与实践效果

城乡基层治理是国家治理的基石，始终在中国政治和经济生活中发挥着重要的作用。《中共中央　国务院关于加强基层治理体系和治理能力现代化建设的意见》指出，力争用 5 年左右时间，建立起党组织统一领导、政府依法履责、各类组织积极协同、群众广泛参与，自治、法治、德治相结合的基层治理体系，健全常态化管理和应急管理动态衔接的基层治理机制等，提高基层治理社会化、法治化、智能化、专业化水平。这对于中国城乡基层治理给出了相应的政策指向。目前就整体而言，中国的城乡基层治理已获得了巨大的进展，但是效能的提升空间依然很大。

作为国家确定的沿江城市带区域中心城市、中国性交通枢纽，宜宾市委、市政府响应四川省"后半篇文章"的改革，在城乡基层治理方面积极探索，基本形成城乡基层治理的"宜宾经验"。

### （一）两域联动：基层治理体系不断完善

为进一步加强中国基层治理体系建设，适应中国经济社会发展新形势，有效推动中国政府治理与社会调节以及居民自治间的良好互动，提高中国基层治理水平，宜宾市坚持"两域联动"，持续优化乡村治理体系以及完善城市基层治理体系，坚持城乡关系思维推动城乡结合部治理体系的完善以及健全系统化治理体系，为提升基层治理整体效能夯实基础。

1. 乡村基层治理体系持续优化

优化乡村基层治理体系，对于实现乡村振兴、巩固党在农村执政基础、满足农民美好生活需要具有重要的意义。在优化乡村基层治理体系方面，宜宾市相继出台了《中共宜宾市委城乡基层治理委员会 2022 年工作要点》《关于做好乡镇区划和村级建制调整改革"后半篇"文章的实施方案》《推进中心村、特色村建设工作方案》《农村宅基地制度改革试点工作方案》《深化基层"放管服"改革工作方案》等政策文件。

宜宾乡村基层治理体系的优化主要依赖以下举措。一是以片区国土规划为总牵引，通过优化乡村布局、配置资源以及聚集产业来激发县域经济高质量发展的新动能。优化片区党组织设置和运行，全覆盖组建镇级、村级片区联合党组织和产业链组织，推进片区发展一体化规划，以片区为单元编制乡村国土空间规划。推进特色产业协作发展，合理确定片区主导产业，鼓励以片区为单元跨乡镇、跨村整合产业发展资源，推动形成一批现代农业产业园区（基地），形成一批农业、工业、文旅、商贸强镇和特色突出的中心镇（村）。二是加强村党组织和农民委员会规范化标准化建设，全面推行村级组织定期向村党组织报告工作、年度述职和重大事项报告等制度。推动符合条件的农村新型经济组织、社会组织党的组织和工作全覆盖。三是完善便民服务体系，推进基础设施建设。推进中心镇通三级及以上公路建设，实施乡村运输"金通工程"，实施片区城镇污水和城乡生活垃圾处理设施建设，实施大中型灌区续建配套与现代化改造，新改建一批规模化集中供水工程，优化片区供配电设施布局，推动光纤宽带和4G、5G网络全覆盖。推进公共服务便利共享，完善片区便民服务体系，统筹调配教育资源，构建片区联动医疗服务体系，健全县、乡、村衔接的养老育幼服务网络。建立"美丽宜宾·宜居乡村"建设长效机制，推动乡村示范带建设等。

**2. 城市基层治理体系持续完善**

习近平总书记指出，"要着力完善城市治理体系和城乡基层治理体系，树立'全周期管理'意识，努力探索超大城市现代化治理新路子"。① 治国安邦，重在基层；管党治党，重在基础。不断完善城市基层治理体系是推进国家治理体系和治理能力现代化的重要内容。宜宾市认真贯彻习近平总书记的要求，走出一条城市基层治理体系完善的新路子。

宜宾市为完善城市基层治理体系，采取了以下举措。一是加强党建引领，完善党组织领导下的社区治理机制。加强党建引领网格治理，以居民小组或住宅小区、若干楼院为单位统一划分社区网格，全覆盖建立网格党组织，推动行政执法力量下沉网格。构建党建引领居民小区治理机制。推进社区物业党建联建，推动小区党组织、业委会应建尽建，老旧小区（院落）普遍成立院委会（自管委）。二是加强社区服务供给体系建设。推进社区综合服务设施"补短板"达标工程，完成主城区城市社区党群服务中心亲民化改造。加大城镇学校建设力度，规划布局一批县域医疗卫生次中心。出台基本养老服务清单和政府购买基本养老服务指南，规划建设一批社区养老服务综合体。完善社会组织孵化培育体系，制定社会组织孵化管理办法。开展社会组织县（区）行推介活动。完善政府购买社区服务机制，推进社区志愿服务制度化常态化。深入推进职工志愿服务、青年志愿服务、巾帼志愿服务等。加强公租房动态管理，不断完善住房保障体系。三是分类推进社区治理，探索老旧院落、商品房、商业街区等不同类型社区有效治理机制。

**3. 城乡结合部治理体系完善**

城乡结合部社区是基层治理的关键领域与薄弱环节。2020年，中共四川省十一届七次全会通过的决定要求指出，统筹推进城乡社区和村民小组优化，扎实做好"后半篇文章"。截至2021年7月，宜宾市城乡结

---

① 习近平：《在湖北省考察新冠肺炎疫情防控工作时的讲话》，《求是》2020年第7期。

合部新型社区共 58 个，常住人口超 70 万。因此，持续推进城乡结合部社区治理是宜宾市推进基层治理现代化的重要议题。宜宾市推行多项政策促进城乡结合部治理体系的完善，例如，省委城乡基层治理委员会印发《关于加强和改进城乡结合部新型社区治理的指导意见》、《宜宾市城乡结合部新型社区突出问题专项整治工作方案》以及《在全市 13 个城乡结合部新型社区突出问题专项整治试点工作的方案》等有序推进城乡结合部的专项整治工作。宜宾市探索"四化"联动，推动城乡结合部新型社区治理。

一是夯实治理基石，搭建规范化架构。宜宾市深化"村居合一"改革，持续推动小区党组织和业委会双向任职，评定"红色物业"星级物业服务企业，建立"社区—网格—数字—居民"网格体系。二是强化需求引领，构建精细化链条。新建、改造不达标的党群服务中心，建立社区社工室，探索以政府购买、公益创投等形式，吸纳社会组织认领社区治理服务项目。三是强化共治引领，完善集成化保障。在基层党组织设置"法治委员"，实施"法律明白人"培养工程，全面推动社区"一区一警两辅"，鼓励基层和行业依法组建自治组织，持续推广"一约五会"治理机制，打造"院巷议事"等治理品牌。四是创新示范引领，打造品质化样板。在 13 个社区有序推进突出问题专项整治省、市级试点工作，深化"五级示范体系"建设，建立单位部门和领导干部包联制度，出台《城乡社区治理试点示范创建指引》，开展社区社会组织孵化培育工程。

### （二）三维聚焦：基层治理能力不断提升

基层治理是中国社会治理的基础和重要组成部分，加强基层治理能力建设并化其制度优势为治理效能，是推进基层治理能力现代化的重要途径。加强基层治理能力建设，是一项长期任务，是需要持续关注和不断投入理论和实践力量的一个重要方面，也是现阶段迫切需要解决的重大现实问题。基于此，宜宾市为了加强基层治理能力建设，坚持"三维聚焦"，实现了城乡基层治理能力建设的"宜宾式"创新。

1. 基层一线赋权扩能

一是赋予基层权限。将一批直接面向群众、基层治理急需且能够有效承接的县级执法权限赋予乡镇（街道），做实乡镇综合行政执法机构设置，逐步实现"一支队伍管执法"。二是推进政务服务。各县（区）推行"综合受理、分类审批"服务模式，乡镇（街道）全面实现一窗式受理、"一站式"办理，出台村、社区党群服务中心运行规范，完善村级民事代办制度，90%以上的村（社区）可以代办政务服务事项。

### 2. 治理骨干强素提能

习近平总书记称，领导干部是改革发展的"领头雁"①。选优配强村级带头人队伍，把基层党员干部的先锋模范作用转化为治理效能，实现党对于农村基层治理的重要作用。宜宾市着力打造善打硬仗、能啃硬骨头的乡村干部队伍，并且充分发挥基层党组织的战斗堡垒作用、党员的先锋模范作用等。一是抓好干部人员的选拔。实施乡村人才振兴五年行动，开展乡村振兴继续紧缺人才专业大学本科生定向培养、脱贫县千名紧缺人才顶岗培养。同时，持续深化农民工"聚火"工程，加强优秀农民工回引培养，加大从务工经商人才中选拔村"两委"班子成员力度。持续健全小区党组织和业委会主任选拔培养方法以及"标兵"书记选育工程等。通过多样化的人才选拔方式，扩充基层人才队伍，提升基层治理效能。二是注重干部人员的培训使用。实施学历提升工程，稳步提高具有大专及以上学历村党组织占比，落实《"一肩挑"村党组织书记监督管理办法（试行）》，加强社区专职工作者配备，将专职网格员纳入社区工作者管理。三是落实干部人员的保障工作。严格落实村（社区）工作经费和干部基本保障标准，加强村干部离职保障，建立基层干部容错纠错机制等措施。

### 3. 多元参与汇智聚能

共建共治共享的社会治理新格局离不开多元主体的共同参与，基层是社会治理的深厚基础和重要支撑，持续推进城乡基层治理，需要充分发挥多元主体参与基层治理的活力。宜宾市通过党建引领、政府主导、市场引入、社会激活和群众参与，凝聚多元的力量推进深度治理。提升研究院建设水平，切实加强人才培训，同时举办论坛发挥研究院决策咨询功能，引入更多治理主体参与"善治宜宾"实践。

---

① 《做焦裕禄式的县委书记 心中有党心中有民心中有责心中有戒》，《人民日报》2013 年 1 月 14 日第 1 版。

### （三）"五治"融合：基层治理路径创新

以习近平同志为核心的党中央对于国家治理现代化的要求主要体现为"五治"，分别是：政治引领、自治强基、法治保障、德治教化以及智治支撑。"五治"是党领导人民探索中国特色社会主义国家治理之路的实践结晶，也是新时代推进国家治理现代化的基本方式。宜宾市着力打造共建共治共享的"善治宜宾"共同体，逐步探索出"政治、自治、法治、德治、智治"五治融合发展的基层治理路径，不断提升其社会治理的能力和水平。

#### 1. 深化政治引领，夯实基层治理基础

坚持党建引领，充分调动党员干部参与基层治理的积极性。创新党组织设置和活动方式，不断扩大党的组织覆盖和工作范围。同时，完善党建带群建制度机制，建立完善群团组织助推社会治理现代化的制度，通过党建引领促进社会基层治理现代化的推进，主要是通过推进基层工会职工之家阵地建设，深化城市住宅小区团建，实施"巾帼心向党"项目等。凝聚包括在职党员、"两代表一委员"、"新乡贤"、新就业群体等在内的多元群体参与基层社会治理，打造共建、共治、共享的基层治理格局。不断深化政治引领，促进多元群体参与到基层治理的队伍中，夯实城乡基层治理基础。

#### 2. 深化自治强基，激发基层治理活力

党的十九大提出的乡村振兴战略，要求建立自治、法治以及德治相结合的基层治理体系，并将自治置于首位。基层民众是基层治理的主体，基层治理的核心与关键也在于基层民众的参与。宜宾市为了推动基层自治，通过完善基层群众自治组织法人备案、村（居）民委员会成员履职承诺和述职、村务监督委员会成员列席村级重要事项、城乡基层协商等多项制度，以及制定履行清单以及健全"一约五会"自治机制、完善村规民约、推行"积分制"管理办法等多种措施，实现群众的自我管理、自我服务以及自我监督等，推进社会治理的制度化、规范化和多元化。

#### 3. 深化法治保障，提高基层治理能力

法治兴则国家兴，全面依法治国是党领导人民治理国家的基本方略。为了贯彻全面依法治国的方略，宜宾市建立健全村（社）"两委"成员的

集中学法制度，落实"谁执法谁普法"普法责任制，大力实施"法律明白人"培养工程，建立"法律顾问＋村（社区）干部＋法律明白人＋人民调解员＋综治网格员"的基层依法治理骨干体系，深化法治示范区域创建活动，探索"党建＋多元调解"模式等，以此提升基层党员、干部的法治素养以及有效引导群众积极参与、依法支持和配合基层治理，提升法治效能，提高法治意识增强法治素养。

**4. 深化德治教化，发挥基层治理效力**

人无德不立，国无德不兴。德治具有文化的渗透力、感染力、影响力，是乡村治理的基础，有利于提升居民的素质，实现价值引领、精神支撑和治理有效。宜宾市为深化德治教化，首先，在教育上充分引导，广泛开展主题宣传教育活动以及群众性精神文明创建活动等，提高乡村社会文明程度。其次，在文化上深入挖掘，通过完善"实践中心—实践所—实践站"县、乡、村三级组织体系，持续推进乡村文化振兴工程，开展基层优秀传统文化数字行动，以及移风易俗行动等，树立乡村新形象。最后，在制度上强化约束，制定合理的村规民约，创新开展"红黑榜"，实现人人参与和人人监督。

**5. 深化智治支撑，增强基层治理动力**

基层治理是一个系统工程。智治作为社会治理体系的支撑工程，在治理体系架构、运行机制、工作流程等方面都发挥着重要作用。宜宾市为了深化智治的支撑作用，健全"党建引领＋综治保障＋科技赋能"治理框架，实施"互联网＋基层治理"行动，实施"互联网＋社区"行动计划支持智慧社区的建设，推进"互联网＋政务服务"体系建设，加强"雪亮""慧眼""民安"工程建设等，将信息技术与城乡基层治理深度融合，实现精细化管理，提高城乡基层治理的运行效率，提升人民群众的获得感以及幸福感。

**（四）宜宾城乡基层治理创新的启示与反思**

城乡社会是国家治理效能提升的重要场域，因此创新城乡基层治理模式是新发展阶段提高中国基层治理能力和水平的重要内容。中共宜宾市委持续抓实党建引领下的城乡基层治理工作，坚持以系统观念和城乡思维形成工作合力，打造并打响"善治宜宾"大品牌。宜宾市不断探索，圆满完成"前半篇文章"，并写好宜宾市两项改革"后半篇文章"，推动专项工作取得新成效。宜宾市以习近平新时代中国特色社会主义思想为主导，立足新起点，对于宜宾市城乡基层治理改革创新进行总结与反思。这将有助于宜宾市顺应时代潮流，在发展改革中掌握主动权。

1. 启示："站在宜宾看全国"

（1）城乡基层治理创新的根本遵循：党建引领

基层之治，关键在党，要坚持和完善党组织领导的城乡基层治理体系，通过党建引领将党的政治优势、组织优势、制度优势、工作优势转化为基层治理效能。一是优化基层党组织的组织体系。适应基层社会结构、生产方式和组织形态的深刻变化，探索在社会团体、民办非企业单位、基金会等建立功能性党组织，探索在商务楼宇、商圈市场和特色园区建立区域性党组织，扫除"空白点"和"盲区"。二是强化基层党组织的队伍建设。注重吸引致富带头人、道德先锋模范和大学生等优秀人才充实到基层党组织中，着力打造一支政治强、敢担当、作风正的高素质党员队伍。增强基层党员组织意识和参与积极性。鼓励以支部为单位建立党建微信群与QQ群，依托"微平台、微党课、微行动、微典型"等载体，加强基层党员的教育培训和经验交流。三是提升基层党组织的动员能力。借助虚拟互联网和实体组织网络，增强与普通民众的直接互动和思想交流，推动多层次、立体化引领格局的形成。探索建立"村社吹哨，党员报到"的工作机制，深入开展基层党员村社报到为群众志愿服务活动，在互动中搭建纵横交织的社会网络。充分发挥各类社会组织和民间团体植根基层、服务群众的优势，使之成为不同方面服务群众的桥梁。

（2）城乡基层治理创新的动力之源：能力建设

加强基层治理能力建设并化其制度优势为治理效能，是保障基层人民群众根本利益并推动基层治理能力现代化的重要途径。新时代，提升基层领导干部的治理能力是推动国家治理现代化的一项重要课题。一是坚持分类分级精准选拔。市县政府细化与明确干部队伍的标准条件，分级掌握示范对象，实施精准考察，进行动态监督管理，建立"履职负面清单"，及时优化调整、动态补充。二是聚焦人才队伍的强能提质和科学培养。通过培养平台分类开展专项覆盖培训，深入实施学历提升工程，采取市外顶岗、市内研修、项目跟班等形式锻炼人才队伍等。三是进行职业化的选拔，建立定向招考机制，畅通上升渠道，统筹资金、政策以及项目等的倾斜强化保障。

（3）城乡基层治理创新的价值取向：服务民生

城乡基层治理创新应当始终坚持以人民为中心的发展思想，以普惠性、均等化、标准化、高质量为方向，牢牢抓住人民群众最关心、最直接、最现实的利益问题，推动全体人民共同富裕迈出坚实步伐。一是优化公共服务资源布局。补齐短板，构建以城乡为中心的 15 分钟基本公共服务圈。补强弱项，鼓励发展多元化托育服务体系，加强建设多层次的社会养老服务体系，加强全生命周期健康服务体系建设。提高质量，提高现有基本公共服务设施的利用效率，控制运营成本，增强服务专业化水平。二是完善公共服务管理体制。探索组建市级层面的基层公共服务委员会，建立发展规划、社会事业、财政金融等多部门联动机制，健全基本公共服务运营管理体系，监测预警体系和质量评估体系等。三是创新公共服务供给机制。扩大基本公共服务面向社会资本开放的领域，建立竞争充分的政府购买公共服务机制。建立公共服务区域协调联络机制，统筹相关规划、重大项目和财政预算，完善志愿服务管理制度和服务方式，积极培育公益慈善组织等。四是促进基本公共服务标准化建设。完善标准化工作"统一管理、分工负责"模式，建立健全基本公共服务标准体系，规范基层公共服务清单标准管理和动态调整机制等。五是健全公共服务质量监测体系。建设统一的基础信息库，搭建基本公共服务大数据平台，以"七有十综合"为框架设置公共服务领域规划指标，形成指标化、动态化、智能化的质量监测体系。

（4）城乡基层治理创新的衡量标准：发展导向

基层治理围绕中心大局抓治理，在治理能力和治理体系方面，研究解决制约发展的根本性、深层次问题，大力解放和发展社会生产力，把推动发展作为城乡基层治理创新的衡量标准，对于城乡基层治理具有重要意义。一是基层治理创新应当围绕中心大局抓治理，通过治理体系的完善以及治理能力的提升，研究解决制约发展的根本性、深层次问题，大力度地解放和发展生产力。二是把发展作为治理的重点和起点。聚焦大学城、科创城建设做实治理文章，探索党组织领导下的园区治理体系，开展"一站式"审批服务、"保姆式"运行服务和"跟进式"党群服务等，将治理效能转化为招商引资的"助推器"和项目落地的"加速器"，推动产业转型升级。

(5) 城乡基层治理创新的持续推动：机制创新

基层是治理体系最末梢、服务群众的最前沿。当前基层治理存在着治理能力与治理任务不匹配、治理资源与治理需求不匹配等难题。推动城乡基层治理必须发扬敢于先想、勇于先试、善于先闯的改革创新精神，鼓励基层大胆探索实践。一是探索基层权责平衡改革。将乡镇（街道）迫切需要且能够有效承接的部分权限下放，配置相应的财政资源，将优秀年轻干部选派到乡镇（街道）一线，增强乡镇（街道）的执行能力。建立乡镇政府权责清单和乡镇（街道）职责准入制度，厘清部门与乡镇（街道）的职责边界。确须交由乡镇（街道）承担的职责，必须在充分征求基层意见的前提下纳入下放事权清单，并将相关物资和经费一并下放到乡镇（街道）。二是探索基层组织机构改革。建立适应基层工作特点和便民服务需要的组织构架，按照责权一致、方便办事和提高效能的要求归并同类职责，综合设置审批服务和综合管理机构。全面清理各类自设机构和岗位，规范乡镇（街道）机构设置类型和数量。严格乡镇（街道）机构编制管理，统筹使用事业单位人员、驻派机构人员和编外合同制人员。三是探索基层减负增能改革。纠正过度填表报数、评价体系过多、考核指标过繁等问题，避免基层政府陷入"文山""会海"之中。有序清理一些不适合乡镇（街道）强制性签订的各类"责任状"、考核评比事项，以及乡镇（街道）的评比达标、示范创建等活动。

(6) 城乡基层治理创新的关键方式：融合治理

以多方融合持续优化多元治理。基层治理是一项系统工程，必须站在满足群众多元化美好生活需要的角度，广泛发动和充分整合各类资源力量，走出一条共建共治的基层治理之路。一是推动社区、社会组织以及社会工作的"三社联动"，通过探索建立社会组织孵化机制、改革登记备案制度、促进公益性优质社会组织转型为社会企业、开发公益项目等措施，充分调动社会组织参与基层治理的积极性以及主动性。二是各类企事业单位以及各种团体组织也是社会治理的重要主体，需要依托区域化的党建组织体系，发挥社区单位资源优势，参与社区治理和服务。三是通过整合党建、政务和社会服务等资源平台，全面统筹集合各方资源，扩大集群，推动多元协同参与城乡基层治理。

以片区治理完善社区治理模式。编制片区规划，实现资源的合理配置，为实现经济的高质量发展、乡村全面振兴、新型城镇化建设奠定坚实基础。一是充分考虑区域内部的产业基础和比较优势，将区域进行片区划分，优化布局、配置资源，打破镇村地域限制，重塑乡村经济地理格局。二是科学编制规划。积极探索"多镇合一""镇村合一""多村合一"的规划编制模式，形成"中心城区—中心镇—中心村"梯次带动的城镇村体系，实现片区优势互补、错位发展以及彰显特色。三是明确工作清单。研究制定统筹推进片区规划项目清单和任务清单，发展特色产业、重大项目，打造一批先进示范，以点带面推动改革释放更大综合效应。

以网格化管理助推精细化服务。"网格"是基层治理体系的新末梢，开发网格化管理是实现政府治理和社会调节、居民自治良性互动的有效路径，构建社会动态全掌握、公共服务无遗漏、社会管理无缝隙的治理模式，着力打通联系服务群众的"最后一公里"。一是抓牢组织领导。成立"网格化服务管理领导小组"动员及部署工作。将网格化管理纳入领导干部政绩考核内容，同时实行财政分级保障制。二是抓住重点环节。实行分类设置，进行网格划分，招聘专职网格管理员并给予工作补贴，形成以专职网格管理员为核心的"组团式"网格服务管理团队，实现区域范围内"网格化工作"全覆盖。建立起网格内的大事小事由网格员"一人抓、一人管"的基层治理新模式。三是以平台为支撑。建立"电脑端—群众终端—网格员终端"三级智慧网格信息平台，整合三级平台信息资源，畅通各类信息沟通渠道，实时查看网格管理动态，直接指挥调度。

以技术赋能促进智慧水平提升。基层治理要顺应数字时代发展趋势，加强数字社会、数字政府建设，提升公共服务和社会治理数字化、智能化水平。一是完善数字基础设施。利用5G物联网和人工智能等新一代信息技术，对传统基础设施进行数字化、网络化和智能化改造升级。搭建政务云平台，通过省、市、县政府的政务云平台全面对接，形成互联互通的云服务体系，推进政务信息系统向云平台迁移与转移。二是培育智慧治理型干部。根据城乡基层智慧治理的特点，转变唯学历、唯资历的人才评价机制，凝聚一批高水平智慧治理人才。以专班集训、在线学习相结合的方式，加强基层干部在 5G、云计算、AI、物联网、区域链等方面的教育培训，建设一支既精通政府业务又善于运用互联网技术和信息化手段开展工作的复合型人才队伍。三是增强智慧治理应用。汇聚区域内的全域数据，运用 5G 人工智能实现智能治理、精细治理和精准治理，提高政务服务的个性化，并对社会问题进行科学研判和监测预警。拓展"互联网＋政务服务"覆盖面，构建全流程一体化在线服务平台和便民服务网络，提高服务群众的效率和水平。建设集采集、存储、治理、分析、管理和应用于一体的政务云平台，推动各级政府与职能部门数据共享，提升跨层级、跨部门的综合治理能力。

2. 反思："站在全国看宜宾"

（1）多元主体激发不足

推进城乡基层治理，要用改革的办法引导各类社会主体积极参与，善于统筹各方力量资源。社会参与是实现共建共治共享的重要途径，需有序引导各类社会组织、企事业单位和社会公众参与基层治理，着力推动形成政府、社会、市场三者良性互动的多元主体治理格局。目前，宜宾市已经实行多种形式促进多元主体的参与。例如，实施"你呼我应·共商共定"机制促进社区党组织、业主委员会、物业公司以及行业主管等多元治理主体的相融共促，实施"金通工程"促进物流行业参与乡村治理等。但是，多元主体力量的激发力度仍是不够的，会出现居民的参与度不高、社会组织发挥有限、多元主体的保障力度不足等问题。因此，应大力激发多元主体力量的参与，为构建符合城乡基层治理体系现代化要求的多元主体参与治理格局作出切实努力。

一是推进政府服务外包。建立政府向社会力量购买服务事项清单目录，将基层政府从非核心工作中剥离出来，实现政府事务性、技术性事项全部向社会组织转移。运用市场竞争机制筛选出最有效、最合适的承办方，建立以公共服务对象和第三方专业评估组织为主体的评估体系。重视非营利组织在公共服务提供中的作用。二是积极培育社会力量。通过简化登记手续、实行直接登记或备案管理、建立培育基金和孵化场所等方式，推进社区、社会组织、社会工作"三社联动"。通过以奖代补、公益创投、政府购买服务以及建立社区基金会等形式，支持社区社会组织参与社区公共事务和公益事业。建立省级统一的志愿者、服务对象和服务项目链接平台，推进社会需求与志愿服务有效对接。三是拓宽群众参与渠道。深入开展以居民会议、议事协商、民主听证等为主要形式的民主决策实践，以自我管理、自我服务、自我教育、自我监督等为主要目的的民主治理实践，以村务公开、局务公开、民主评议等为主要内容的民主监督实践。切合时宜地总结推广"院巷议事"等基层治理实践结果，形成政治、自治、法治、德治、智治"五治一体"的综合治理体系。

（2）基层智慧治理分散

信息化、数字化、智能化与行政体制、社会组织创新的有机结合，是新型的治理体系和治理模式。推动基层治理的网络化、数据化、智慧化、法治化建设，是中国社会治理中有民族特色的中国故事。宜宾市积极响应政府号召，推进社会治理智能化，并取得了一定的进展。翠屏区打造了"一云七端"智能化全场景治理平台，江安县建成政法大数据中心和构建了"智慧+"运行体系，高县形成了"九个一"智能化支撑格局，区县社会治理智能化成效明显。但是宜宾市社会治理智能化仍存在不足：一是"理念"的融合不充分，对"智能化"与"信息化"的差异理解不到位，没有形成真正的社会治理智能化思维；二是"数据"融合不充分，条线平台封闭问题没有解决，没有形成完整的社会治理大数据基础；三是"队伍"融合不充分，既懂技术又懂业务的人员比较缺乏，没有形成强大的社会治理智能化队伍。因此，亟须在社会治理智能化方面进行进一步探索。

一是建设市域社会智慧治理的四级垂直结构。成立市级社会治理智能化建设领导小组，联合多部门开展平台建设，全面打造集成指挥综合体和多功能平台。完善乡镇（街道）实战处置体系，把综合执法、市场监督、安全管理、司法行政、便民服务等多条战线的信息和力量充实到一线，对多方信息进行整合。在村（社区）及以下，将"全科网格工作"作为"地基"，优化环节工作。二是实行市域社会智能运行的"一网统管"。在保持原有业务系统、工作格局基本架构的基础上，充分利用大数据、云计算等技术，对大块数据进行整合，实现政务大数据的互通、民生大数据的互建、治理大数据的智能分析和平安性大数据的智能预测，架设市域社会智慧治理庞大根系。推行社会治理智能化闭环模式，通过智能平台实现一体化管控。三是防止市域社会治理智能化出现"半拉子工程"。合理配置前期投入以及后期维护的资源。积极培育智能化高端人才以及干部队伍，通过招聘、内培、外引、共享等手段，培育一支既具备智能化理念，又善于掌握治理规律的新型人才队伍。

（3）基层治理边界模糊

在新时期构建治理体系，提升治理绩效，首要的就是厘清治理的边界，明晰各治理主体的职责。治理的边界，是治理主体以其核心能力为基础，在与其他边界主体的相互作用过程中形成的治理范围和治理规模。治理范围，即治理主体的纵向边界，确定了该治理主体与其他治理主体的界限，决定了哪些治理事务由该治理主体自身来完成，哪些治理事务应该通过其他治理主体来完成；治理规模，即治理主体的横向边界，是在治理范围确定的条件下，治理主体能以多大的规模进行活动。目前，宜宾市基层治理创新比较突出的问题是政府管理体制不顺、职责不清，部门之间存在职能交叉的问题。因此，要厘清治理的边界，以最大限度地激发治理主体的主动性和积极性，最大限度地发挥治理主体的作用。

一是强化"块"的统筹协调能力。首先，以基层党建的形式强化"条块结合"，定期召开党建工作会议协调基层"条块"，形成基层治理合力。其次，对"块"进行制度化赋权，赋予"块"对街道辖区的规划建议权、对"条"的监督考核权等。二是建立"条块"职能清单，实行分类管理。根据"条块"在基层治理中体现出的治理能力差异，将职能与职责进行分解，逐渐形成制度化和常态化的职能清单。三是实行"网格化管理"，建立基层事务"发单制"。基于"条""块"基层治理能力的不同，网格人员的配备需实现与"条""块"的充分对接，充分利用现代信息技术，如云计算、物联网等，在明确人员责任分工和权限的基础上，建立基层治理事务"发单制"。四是创新协调机制，建立"条块"综合协调部门。设立基层街道与政府职能部门之间的综合协调部门，其关键职责是合力界定基层治理事务中的"牵头部门"，做到问题有人接、责任有人负。

# 三 善治宜宾之道：善治宜宾的未来发展路径

## （一）逻辑转化：形成适应现代发展的治理思路

### 1. 从维稳到维权的治理逻辑转换

改革开放以来，社区作为社会管理的基本单元，是政府推进行政管理的主要载体和平台，社会稳定的维护一度成为社区治理主要的内容。特别是随着社会矛盾加剧和变化，社区成了社会风险管控的前沿关口，降低社会稳定风险的工业逻辑成为社区治理的主导思路。作为化解风险源头的社区服务则被较少关注，社区服务呈现出粗放式、低质量、不平衡的状态，社区居民的获得感不足。为了从根本上解决这一问题，就要将社区治理从维稳的工业逻辑回归到保障权益的维权的人本逻辑，坚持以人民为中心的价值追求，将人作为社区治理全过程的聚集点，将居民的需求作为城乡社区治理的出发点，将居民的获得感作为城乡社区治理的归宿点，转变当前以政府便捷为出发点的管理方式和绩效考核方式，更加关注居民在社区生活、工作和发展中的获得感。

一是以"民生"为切入点，建立以人民获得感为目标的社区服务体系，强调对人民生活属性的保障，让社区居民能够享受到便捷、高效、优质的基层服务。

二是以"民权"为突破口，建立系统的居民权利保障机制，大力推动城乡基本公共服务均等化战略以保障公平发展，积极推进基层治理体系建设，实现居民参与，实现民生和民主的互动发展，保障居民的基本权利。

三是以"民享"为靶向点，完善城乡基层治理质量考核体系，建立以人民幸福感、获得感和安全感为核心的社区治理评价体系，将人民作为社区治理考核的主体，将人民的评价作为社区治理考核的内容，将人民的需求作为社区治理工作规划的依据，真正实现社区治理依靠人民和为了人民。

### 2. 从生产到生活的功能定位转换

改革开放以来，中国的社区主要是以推动和保障生产为目标的居住聚居地,社区功能定位在服务经济发展的居住功能。在此基础上,城市的社区管理,也就是以保障经济发展为目标的居住管理。在社区治理中因为生产目标,社区成了生产发展的附属载体,政府等以生产为特征的管理方式成为社区治理的主要特征。一方面,社区被赋予了基本的经济功能,招商引资一度成为社区的重要公众内容;另一方面,社区还被赋予了保障生产的行政功能,履行着政府行政管理的基本职能,但这也导致社区行政化现象突出、内卷化问题凸显。解决这一问题,就要重新将社区定位为回归生活的共同体,同时将社区从行政职能的执行主体回归到保障居民享有平衡充分发展的生活的治理主体。

一是不断剥离社区的行政功能,为社区"减负"。推动社区治理中的"去行政化"工作,大力推进"社区减负"和街道(乡镇)制改革,从职能设计和绩效考核两个层面彻底剥离社区所承担的政府职能,理顺政府治理与社区治理的关系,逐步形成职责明晰、功能互补、互动协同的治理体系,发挥多元治理主体基于治理资源、治理机制、治理方式和治理能力的优势,并形成相应的职能清单,彻底解放社区。

二是不断增强社区生活功能,为社区"增力"。以生活共同体为目标,大力引进社会组织、企业协同参与到社区治理之中,不断提升社区自治能力,构建社区生活服务圈和社区服务生态体系,以生活品质提升增强社区社会资本,提高社区信任、社区归属、社区凝聚力、社区互动和社区荣誉,增强社区居民的幸福感和获得感。

三是不断为社区生活功能赋能,为社区"聚力"。不断激发社区内生动力和提升社区内生能力,通过不断服务社区治理主体、社区居民、社区要素和社区发展,让社区自身的生活共同体力量不断加强、社区建设生活共同体的可持续动力不断提升。

3. 从碎片化改良到集成式改革的路径转换

城乡社区治理一直以来都是一项"由下到上"的实践性改革模式探索,即通过实践探索总结经验来实现社区治理的"百花齐放",但其结果往往因"地域性、个性化特征"而推广性不足,也因缺乏上位法律和政策支持而"持久性"不够。这使得社区治理呈现出典型的"孤立样本"和"阶段性探索"的特征。在社区治理创新中,碎片化一直是制约社区治理向纵深发展的主要障碍,散落在各个部门的治理资源难以形成治理的合力。

推动城市社区治理发展，就要形成城市社区治理的"从下到上"和"从上到下"的联动。

一是要形成城乡基层发展治理的整体思路和统一理念，即要健全基层党组织领导、基层政府主导的多元参与、共同治理、共促发展的城乡社区发展治理体系，进一步巩固党执政的基层基础，让城乡基层发展治理体制更加完善，城乡社区发展治理能力显著增强，城乡社区服务功能进一步强化，居民生活品质进一步提高。

二是要建立集成推进城乡基层发展治理的机构，推动社区治理的部门整合，形成全过程推进社区治理的整体性联动机制，探索城乡基层治理的统筹部门。

三是要建立集成统一的政策体系和制度体系，要形成社区治理的配套政策体系和治理标准体系，让建设高品质和谐宜居生活社区有章可循、有据可依。

4. 从单向推进到双轮驱动的动力转换

发展是治理的最终目标，推动社区治理要以发展为导向。这就要求社区治理本身也应该具有发展特征，通过发展来完善社区治理的主体体系，优化社区治理的方式，提升社区治理的质量，进而实现社区在治理中全面发展的目标。传统的社区治理形成了以问题导向为起点、以问题解决为终点的固定路径依赖，一直处于解决问题的单向压力之中，并以此推动着社区治理的改革和创新，而因推动发展的动力却一直不足，社区治理的创新并未解决可持续性发展的问题。

对此，一是让治理主体不断发展，推动城乡社区治理主体能力提升，包括加强社区党组织建设、完善自治组织建设、发展社区企业、积极培育社会组织和社会志愿者、完善社区工作者激励体系，推动治理主体在广度和深度上不断向前发展。二是让治理方式不断发展，包括高效推进城乡社区治理的社会化、市场化、专业化和智慧化水平提升，充分利用信息技术推动传统治理方式向现代转型和发展，推动"互联网＋社区服务"治理体系，实现治理技术不断有效度和有速度地向前发展。三是让治理质量不断发展，以人民群众生活为聚焦点，不断提升服务质量来推动社区治理发展，包括大力推进和优化"15分钟生活服务圈"建设、大力推动社区场景升级改造和社区营造等，实现基层治理质量的不断提高。

5. 从一维治理到二维推进的"平战转化"机制建设

现代社会是一个典型的风险社会，城乡基层治理既要面对常态化下的治理，也需应对非常态化下的应急治理。当前，城市基层社会治理在应对常态化治理中具有组织动员、协调配合优势，但是在应急状态的"战时"，则存在着管理跟不上和应急过度问题，"平时治理"与"战时应急"的转换机制不顺畅，应对重大突发风险的整体水平还有待进一步提升。对此，城乡基层治理要以强化"平战结合"为着眼点，完善体制机制，建立健全"平时植根基层，战时召之能战"的二维城乡基层治理体制机制，推动基层社会治理不断向纵深发展，形成应对重大风险的牢固防线。

一是要形成基层治理的风险意识，树立社区治理的底线思维，培育基层治理的应急文化，筑牢城乡基层治理"平战结合"的思想基础。

二是要建立和完善科学合理的基层应急治理结构，充分发挥社会力量参与社区应急管理，加强治理"平战结合"的体制建设。

三是要推进基层社会治理智能化基础建设，推动数字技术赋能基层治理，强化城乡基层治理"平战结合"的技术支撑。

**（二）路径方向：构建城乡社区治理共同体**

1. 构建现代化城乡基层治理体系

建设现代化城乡基层治理体系，就是要在"党委领导、政府负责、民主协商、社会协同、公民参与、法治保障和科技支撑"的社会治理格局的基础上进一步挖掘社会资源，激发社会活力，吸纳社会主体，形成责任有落实、参与有层次、协同有效益、法治有保障和科技有支撑的社区治理体系。这就需要形成基础的治理共识，达成多元治理主体关于共同体建设责任分工、互动合作与行为规范的共识。

一是要推动形成网络化的治理共同体责任体系，明确多元社区治理共同体的责任，以责任清单压实社区治理共同体责任，形成政府是公共价值的促进者、企业是公共价值的创造者、非政府组织是公共价值的提供者、公民个人是公共价值的实践者的社区治理共同体责任格局，并建立与之相适应的资源管理机制和绩效考评机制，确保落实责任。

二是要构建具有层次的公共治理参与体系，形成公共服务治理的参与标准，明确公民的参与责任和公共服务质量全过程的参与标准，将参与纳入公共服务治理的核心要件，不断提升参与能力和参与水平，构建基于多元参与共治的社区治理共同体。

三是要推动形成具有协同效益的治理体系，提升社区公共服务合作治理水平。构建社区治理共同体的协同平台，集众智、获众力、聚众资，实现社区公共服务的有效治理。协同平台采取开放式的治理体系，特别是借鉴众筹等平台，由市场主体、社会组织和公众建立基于共同需要的公共服务管理机制，促进多元主体的有效协同。

四是要推动形成法治保障的治理体系。一方面，要推动基层治理法治化，建立刚性的社区治理共同体，建立规范的社区治理共同体程序和标准，通过优化的程序设计保障社区治理共同体的科学性，通过标准的治理要件保障社区治理共同体的可及性；另一方面，要促进基层治理公约化，以社区公约作为社区治理共同体法治的互补性准则，形成柔性的社区治理共同体，以民主协商方式推动社区建立基于共同愿景、共同价值和一致行动的社区公约，推进社区治理共同体在社区的落地，促进社区治理共同体的社区化。

2. 构建城乡基层治理现代化能力体系

城市社区治理不仅仅需要治理的体系，还需要实现治理目标的能力共识，即拥有一个怎样能力的治理主体来落实治理目标。对此，要建立一支能够实现社区有效治理的治理队伍，通过赋能保障这支队伍推动社区的进步发展、有效进行社区治理、维护社区居民的根本利益。这就要求社区治理队伍必须加强以下方面的能力建设，凝聚治理能力的合力，确保治理目标的实现。

第一，要增强基层治理人员的公共服务动机。公共服务动机源于个人实践公共服务的心理倾向，反映的是个人履行公共服务治理职责的根本动力。增加社区治理主体的公共服务动机共识，一是要建立社区治理的共同价值共识，按照社会主义核心价值观的要求，建立社区治理共同体的奋斗目标，即要以居民的"安全感、获得感和幸福感持续有效保障"作为社区治理的出发点和归属点。二是要建立社区治理的公共精神共识，要达成个人利益、集体利益和公共利益之间的边界共识，明确社区治理的公共属性，推动多元治理形成基于公共理性、公共价值和公共利益的治理动机。三是要形成"坚持党的领导和以人民为中心"政治导向的共识。在基层治理中，多元主体要接受基层党组织的领导，加入基层党组织领导的治理格局；要坚持以人民为中心，动员人民群众、教育人民群众和服务人民群众。

第二，要增强社区治理主体的治理能力。对于基层人员，要明确推动社区治理共同体人员的能力体系，明确治理主体实现社区治理的能力要求和能力标准。具体而言，一是具有社群治理能力，特别是在当前以利益共同体为基础的现代社区社群特征，社区治理共同体需要具有社群治理能力，具体包括社群的需求获取能力、动员能力、服务精准供给能力等。二是具有依法治理能力，治理主体要具有法治的思维、法治的知识，掌握法治的工具和技术，能够用法律手段、遵循法律程序来解决社区问题。三是具有专业治理的能力，能够充分应用到社会化、市场化工具，深入肌理、结合服务对象特征实现可及化、精准化治理与服务，针对重大公共危机事件、紧急管理情况和特殊治理要求作出专业化的处置和治理，实现社区治理普遍化与具体化相结合，增强社区居民获得感。四是具有智慧治理能力，即在社区治理中要能够掌握智慧化治理的知识，能够运用智慧化治理的手段，特别是大数据、人工智能、"互联网＋"等智治手段与技术，从治理层面支撑智慧社区建设。

第三，要强化基层治理的治理责任。治理责任是社区治理共同体建设的关键环节，也是社区治理共同体顺利开展工作的保障。在社区层面，要建立和形成"法定责任＋社会责任＋自愿责任"相结合的责任管理体系。一是凝聚法定责任共识，对于法定责任，要建立责任清单，并按照法定要求坚决保质保量履行，实现严格监管和责任追究。二是凝聚社会责任共识，要形成社区驻区企业和社会组织社会责任履行的社区共识，按照社区共同体的目标分解驻区企业和社会组织的公共行为倡议，通过信息披露、政策优惠和行业监管等方式，实现多元主体协同参与到社区治理之中。三是凝聚志愿责任共识，形成社区居民立体化、广泛化参与社区治理的志愿治理责任，强化社区居民的自我管理、自我教育和自我服务，能按照社区公约规范自身行为，按照社区共同体目标定期定量开展志愿服务，形成志愿服务积分管理机制。

### 3. 强化城乡基层治理质量

所谓基层治理质量，就是治理过程中本身满足的规定和标准以及其满足社区已有需求、潜在需求和发展需求情况的特征和特性总和。基层治理质量是高质量管理、高质量服务和高质量发展在社区层面的融合与共生，是传统的管理便捷性到现代治理可及性转变的客观要求。满足社区需求是推进社区治理共同体的最终目标，但因为各种原因，现实中的社区治理往往舍本逐末，将治理作为本身过程管理的客观要求而非治理所要达到的目标，这使得社区治理出现了治理主体、治理过程和治理效果之间的"断层"问题。建立社区治理共同体，就是期望通过全过程的参与、协同与合作实现社区治理从过程到结果的高质量保障。因此，社区治理共同体需要形成基于社区治理的质量共识，明确社区治理过程符合规定和治理效果满足需求的质量标准。社区治理质量在不同时期具有不同的体现。结合当前社区治理结构和社区发展需求，其具体表现在以下方面。

一是提高社区治理的回应性。所谓治理回应性，就是社区治理能够回应社区需求和发展的能力，这是社区治理共同体合法性基础的客观要求。回应性共识的形成，一方面，要有回应性的目标与责任共识，即社区按照"有求必应"的要求建立社区回应性治理的目标体系、任务清单和资源配置保障标准，实现社区在回应治理需求过程中有序、有效和有力；另一方面，要有回应性的标准，明确社区治理共同体对于需求的回应时间标准、内容标准和形式标准，确保需求得到快速、有效和可及的满足。

二是增强社区治理的精准化。所谓精准化质量，就是在社区治理过程中要精准满足社区需求，体现社区治理普遍性的同时确保具体化和个性化，让社区治理更具有针对性、有效性和可持续性，避免当前社区治理中存在的"一刀切"现象和"大水漫灌"的治理模式。完善社区公共服务的精准服务机制，一方面，要建立精准化的数据管理系统，实现社区层面的数字治理，以精准数据来制订精准服务方案，最大化地满足公众的需求；另一方面，要形成社区公共服务的差异化治理体系，在公平、公正的基础上，针对不同群体采取不同的治理方式，做到精确到户、精确到人，满足不同居民的差异化需求。

　　三是推进社区治理的人文关怀。社区治理共同体是以社区人的权利和人的发展为宗旨的。对人的服务不仅要以科学化提升服务效率、以均等化推动社会公平，还需要以人文化实现有效关怀，通过关怀保障人的权利，促进人的发展。具体而言，要实现社区治理从治事到治人的回归，将治理重心放到解决社区居民本身的需求满足和个性发展问题上来，以居民的安全感、获得感和幸福感作为治理的动力和目标；要主动发掘和探寻需求，实现针对社区居民的行为管理，通过大数据、人工智能等技术主动预测需求，做好治理的提前部署；要建立持续性的关怀机制，针对特殊居民和群体建立具有持续性跟进的服务供给机制，通过治理监测和互动恳谈不断改进质量，确保这一群体的权利保障和全面发展。

# 宜宾市镇村建制调整改革
# "后半篇文章"研究

宜宾市镇村建制调整是一项基础性、全局性的改革，重构了基层区划空间、组织结构、资源配置、制度关系等，对基层政治、经济、文化等各项事业的发展产生重要影响。为廓清宜宾市镇村建制调整改革的实践效能与"堵点"，我们需要将其放置在宏观的历史与现实背景下进行审视，进而在微观层面对宜宾市镇村建制调整改革进行系统认知，从而为改革"后半篇文章"的推进明晰方位。

本文内容包括四个方面：一是从历史维度挖掘宜宾镇村建制改革演进的内在逻辑；二是从经验维度过程性分析宜宾市镇村建制改革的原因、特征与效能；三是从现实维度分析宜宾市镇村建制改革的实践"堵点"，以此进行相应理论分析；四是综合历史背景和现实经验，通过理论分析归纳出宜宾市镇村建制改革后的系统性推进路径。希望本文可为更广范围内的基层区划改革实践和理论研究提供参考与启示。

## 一 宜宾市基层区划的历史演变

时间过程对于有效理解基层区划改革至关重要，因为实践或社会科学的问题，无论结果还是原因，都可能是缓慢发展和长期累积的。尽管

---

部分的社会问题是短期原因—短期结果，但更多的社会问题其实是长期原因—短期结果或者长期原因—长期结果。所以，深化宜宾市镇村建制调整改革的研究工作，需要在长时段脉络中厘定基层建制改革变与不变的核心因子，以完成对现实的历史观照。本部分主要通过历时性的制度折爬梳和经验归纳的方式，展现宜宾市基层区划的历史演变。

### （一）新中国成立以来宜宾市基层区划调整主要阶段

新中国成立以来，宜宾市基层区划的演变可归纳为四个阶段。

第一阶段是川南区宜宾专区时期（1950 年 1 月至 1952 年 8 月）。1950 年 12 月，政务院颁布了《乡〈行政村〉人民政府组织通则》，要求中国已获得解放的地方，应迅速建立乡（行政村）人民政府。针对中国的乡（行政村）规模大小相当悬殊的现实，政务院又于 1951 年 4 月发布了《关于人民民主政权建设工作的指示》，要求中国已完成土改的地方，缩小区乡（行政村）的范围，以方便人民群众管理政府，提高行政效率。宜宾基层区划主要有两类：一是设区人民政府，领导若干乡、镇、行政村，主要在面积大、人口多的大县；二是另一部分区设区公所，作为县级派出机关，领导和监督辖区内多个乡（行政村）、镇，一般设在面积较小或者人口少的边远小县。

第二阶段是四川宜宾专区时期（1952 年 9 月至 1967 年 4 月）。1952 年 9 月，宜宾专署改称四川省宜宾区专员公署。1954 年，《中华人民共和国宪法》正式确定了乡、镇为中国基层行政区划。同年颁布的地方组织法规定："县人民委员会在必要的时候，经省人民委员会批准，可以设立若干区公所，作为它的派出机关。"由此，宜宾市基层区划调整也进入规范化、制度化时期。从 1956 年开始，为了适应农业合作化运动以及市镇发展，宜宾专区进行了撤并区和乡镇工作，城区始设街道办事处。1958 年 9 月，中共中央政治局扩大会议通过了《关于在农村建立人民公社的决议》，中国实行政社合一的人民公社体制。为适应理想中的"一大二公"的需要，再次合并小乡为大乡，大乡改为人民公社。截至 1961 年底，宜宾专区下设区 116 个，镇 15 个，街道办事处 9 个，公社 716 个。①

---

① 宜宾市志编纂委员会：《1911—2000 宜宾市志》，中华书局 2011 年版，第 90 页。

第三阶段是四川省宜宾地区时期（1967 年 4 月至 1996 年 10 月）。至 1978 年，宜宾市除了部分公社跨省调整外，基层区划格局整体稳定。1977 年，宜宾地区有 16 县 2 市、10 个街道办事处、123 个区、42 个镇、828 个公社、6722 个大队。① 1978 年，中国农村逐渐实行家庭联产承包责任制，人民公社这种"出集体工"的生产经营管理体制已经越来越不适应新的"家庭承包"，公社体制改革势在必行。在此背景下，宜宾于 1984 年开始撤销人民公社。随着改革开放的深入，区划体制和市场经济存在脱节。1992 年的《县级机构改革方案》要求撤销县辖区和村公所，依据乡镇社会发展总产值、人口和面积三个因素，将乡镇划分为大、中、小三类，并制定了相应的分类标准。同年 9 月，宜宾地区开始积极进行撤区、并乡、建镇。1996 年前，全地区设 104 镇、99 乡（民族乡 13 个）、8 个街道办事处、2968 个村、358 个居委会。②

第四阶段是四川省宜宾市时期（1996 年 10 月至 2018 年 12 月）。1996 年，正式设立地级宜宾市。为进一步顺应市场经济发展规律，转变政府职能、提高行政效率，以及配合农村税费改革减轻农民负担，在该阶段，中国范围内开始了大规模的撤区并乡建镇和基层的简政放权工作。《四川省统计年鉴》显示，到 2006 年，宜宾全辖区内乡和镇的数量都有所减少，从 1996 年的 99 个乡、104 个镇减少到 2006 年的 72 个乡、104 个镇。随着工业化和城镇化推进，宜宾市基层区划逐渐表现为撤乡改镇、撤乡并镇。《宜宾市统计年鉴》显示，截至 2018 年底，改革前共有乡镇 185 个，建制村 2815 个，村民小组 22541 个。

### （二）新中国成立以来宜宾市基层区划调整变迁特征

纵览宜宾市整个基层区划改革历程，其改革动力、改革类型、改革目标有着明显的阶段性特征。

一是改革动力逐渐由体制内的动力转向体制内外的角力。行政区划调整主要有主动适应型和被动适应型两种，调整的动力机制分为内生型

---

① 宜宾市志编纂委员会：《1911—2000 宜宾市志》，中华书局 2011 年版，第 91 页。

② 宜宾市志编纂委员会：《1911—2000 宜宾市志》，中华书局 2011 年版，第 92 页。

动力和外生型动力。① 其中，内生型动力受地方自身发展水平影响，即深刻的经济社会结构变化引起区划调整，例如经济发展和城镇化进程;② 外生型动力是由于地区自身发展外的刺激因素而产生的行政区划调整需求，最为明显的就是可以将行政区划调整视为国家权力在空间上的配置方式。③ 宜宾基层区划的改革动力，逐渐从外部化的行政主导部分地让渡于市场与社会。

二是改革类型中基层区划变化大，宏观、中观区划变化较小。由于行政区划调整涉及政府层级调整、政区名称改变、资源利益结构的变化，所以具有相对的稳定性。宜宾基层区划改革历程的动态性要高于中观、宏观，主要因为基层市场社会对体制约束较为敏感，而且体制内外的互动更为强烈。中观、宏观区划与国家权威保持较近的距离，牵扯利益更广，其区划变动较小。

三是改革目标从重视政治功能到经济功能，再到服务功能的转向。宜宾市基层政权组织得以建立并在新中国成立后得以加强，先后开展了大规模的撤乡并县运动、大区制、人民公社和生产队等，显示出强烈的政治功能导向。改革开放后，它的经济功能越发凸显，注重与市场发展的匹配。近年来，区划改革顺应人口城镇化、产业规模化、服务便民化的趋势和规律，体现宜宾行政区划调整改革从重视经济功能到发展经济的同时，强调服务功能的转变。

## 二 宜宾市两项改革的过程性分析

宜宾市新一轮的基层区划改革是 2019 年开展的乡镇行政区划改革和基层行政村建制调整，简称"两项改革"。基于"改革实践背景—改革过程特征—改革主要成效"的思路，本部分内容采取案例研究方法对宜宾

---

① 高琳:《快速城市化进程中的"撤县设区":主动适应与被动调整》,《经济地理》2011年第 4 期。

② 田玲玲、罗静:《乡镇行政区划调整的基层治理效应》,《华中师范大学学报》(人文社会科学版) 2020 年第 6 期。

③ 吴金群、巢飞:《行政区划治理何以可能——治理嵌入行政区划调整的意涵、条件及其限度》,《治理研究》2021 年第 5 期。

两项改革进行过程性分析。案例研究法基于案例条件和情境的复杂性，试图超越孤立的变量研究。① 因此，宜宾两项改革的过程性案例分析有利于实现以下目标：一是系统性地解释两项改革复杂的逻辑根源；二是为国内其他地方实践提供过程性的参照经验；三是整体性剖析两项改革的实践举措和成效。

### （一）宜宾市两项改革的起始动因

宜宾市两项改革的动因生成于复杂的基层区划困境，即基层区划功能目标与现实差距的产物。因此，可从战略目标和实践背景两个维度给予审视。

**1. 战略目标**

战略目标上，可分为三个方面。一是宜宾市全面推进乡村振兴动力孱弱。乡村振兴背景下，村域国土空间规划应当具备指明乡村振兴路径、强化乡村空间治理、行使自然资源监管、尊重多元价值诉求等基本职能。② 两项改革前，宜宾市村集体经济规模偏小、产业零散、项目分散等，村集体经济困顿于分散的区划。基层区划格局下，区划单元间各自为政、单打独斗、恶性竞争的情况较多。

二是宜宾市新型城镇化发展水平较低。新型城镇化战略的理论内涵更加突出以人为本、可持续性、自然系统与社会系统的协同以及对各类群体的包容。③ 无论理论还是实践，空间载体单元的设置和完善是最基本的前置性条件。既有基层区划结构，难以构成新型城镇化的载体空间。就城镇化率而言，2019 年宜宾市城镇化率为 51.19%（居四川省第 7 位），城镇化水平不及四川省平均水平，与宜宾经济发展水平、人口状况不相匹配。此外，公共服务难以有效供给。

三是宜宾县级服务型政府财政压力抬升。中国县级政府综合债务率

---

① ［美］罗伯特·K. 殷：《案例研究方法的应用》，周海涛、夏欢欢译，重庆大学出版社 2014 年版，第 3—4 页。

② 贾铠阳、乔伟峰、王亚华等：《乡村振兴背景下村域尺度国土空间规划：认知、职能与构建》，《中国土地科学》2019 年第 8 期。

③ 陈明星、叶超、陆大道等：《中国特色新型城镇化理论内涵的认知与建构》，《地理学报》2019 年第 4 期。

较为严重地分布在西南等经济发展欠发达地区。[①] 从 2019 年宜宾市各县区债务率的情况来看，各县区的债务率总体处于可控风险范围之内。但是，部分县级政府的债务压力临近风险控制线，且专项债务压力大。财政压力阻碍服务型政府的转型。

2. 实践背景

就实践背景而言，主要包括乡、村两级区划的体制阻碍：两项改革前，宜宾市建制村 2815 个（不含社区），数量为川南之首，约是泸州、内江、自贡建制村数量的 2 倍；建制村平均人口约 1600 人，但受历史沿革、地理条件、人口流动等因素影响，人口分布极不均衡，按常住人口统计，人口多的建制村接近 10000 人，人口少的建制村仅 200—300 人；建制村面积大小极不平衡，面积大的超过 20 平方公里，面积小的不足 0.5 平方公里。[②]

两项改革前，宜宾市乡镇建制较为稳定，变动较小，2005 年调整为 185 个乡级政区，之后一直没做调整；乡镇数量多、密度大，乡镇数量分别比中国、四川省地级市平均数多 65 个、少 34 个，县级平均设置乡镇（街道）18.5 个，比中国、四川省平均数分别多 4.5 个、少 6.5 个；乡镇规模小、人口少。乡镇平均面积 71.7 平方公里，只有中国、四川省平均面积的 30%、68%。平均人口 3 万人，比中国平均数少 0.48 万人。[③]

"多、散、空"的基层区划导致的后果是，过多的基层行政区划，需要承担过多的行政成本；公共服务资源难以精准化提供，由于基层行政单元数量过多，公共服务难以形成规模化的供给；资源琐碎，难以整合利用，行政单元的壁垒割裂致使项目落地和资源开发中经常遇到各自为政、难以合作的尴尬局面。

### （二）宜宾市两项改革的过程特征

宜宾市两项改革的过程主要体现为四个特征，即动因多样化、议程

---

① 王敬尧、丁亮：《地方债务风险化解的过程性治理能力——分析框架与若干问题反思》，《吉林大学社会科学学报》2022 年第 1 期。

② 数据来源于田野调研资料。

③ 数据来源于田野调研资料。

多元化、过程效率化和内容系统化。

一是改革动因多样化。推进乡村振兴与新型城镇化战略、破解基层行政区划本身的弊病、缓解财政压力等原因共同构成两项改革的动力基础。宜宾市两项改革符合其基层区划演变的基本规律，域外发达国家发展历程的实践经验一定程度上支撑着其改革的必要性。

二是改革议程多元化。首先，维护和发展农民基本权益。改革从开始就明确了"只向区划建制要效益，不与人民群众争利益"的改革取向。其次，近期目标与长远目标相结合。宜宾市两项改革初期，设定改革后公共服务设施等"六不变"和公共服务设施等"六加强"的目标。改革后期，明确设定了"优化资源配置、提升发展质量、增强服务能力、提高治理效能"的深化目标。最后，上级指导与地方实际相结合的综合目标。宜宾市两项改革经过系统化的谋划布局，呼应宏观战略背景外，适切实施若干地方性的区划发展目标。

三是改革过程效率化。任何改革在本质上都是利益重新调整和重新分配，改革政策的实施必然会触动一部分人的利益。[①] 基层区划改革利益复杂程度、目标议程设置、组织协调、资源配置等都会影响推进效率。宜宾市提升效率化具体表现为两方面：首先，自上而下，按照乡镇—村—村民小组的改革顺序，全市村镇区划改革用时仅 2 年左右。其次，改革前宣传动员，改革中摸底排查风险，改革后优化待遇补偿，以稳定组织运转。

四是改革内容系统化。首先，由点及面。宜宾改革确立"做大县城、做强中心镇、做优特色村"的总体思路，以基层行政区划中心点带动村域、镇域、县域的协同发展。其次，由浅至深。设置浅层的基层区划单元合并方案，深层明确各类产权及政策不变。最后，前后衔接。先两项改革，后围绕发展、治理、服务等方面制订实施改革"后半篇文章""1 + 27 + 1"方案。

### （三）宜宾市两项改革的主要成效

宜宾市两项改革成效表现为基层区划合理调减、资源要素优化整合

---

① 贺东航、孔繁斌：《公共政策执行的中国经验》，《中国社会科学》2011 年第 5 期。

和基层组织能力提升三个方面。

一是区划单元数量趋于合理。通过两项改革,在乡镇单元数量优化方面,全市乡镇从原来的 185 个调减到 136 个,与 2018 年中国地级市平均乡镇数量相一致;行政村(社区)建制数量优化方面,全市从 2815 个减至 1794 个,出现了"六村合一"的现象,少于 2018 年中国地级市平均行政村数量(此外,社区从 369 个优化至 304 个,其中实行"村居合一"的为 34 个,调减 17.6%,优化比例 26.8%);村民小组数量优化方面,从 22541 个减至 13015 个。① 宜宾市还根据基层区划单元的经济、人口、地理空间形态、文化资源等进一步进行细化分类。② 此外,两项改革中,跨县将长宁县下长镇并入江安县城,拓展了江安县城发展空间,为充分发挥县城载体推进城镇化建设创设了重要的空间基础。在区划机制创新方面,开展片区化党建,进一步促进了空间协同发展。

二是资源要素获得优化整合。首先,是资源要素腾退与多元利用。两项改革后,镇村撤并后国有资产和集体资产等得以部分腾出,为多元化的集约化开发利用创设了有利条件。具体方向包括,充实办公用房、改作公益用房、支持产业发展、市场化处置变现、补充国有资本和发展集体经济等。乡、村两级在资源利用上有了更多的方向取舍,满足各类需求,利于适应基层社会结构、经济发展结构、人口结构日益多元化的发展。其次,是集体经济发展模式创新。以调研的江安县下长镇复兴村为例,"五环利益联结"模式,创新资源变股权、资金变股金、农民变股民、股民变工人、工人变商人的"五变"模式,成立村集体经济专合社,统筹经营和管理集体资产,拓宽农民增收致富渠道。最后,是要素资源的内部与外部整合。要素资源的内部整合是指,两项改革后,原有两个建制单元整合,使得资源要素归属于一个行政单元,改变了以往

---

① 数据根据田野调研资料、2019 年中国统计年鉴、2019 年四川省统计年鉴和 2019 年宜宾市统计年鉴综合测算得出。

② 行政村分类设置标准为:平坝地区按照调整合并后的人口达到 5000 人以上要求设置一类村,特别是在撤并后的原乡镇场镇所在地通过村村集聚人口、产业等持续增强场镇活力;浅丘地区按照调整合并后的人口 3000—5000 人要求设置二类村;深丘地区重点开展调整优化形成 3000 人以下的三类村。乡镇分类设置标准为:一类镇人口 10 万人以上,二类镇人口 5 万—10 万人,三类乡镇 5 万人以下。

要素资源"1 + 1 = 2"或"1 + 1 < 2"的利用效果。要素资源的外部整合是指，两项改革后，多区划单元之间，实现了相关资源共同开发和规划的格局。

三是基层组织能力获得系统提升。首先，是县级政府财政优化与统筹加强。一方面，县级财政压力得以部分缓解，提升了县域自主性。宜宾市各区县村职干部相应减少 3389 人，调减率达 37.31%，财政支出每年减少 1535 万元，一定程度上缓解了财政吃紧的问题。与此同时，省财政部明确不因乡镇、村数量的撤并减少对基层的转移支付，并在改革过程中加大各项财政奖励。另一方面，县级政府资源下沉条件构设，优化了县域统筹性。根据"做大县城、做强中心镇、做优中心村"的思路，根据人口和经济状况划分村镇类别，为靶向性的资源下沉创设了有利条件。此外，县政府驻地镇党委书记由县委常委兼任，中心镇党委书记由副县级职级干部担任，其他乡镇党委书记通过统筹比选确定。其次，是乡镇干部素质能力提升和开展赋权。一方面，按照"行政编制、事业编制不减"原则，乡镇班子相应合并后会产生领导职位的竞争性挤出。经统计，全市乡镇领导班子职数和正科级职数分别下降了 8%、28%，年龄结构和学历水平得到明显优化。此外，每年计划一定名额的行政和事业编制，吸纳考核优秀的村职干部。另一方面，设置乡镇赋权增能清单。改革后，乡镇获得了县级行政征收、行政确认、行政检查、行政奖励及其他权力类型 39 项。最后，是村级组织素质结构与经费的优化。一方面，自治组织干部队伍优化;① 另一方面，分类实施待遇激励，村干部工作热情提升。② 村干部的待遇激励、队伍素质的改变以及村级经费提升，无疑构筑了更为坚实的基层自治组织。

---

① 村党委组织书记平均年龄从 49.06 岁降至 46.54 岁，平均每村配置大专以上学历人数从 0.43 个提升至 0.57 个，且有大量优秀进城务工人员、退伍军人、返乡大学生等群体加入。此外，村"两委"成员和村常职干部的年龄、学历、性别结构同样实现了调优。

② 三类村的村党组织书记薪酬相应提到 5000 元/月、4000 元/月、3000 元/月，其他村干部成员薪资待遇同样拔高。此外，办公经费根据三类村的划分得到相应提升。

# 三 宜宾市推进"后半篇文章"的 "堵点"分布与原因分析

"后半篇文章"是两项改革的深化,实践阻力更大。明晰改革实践中的症结所在是路径提出的前置条件。本文在宜宾市改革成效的基础上进行了审视反思,结合调研资料呈现困境现状和理论文献进行规范分析,按照"主体—客体—规则"的逻辑思路试图回答推进改革的主体困境、改革对象的客体困境以及改革规则困境,进行困境呈现的同时兼顾理论分析。

## (一)推进"后半篇文章"的"堵点"分布

按照"主体—客体—规则"的思路,推进"后半篇文章"的"堵点"分为组织适应困境、要素盘活效率有限和制度供给迟滞三个方面。

### 1. 基层组织适应困境

两项改革和"后半篇文章"改革以来,无论是县、乡两级政府组织还是村级组织,其组织能力都得到优化和提升。但在调研中同样发现,县级财政压力缓解并不显著,乡镇干部能力恐慌,村委干部辞退现象较多等,与有效行政和有效自治促成的有效治理尚存一段距离。

首先,县级财政压力缓解有限。一方面,宜宾市财政每年支出村级组织运行经费的减少量,相对于各县域的财政压力,只起到较小的缓解作用;另一方面,"后半篇文章""1+27+1"工作方案落地需要大规模的财政支持。此外,调研发现,县级政府部门缺乏协作和沟通机制,经常导致部门之间权责上的模糊,资源难以实现有效的整合和利用。

其次,乡镇干部工作压力明显。乡镇合并后,辖区面积的增加带来管理和服务半径的扩大,基层干部工作量、工作时间等也随之拉长。加之基层干部总量缩减,超负荷运转几成常态。一方面,由于行政区划幅度的扩大,乡镇需要适应新的行政区划单元。课题组随机调研的80名乡镇干部中,有70%认为改革以后行政环境变化较大,说明区划单元调整对行政执行产生了影响作用。另一方面,机构整合造成权责上的模糊,并且原有两套及以上的班子之间还在磨合期,人心不合屡见不鲜,甚至存在更为严重的干群矛盾。两个以上的乡镇合并后,原有的组织关系被打破。

最后,村级组织结构变化使得村民自治受到更大的挑战。自治组织的行政化倾向加剧。调研中发现,村委干部日常工作的自主性严重缺失,人民群众的需求被上级摊派的行政化事务挤压。此外,村干部辞职现象频繁。主要村常职干部,部分人员并没有因为待遇激励的提升而潜心工作。尤其是年轻、高学历人才返乡竞选村干部成功后,存在不同程度的流失。

### 2. 要素盘活效率有限

体制结构变动带来资源配置结构的变化。资源整合的同时,也面临着新的资源活化利用问题。一方面,土地资源"沉睡",耕地撂荒现象严重。根据课题组抽样调查反馈结果,宜宾市及四川省其他地市普遍存在撂荒现象,撂荒比例10%—90%不等。较之于耕地撂荒,宅基地也有10%—30%的闲置率。此外,违规占地现象大量存在。由于历史原因,农村存在超面积使用宅基地的情况,农村村民未经批准建房的事件时有发生。另一方面,改革后,各类资金项目涌入基层,获得项目资金支持无疑解决了资本问题,但是带有政府主导下的金融支持可能导致内生性发展动力不足。此外,土地进行了相对整合和集中,为资本和技术要素参与带来了便利,但是劳动力要素则相对较难被有效利用。

### 3. 制度供给迟滞

制度是影响"后半篇文章"的规则性要素。首先,区划制度壁垒依然存在。宜宾市在跨区域产业规划、治理协同等方面取得了重要探索。例如,跨县进行乡镇资源的整合开发和园区建设;片区党建突破区域间、层级间、产业间的壁垒等。但是这些机制普遍面临的问题是缺乏刚性的制度约束力。如何实现硬约束,制度供给上必须进行适当突破,避免"上有政策、下有对策"的做法,常常使实际制度供给偏离意愿制度供给。调研发现,两项改革使得合并区划单元的内部壁垒消除,但外部壁垒依然存在,迫切需要制度精准供给。其次,乡、村两级制度标准体系完善滞后。调研中发现乡镇用地指标更新不当,乡镇干部存在考核压力过大等问题。制度标准体系存在的不当更新,容易导致基层干部在工作中"过度松绑"抑或"超额加载"。最后,被撤销地区制度"真空"。被撤销地区意味着"去机构化"和"去制度化",基本服务和管理相对式微。调研发现,被撤地区的便民服务中心难以提供持续性和综合性的服务,而且存在被黑恶势力渗透的现象。

### (二)"后半篇文章""堵点"的理论分析

揭示实践困境的原因、性质与特征,是提出兼顾理论性和实践性对策的重要基础。针对上述问题,本部分着重对自治组织有效自治和政府组织有效行政的困境、以土地为核心要素的盘活困境、关键领域的制度供给困境进行理论分析。

1. 组织方面,区划半径扩增,治理实践复杂化

就自治而言,聚焦区划单元调整(扩大)与村民有效自治维度,自治单元是实现有效自治的基础,也是影响自治有效的因素之一。[①] 区划单元扩大后的乡村,其有效自治议题的实质就是公共事务自主治理中的参与规模和采取有效集体行动的问题,单元扩大无疑增加了行动成本。具体而言,存在组织松散难以实现自治集体行动、利益整合困境难以求解最大公约、宗族分化困境难以完成治理协同等原因。

就基层行政而言,某种程度上,调整过后的区划单元可能会因政府职能衔接等问题,造成对原有行政结构的解构以及对特定自治土壤的破坏与瓦解,重组后的自治单元也可能会存在行政文化和社会资本的流失。以上给重组后的行政带来不小挑战。具体而言,一方面,既有财政体制结构下,基层政府财权与事权倒挂。当下地方政府严重依赖卖地的土地财政模式难以为继。[②] 宜宾和中西部地区相似,县、乡两级财政早已沦为"吃饭财政",财源收窄。另一方面,行政单元扩大,行政环境复杂多样。村治理单元的规模设置并非遵循固定不变的标准,而是具有时空多样性。[③] 不可否认的是,区划空间变大,行政任务、责任和内容增多,政策执行环境更加复杂多样。此外,基层政府承担无限责任,大包大揽现象

---

① 李华胤:《行政助推自治:单元下沉改革中的政府介入与自治生长——基于河镇石寨村的调查与分析》,《南京农业大学学报》(社会科学版)2022年第1期。

② 陈志敏等:《中国的PPP实践:发展、模式、困境与出路》,《国际经济评论》2015年第4期。

③ 杜鹏:《乡村治理结构的调控机制与优化路径》,《中国农村观察》2019年第4期。

严重。基层政府是中国各级政府中最接近民众的一级政府。[①] 尤其是 2006 年取消农业税以后，村庄各类公共税费全部取消，导致自主参与公共事务的资金支持缺失，[②] 基层政府责任范围变大。在区划单元扩大的条件下，基层政府兜底的内容相应增加。

2. 要素方面，要素资源活化利用的行政化

两项改革后，以土地为核心的市场要素得到适度规模化整合，但利用效率偏低，说明区划调整改革并不是资源要素有效盘活利用的充要条件。

一方面，宅基地的有效盘活效率较低，还面临顶层制度供给不足，宅基地使用权的流转期限、流转对象、流转用途等存在分歧，"三权分置"尚缺乏法律和制度保障。[③]

另一方面，集体建设用地盘活阻碍重重。政府主导下的"村庄合并"打破了乡村原有的物理结构和社会结构，导致基层政府与村委会之间行政职能界限更加模糊，政府习惯大包大揽，权力缺乏监管，资源配置趋向行政化，农村集体产权虚置、归属不明、经营收益不清、分配不公开等问题突出。从规划维度来看，资源活化利用中村落空间规划布局缺失。在原有行政村（自然村）区位布局不科学，普遍存在条条块块分割，缺失当前与长远、局部与全局、部分与整体的村庄规划，导致农村产业用地规划困境。此外，产业单一，束缚土地资源利用。宜宾市农村产业布局方面，产业单一、二三产业就业机会少以及农户兼业化，影响了农村的资源要素吸纳能力。而且，对闲置农房盘活利用业态同质化现象较严重，主要集中在发展民宿、农家乐等方面，而农村康养、电商、物流等新兴产业偏少。当然，劳动力结构老龄化、农村金融发展滞缓也是资源活化利用困境的重要成因。

---

① 崔晶:《城镇化进程中基层政府"非自主性理政"行为研究》，《华中师范大学学报》（人文社会科学版）2016 年第 3 期。

② 刘强:《乡村振兴必须解决三个基本问题》，《华中师范大学学报》（人文社会科学版）2019 年第 1 期。

③ 温世扬、陈明之:《宅基地资格权的法律内涵及实现路径》，《西北农林科技大学学报》（社会科学版）2022 年第 3 期。

3. 制度方面，区划单元更新，制度供给不足

通常而言，制度供给是既有政府等组织寻找有利于自己的外部规则的制度创新过程，又有社会成员为寻求恰当的内部规则而自发从事制度创新的过程。[①] 两项改革后，"后半篇文章"推进需要制度供给满足实践的各类需求。区划壁垒的制度突破、乡村考核标准存在的不当更新、被撤销地区管理服务缺位等，可归结为三类原因。

第一类原因是制度的路径依赖难以短期改变。路径依赖是指一些小事件或随机环境的结果决定某些解，而这些特定的解一旦形成，就导致一种特定的制度变迁路径。[②] 行政区划作为一种制度安排具有稳定性，其他权力、组织、责任等制度安排依附于特定区划单元，属地管理不宜经常变动。乡镇和行政村的变动打破了原有的制度框架结构，乡镇和村干部之间的人心不合、工作压力过大，主要是因为基层干部的工作习惯依赖于以往的制度体系，短时间内无法完全适应新体系。

第二类原因是制度供给成本较高。制度供给成本包括新制度的设计费用、制度协调成本、制度组织成本、制度试错成本、制度监督执行成本、制度反馈调整成本等。[③] 行政区划壁垒的制度突破，容易产生大量的制度供给成本。即使生成新的硬性约束的正式制度，也容易造成空间内基层政府间权责模糊不清的风险。在被撤销地区的制度化供给方面：撤销乡镇行政村减少了行政成本摊派，在进行制度化建设需要投入相应的机构设置和资源配置，改革实践便回到了区划的初始状态。概言之，制度化建设所面临的环境发生了重大变化，短期内很难形成效率化的制度供给。

第三类原因是非正式制度的创新利用形式不够。特定情形下，非正式制度重要性大于正式制度，甚至弥补了正式制度运作的缺陷。既有条件下，只注重推动从粗放管理的非正式规则和半正式规则向严格规范的正式规则转换，容易诱发多种问题。[④] 乡镇行政区划改革和村建制调整，

---

① 周业安：《中国制度变迁的演进论解释》，《经济研究》2000 年第 5 期。

② 刘和旺：《诺思制度变迁的路径依赖理论新发展》，《经济评论》2006 年第 2 期。

③ 邓大才：《制度供给效率研究》，《江海学刊》2004 年第 4 期。

④ 倪星、王锐：《权责分立与基层避责：一种理论解释》，《中国社会科学》2018 年第 5 期。

导致乡村社会中既有血缘、地缘为纽带的规则关系受到冲击。镇村撤并后的自然边界和社会边界扩大，宗族作用、文化边界不知不觉中被打破。因地缘和传统的差异，不同家族的信任在短时间内建立困难，村庄普遍的信任度又多建立在亲缘和类亲缘的私人关系基础上，所以村民对圈内人有"特殊的信任"，对"外人"的信任度相对不高。由于信任的非正式规则深嵌于文化、宗族、历史等要素之中，尽管正式制度发生了调整，但是人们的行为习惯和文化传统难以适应。地方性的道德习俗、文化传统逐渐消解，也是非正式制度未能创新转化利用的表现。

# 四　宜宾市推进"后半篇文章"的路径策略

做实"后半篇文章"的阻力远大于两项改革。宜宾改革实践推进中的"堵点"说明，困境或源于行政区划本身，或超越行政区划。为实现"优化资源配置、提升发展质量、增强服务能力、提高治理效能"四大任务，切实完成物理变化向实质效能转变。关键要厘清改革后续中的主体、客体和规则的实际背景及其特征，因此本部分围绕组织建设、要素配置和制度调试三大关键领域，系统归纳宜宾市推进"后半篇文章"的路径策略。

## （一）强化基层行政组织和自治组织建设

推进改革"后半篇文章"，考验的不仅是基层组织的适应能力，还有各类权责关系的明确，以及"人""钱"配置的通盘考虑。与此同时，针对改革以来突出的新现象要加以审视。

1. 县级政府开源节流，保障财政持续运转

财政资金是政府组织顺利实施战略的必要条件，包括财政资金支持、拓宽融资渠道、合理安排财政预算和控制行政成本 4 个目标。[①] 能够明确的是，县级财政持续运转是"后半篇文章"推进的前提保障。中央与地

---

① 方振邦、罗海元：《政府绩效管理创新：平衡计分卡中国化模式的构建》，《中国行政管理》2012 年第 12 期。

方财政的制度框架难以短期调整，县级财政压力的缓解方式主要是通过开源节流和强化预决算管理两个重要维度着力。强化预决算管理只能作为技术性支撑，根本还是县级财政如何开源节流使其具备持续性，需要额外注意的是，建立在土地寻租基础上的地方财政也会随着房地产市场的巨大波动而无法持续和稳定。① 具体策略包括：开源方面，既有财政框架体制下难以保障财政运转需求，需要积极向上争取政策扶持和资金支持；积极研究财税体制改革方案，激发县域培植财源、税源动力和活力，渐进式地纠偏"土地财政"的路径依赖；适度调整两项改革以来闲置国有资产的盘活方式，结合区域资源禀赋状况，根据评估的中长期效益，选择性地优质盘活；适度提升乡镇财政的自主性，在乡财县管体制下，适度增加乡镇自主使用财政资金的规模。节流方面，努力压减非急需、非刚性支出，节省出更多资金用于保障刚性支出，财政支出向公共服务类和打造营商环境关键领域支出；强化县级各乡镇、部门硬预算约束，按照包工资、运转、民生的支出保障顺序，规避部门软预算，严格遵守财政预算制度；控制县级债务的风险扩大，尤其是针对"新官不理旧账"问题，适当出台债务、项目的终身责任机制；县级财政预决算适当引入社会参与机制，包括在制定、监督、评价等环节引入多元主体参与。

2. 兼顾赋权赋能保证乡镇权责平衡

在现实的层级关系中，权力集中在上级政府，事情和责任却一级一级往下压，最基层的乡镇事情最多、责任最大但权力却最小。② 以往非制度化的乡镇扩权也产生了县镇关系恶化、权力监督有限等运作风险，③ 这可能是乡镇承载条件不足导致。"后半篇文章"的推进，乡镇区划单元的扩增，一定程度上需要匹配相应的权能，在县域机构编制资源控制的前提下，有计划地将人力和财政资金下沉。具体策略包括：首先，人力资源下沉。宜宾所辖各县区，除了中心镇由副县级干部职务担任外，其他普通乡镇并无明显人力下沉，能力较强者、专业化人才应适当下沉乡镇。

---

① 张青、胡凯：《中国土地财政的起因与改革》，《财贸经济》2009 年第 9 期。

② 杨华：《基层治理的形式主义何以发生——从乡镇职能部门关系反思治理问题》，《文化纵横》2019 年第 2 期。

③ 王敬尧、丁亮：《撤镇设市：经济发达镇有效治理的逻辑》，《中国行政管理》2020 年第 3 期。

此外，应该适度避免乡镇人员被上级过度抽调，尤其是青年骨干。相应专业人员配备不足，需要注重根据乡镇对口需求，以上级专业人才下派、社会性服务购买等方式配备专业人员。其次，财政资金匹配。乡镇赋权意味着承担更多的执行事务，没有相应的财政支持，只会导致"巧妇难为无米之炊"，进而致使政府缺位。

3. 厘清村"两委"职能和乡、村两级权责关系

村委组织行政与自治的模糊不清容易产生若干实践困境。例如，自上而下的行政动员能力与自下而上的社会组织动员能力发展不均衡，造成政府压力过大、责任过重，不仅行政效果得不到群众认可和理解，还滋生了群众在公共事务中的等靠要思想。①无论自治组织行政化还是自治化，其追求的目标都应该是在行政与自治之间明确一种合理的规则关系，使其更好地服务于乡村治理和基层经济社会发展的需要。所以，探索两项改革后的自治机制和厘清行政与自治的组织关系是"后半篇文章"的必要工作。具体策略如下：一方面，探索各类形式的微自治实践，补充自治单元扩大后的自治实践困境。例如在院落、单元楼栋、村民小组、微小的公共事务等情境下，创设群众参与公共事务的场景环境；利用网络等手段，打造不同形式的自治实践平台，强化村民参与的自治实践。另一方面，适当细分基层各类公共事务的性质类别。乡镇或行政村根据法定要求，渐进退出法律范畴之外的工作事务。由于乡村关系缺乏具体的操作规范，可以县为单元出台与地方实际相匹配的指导意见。

4. 在区划单元更新背景下明晰权责关系，加强人才建设和权力监督以适应环境新变化

首先，基层区划撤并后产生的部门整合条块关系复杂，需要明晰新的权责体系。学界对条块关系的普遍解释是"职责同构"，即政府间关系中，不同层级的政府在纵向间职能、职责和机构设置上的高度统一和一致。②厘清政府部门间的权责关系和协作机制是前提，利于规避体制内部

① 刘成良：《行政动员与社会动员：基层社会治理的双层动员结构——基于南京市社区治理创新的实证研究》，《南京农业大学学报》（社会科学版）2016年第3期。
② 朱光磊、张志红：《"职责同构"批判》，《北京大学学报》（哲学社会科学版）2005年第1期。

"九龙治水""资源内耗""推诿扯皮",促进资源集约化利用和工作效率提升。具体策略如下:乡镇单元的扩大,权责清单设置需要在观察新的区划单元运作经验的基础上系统设置,避免粗略地延续原有乡镇的权责设置。在梳理基层属地组织与条线部门现有权责关系的基础上,明确县直部门权责清单、村级职责事项清单;对容易产生责任转嫁、职责交叉的事项,逐项划清主办、协办责任,确保职责边界清晰化、合理化,衔接好重点领域的责任链条;清单外需要镇村协助的工作事项,由上级党委和政府提供经费、人员、技术等条件保障。

其次,积极培养、储备与吸纳各类基层人才。针对基层干部时有流失的现象,人才队伍建设十分紧迫。在工业化和城市化作用下,人口"从乡到城,从西向东"的流动模式已是重要趋势。针对于此,本地人才培养的植根性更强以及地方认可程度较高,值得作为人才队伍建设的重点。此外,人才流动制度和激励制度设置上需要有所优化。具体策略如下:一方面,注重人才引进政策的供给,尤其是县级政府可以多出台产业发展、乡村规划等方面的人才政策;与此同时,基于本土人才植根性强、培养成本低的特点,加强对本土大学生、退伍军人等人才的协议支持与回巢计划保障力度。另一方面,在同等条件下,优先选拔优秀的党村支部书记和村干部到乡镇或以上单位部门任职,打通村干部的职务上升渠道。加强高校、地方政府、党校三者互通的干部教育培训机制,选派村支部书记赴先发地区开展跟岗实训,感受先进思路,转变发展理念。此外,适当探索县域内基层干部流动机制。尽管区划改革后选人用人的范围增加,但实际上选人用人依然存在很大困难。村干部流动性差、替代性差的问题是困扰基层政府的重要难题之一。县域内村干部的流动,有利于人才资源的供需平衡。

最后,强化对村"一把手"的权力监督。行政村单元扩大后,书记有了更为广泛的作用范围;党政"一肩挑"的推广,村委成员对"一把手"的约束力下降。两项改革和"后半篇文章"以来,"能人治村"现象越发普遍。虽然经济能人治村是一种精英主导与群众参与有机结合的"精英—群众"自治,拓展了村民自治形式,[1] 但也强化了精英主体对乡

---

[1] 卢福营:《经济能人治村:中国乡村政治的新模式》,《学术月刊》2011年第10期。

村的影响。在能人的过硬素质、区划单元扩增和"一肩挑"的综合作用下，村（社区）"一把手"权力抬升的问题值得警惕。强化对村"一把手"权力监督的具体策略如下：一方面，适当探索村干部的责任分工，从村委组织内部培育平衡村委书记权力的机制。在村内重大公共问题决策方面，村委成员可采用无记名投票等形式表决，发挥基层决策的民主价值。另一方面，从外部构建多元化的监督机制。县、乡两级应当采取周期性和非周期性的混合方式，摸底排查村委组织运行情况。与此同时，畅通网络平台等社会监督举报的渠道。

### （二）盘活各类闲置要素资源

要素活化利用，需要纠偏行政化手段，配置市场要素资源，统筹土地、资本、技术和服务等要素，拓深改革"后半篇文章"实践的客观环境。

一是尊重和引导农民盘活闲置资源。较之于闲置的镇村国有资产，和农民利益密切相关的撂荒耕地和宅基地盘活要困难得多。具体策略如下：一方面，宅基地盘活以农民意愿为基准。地方政府需要纠偏农民"两头占地"导致资源闲置的固定思维。农民虽然进城置房或务工，但依然承担着不可预知的市场风险。宅基地是农民抵御市场风险的屏障，也是和村庄利益关联的纽带。另一方面，加强基层对落实耕地"非农化"和"非粮化"任务的督导，加大政策宣传力度，引导基层识别农作物类别和土地性质。对于撂荒的农民，加强引导其耕地的有序流转，或加大农业生产补贴。

二是丰富农村金融融资产品。两项改革后，农村金融市场面临着"三有三无"的问题，即有农村无农业、有农业无农民、有农民无农活。乡村地区经济结构和运行模式都发生了变化，传统金融服务无法满足市场需求。项目资金和政府支撑难以培育农村发展的内生动力，也容易使得农村金融市场陷入行政化导向，产生资源浪费和供、需两端的错位。因此，农村金融市场需要兼顾政府与市场的有机结合。具体策略如下：一方面，引入市场竞争机制，构建多元化的农村金融服务体系，为更多进入农村金融市场的金融机构提供优惠政策，释放市场活力，避免政府项目单一化投资，产生资源浪费和持续发展内生动力不足的问题；另一方面，建立引导社会资本回流农村的有效机制，积极挖掘本乡镇的外出农民或企业家，通过补贴的形式鼓励此类人群回乡投资，或利用他们的人缘和地缘关系，拓展合作关系。

三是加快构建以信息为支点的技术支持。现代信息与通信技术正在转变为新的生产要素和治理工具，为打破传统城乡分化状态进而推动新时代乡村振兴提供了前所未有的机遇。[①] 资源活化是各类条件共同作用的结果，"后半篇文章"实施中，各县区村镇国有资产盘活比例较大，但缺乏质量上的提升。其中，技术支撑是重要补充变量。简言之，数字化建设是"后半篇文章"的重要方面，也是农村高质量发展转型的助力条件。数字化基础设施欠完善、传统决策偏好影响深远、数据低质复杂和数字化技术用途异化等，则制约了数字化技术的赋能。[②] 乡村数字化建设和专业人才匹配成了农村资源高质量活化利用的前提。强化资源活化利用信息技术支持的具体策略如下：一方面，引进专业人才和技术，完善片区国土空间规划。在高质量发展阶段，产业规划、空间布局离不开现代信息技术和专业技术人才的支撑。一是上级可以下派专业人才到基层给予指导和服务，提升基层从业人员的专业性；二是鼓励乡镇根据盘活资源的需求，自行购买社会性服务，引入专业团队提高资源的利用效率。另一方面，构建县域资源数字化的智能系统。依托资源数字化平台，打通县、乡、村三级数据共享，加强资源利用状况的动态识别。

四是公共服务适当向社会组织转移。优化公共服务是"后半篇文章"的四大目标之一。实践中，政府公共服务过多兜底和闲置浪费并存，需及时匡正。地方政府对经济建设性项目的热情普遍比较高，而对一般性公共产品的供给偏好较低。[③] 与此同时，受制于特定的财政状况，公共服务供给涉及根本的体制问题，是改革深化的重要方面，但在短期内是难以实现的。"后半篇文章"实现公共服务的优化则应着力于技术层面的建

---

① 吕普生：《数字乡村与信息赋能》，《中国高校社会科学》2020年第2期。

② 江维国等：《数字化技术促进乡村治理体系现代化建设研究》，《电子政务》2021年第7期。

③ 沈坤荣、付文林：《税收竞争、地区博弈及其增长绩效》，《经济研究》2006年第6期。

设以及供给机制的创新，精准识别供需和实践机制所在。公共服务适当向社会组织转移的具体政策建议如下。一方面，以政府供给为主，结合现代信息技术和智能设备，构建公共服务需求端信息数据库。公共服务需求端数据库围绕个人就医、就学、流动性等记录，归纳公共服务需求的季节周期、层次水平、需求场景、重点内容等，系统匹配公共服务资源。尤其是对被撤销镇村人口的公共服务需求偏好分析，需运用大数据智慧治理思维，规避公共服务不足和闲置浪费的两个极端。另一方面，公共服务适当向社会组织转移。由于个性化的服务需求日趋凸显，政府难以全面覆盖，所以专业化服务需要社会和市场组织来提供，例如政府公共服务购买、社会志愿组织服务等。

### （三）正式与非正式制度精准化有效供给

制度是推进改革"后半篇文章"的规则条件。从纵向的乡村权责关系、激励制度，再到横向的区划制度壁垒、部门壁垒，都涉及正式制度的适时供给。此外，非正式制度作为有效补充的功能也不容忽视。

一是调适更新乡、村两级制度标准体系。乡、村两级考核指标体系的更新需要注重高质量发展阶段的新目标，其设置应该将创新、协调、绿色、开放、共享等价值理念纳入进来，避免单一化的经济指标。与此同时，区划撤并后的行政环境和考核指标的适切性需要磨合检验。乡、村两级标准体系调适更新的具体策略如下：一方面，总结两项改革和"后半篇文章"过渡期经验。包括镇村合并以后基层干部工作职责、目标、难易程度等方面的变化，基于此适时更新乡镇考核指标体系，对考核指标尽可能地细化、量化，打破凭印象、凭感觉、凭报告的主观和片面的评价。另一方面，需完善考核结果运用，对成效明显、示范带动作用强的镇村和个人给予适当激励奖励；对问题严重、考核差异较大的镇村，可以在多方意见反馈的基础上进行指标体系的再调适。

二是创新村干部激励制度。尽管两项改革后村民待遇有所改善，但是上级财政转移支付有限，村集体经济分红带来的收入也难以被共享。《中华人民共和国民法典》规定，公职人员是不可以再享受村级集体经济红利的，即便以后辞职也享受不到。这样一来，村干部发展集体经济的积极性可能不高。因此，村干部待遇激励问题不能仅仅由上级政府进行量上的增加,而应该考虑待遇结构上的适当调整。村干部激励制度创新探索的具体策略如下:一方面,村干部基础待遇方面,建议提升基础薪资待遇的同时,设计社保激励方案、专项性任务奖励方案,增加奖励性收入,激活村干部内生型动力,生成长效工作机制;另一方面,探索集体经济收益按比例分红方案等。法定条件下,公职人员不可以享受村级集体经济红利,但是集体经济产生较大的经济效益时,村集体可以适当以集体经济发展成果奖励的形式让村干部分享集体经济发展的效益。

三是创新跨区域、跨部门协作的制度供给。破除政府职能转变是破解区划制度壁垒的根本,① 但政府职能转变过程较长,短期内无法实现。区域政府间合作是促进区域经济一体化的必然路径选择,制度化、规范化的约束亟待建立。与此同时,部门间协作需要常规的刚性制度约束。跨区域、跨部门的协作需要以非正式的对话机制和正式制度的约束进行相互补充。具体策略如下:首先,构建政企对话机制,形成亲清政商关系。其次,构建公民诉求表达机制,整合公共服务需求。再次,构建府际(村际)的平行对话机制,制定协作框架和内容清单。最后,构建上级政府主导的协调机制,强化硬约束性正式制度供给。

四是加强被撤地区管理和服务的再建设。被撤销乡镇地区的管理和服务不可避免地呈现"去制度化""去机构化"特征,适当进行再建设有利于规避"黑化"和低效服务。被撤销地区管理服务再建设的具体策略如下:一方面,利用技术强化治安管理。增添机构设置和制度调适,存在较大的财政成本和改革阻力,应对"去机构化""去制度化"法律秩序受挑战的风险,可适当利用监控设备、网络信息化手段实现区域管理,在节约成本的同时提高效率。另一方面,阶段性评估被撤并地区的风险舆情,包括黑恶事件、应急管理资源配置、社会矛盾冲突情况等。

五是创新激活乡村优秀传统文化,激活公共空间精神。在乡土社会中,习惯、惯例、习俗、文化广泛地支配和影响着人们的生产、交换和分配活动。与此同时,非正式制度带有灵活、简约等特点,在基层治理

---

① 王健等:《"复合行政"的提出——解决当代中国区域经济一体化与行政区划冲突的新思路》,《中国行政管理》2004 年第 3 期。

中的作用难以替代。"后半篇文章"推进中，需要渐进盘活乡村传统文化资源，挖取传统文化对基层治理实践的有益因子，以乡村公共精神再造激活非正式制度。具体策略如下：一方面，创设公共空间。公共空间包括宗族祠堂、茶馆、乡村记忆馆等。组织多元主体在公共空间内参与公共事务表达。需认清农村仍是熟人社会的本质，注重文化、情感等方式的运用，通过重建公共性社会关系加强基层干部和群众的联系，从而促进基层社会对公共空间的认同。另一方面，依托院坝文化、传统节假日、丰收节等文化载体，开展乡镇、村组各层面各形式的文化活动，宣传各类先进文化，鼓励群众积极表达需求，从而增进群众对基层干部的了解和提升对村集体的信任感。

# 宜宾市基层干部队伍治理
# 能力提升路径研究

王慧敏等[*]

基层治理是国家治理的基石。习近平总书记强调："基层强则国家强，基层安则天下安，必须抓好基层治理现代化这项基础性工作。"基层干部队伍建设是党和国家推动国家治理体系与治理能力现代化的重要内容。聚焦宜宾市基层干部队伍治理能力提升，我们从为什么、是什么、怎么办三个层面，系统分析了宜宾市基层干部队伍治理能力提升的政策背景、现状问题以及对策路径。

## 一 基层干部队伍能力提升的战略
## 要求与发展诉求

基层治理是整个国家治理体系的终端，事关千千万万人民群众的切身利益。今天，改革进入攻坚期和深水区，国家和社会都处于大的转型和变革的阶段，各种矛盾问题易发多发，各种利益诉求不断涌现，各种不稳定因素交织叠加。这些都使得基层治理面临的形势更加严峻复杂，日益呈现出碎片化、分散化、矛盾化的特点。提升基层干部治理能力，建设一支高素质、专业化的基层干部队伍，已经成为一项重要而迫切的课题和任务。

---

[*] 王慧敏，四川大学公共管理学院副院长、城乡基层社会治理研究院副院长。

### （一）基层治理体系与治理能力现代化的新要求

2021 年 4 月，《中共中央　国务院关于加强基层治理体系和治理能力现代化建设的意见》明确提出了基层治理能力的新要求。结合宜宾实际情况来看，就是要落实治理重心向基层下移的工作导向，聚焦基层治理制度创新和能力建设，强化基层党组织、政府、市场、社会、社区等主体的作用发挥，让基层有更多精力抓服务、更强能力谋发展、更高效率促治理。具体而言：一是如何在"权威理性化"的趋势下增强党建引领基层治理能力；二是如何在"治理专业化"的趋势下增强基层干部专业化能力；三是如何在"参与扩大化"的背景下增强基层协同治理能力。

### （二）习近平总书记来川视察及省委第十二次党代会精神新部署

宜宾市要对表习近平总书记的嘱托和指示，按照四川省第十二次党代会的要求：一是要建立一支忠诚、清白、勤俭、干净、廉洁的基层干部队伍；二是要面向基层的新特征、新问题和新短板，持续推进基层党组织建设；三是要持续提升基层党员干部的专业化能力。

### （三）"十四五"发展规划对宜宾基层治理的新诉求

面向"十四五"规划和 2035 年远景目标，宜宾市面临着国内国际双循环格局赋予城市功能转换新机遇、成渝地区双城经济圈南翼跨越发展核心增长极的新使命，必须以深化城乡基层治理激发城市高质量发展内生动能，全面提升城市微观单元的资源承载力和要素集聚力，塑造引领高质量发展新的增长极和动力源。因此，宜宾市需要不断提升基层治理能力，推进改革创新，建立适应自身发展战略的基层治理能力体系。具体而言，就是要提升党建引领能力、法治保障能力、市场运筹能力、社会协同能力、基层统筹能力、基层智治能力。

上述政策精神具体到基层干部队伍治理能力建设，首先要从"绩效与潜力"双重维度，即"现在工作有绩效，未来进步有潜力"两个方面，对基层治理队伍进行分析，实现对不同类型干部的诊断，并建立相应的人事管理机制。其次，要建立"治理与发展"双向标准，即基层干部不仅要有适应治理目标的能力，还要有推进发展的能力，进而实现治理与发展双向互动。再次，要强化"民生与安全"双线融合，即要推进基于民生发展高线和平安治理底线的双线融合，形成基层治理的"一支队伍统管"，解决当前基层治理过程中的资源分散、多头管理和责任碎片化问题，形成基层社会治理和市域社会治理系统的深度融合。最后，要注重"常态化与非常态化"双域联动，以干部队伍建设为牵引，推进管理制度改革，建立常态化治理能力和非常态化两个场域的治理能力标准，并在基层探索这两种场域转化基层干部治理能力的基本要素、特殊因素和保障调节，建立适应"平战转化"的现代化韧性基层治理体系。

## 二 宜宾市基层干部治理能力建设现状

为全面了解宜宾市基层干部队伍治理能力现状，我们按照政治政策导向、需求问题导向和未来发展导向，基于中央、四川省和宜宾市的干部队伍建设要求和基层治理要求，通过数据结构分析、问卷调查、深度访谈、参与观察和比较研究，对宜宾市基层干部队伍治理能力进行了系统化研究，测量了干部队伍治理能力的水平，梳理了影响干部治理能力的影响因素，发掘了治理短板和需求，并总结了宜宾市基层干部治理能力特征。

### （一）基层干部治理能力建设的理论参照与素质模型

1. 基层干部治理能力的内涵

近年来，众多学者围绕"基层干部治理能力"这一主题进行了多视角研究。何谓"治理能力"，目前国内尚无明确定论。治理能力概念是在西方治理理论基础上融合政治学、社会学和管理学等多学科视角而不断变化与发展的。借鉴国内外关于治理、胜任力、领导力等相关研究，梳理公共管理领域的治理能力，其内涵有三层释义：宏观层面，主要指国家治理体系与治理能力现代化在不同领域的顶层设计与总体实施要素条件；[①] 中观层面，主要涵盖政府以及各种社会组织对人力资源配置和公共服务效率、效果提升以及社会生活规范化等方面的调控；微观层面，涉

---

① 王赛男、滕玉成、吴玲：《基层干部治理能力结构探索及问卷编制》，《心理学探新》2019 年第 5 期。

及个体能力素质、个性特点、动机等与工作效率、职位匹配、薪酬激励等之间的关系以及对绩效的综合影响。

通常认为，治理能力不等同于胜任力，但与胜任力存在如下关系：一是治理能力是胜任力的次一级概念，是当前治理能力现代化对中国干部能力新要求的一种特殊形式。该能力的发挥需要科层制的合法化与民主自治空间的有效结合，需要权威主导的多主体合作，更侧重于个体与组织、个体与个体之间通过优化整合资源，高效完成整体绩效的过程中个体能力发挥的效果与效能，更侧重于关系与过程导向；胜任力则更倾向于个体因自身完成本职工作所发挥出来的高效率与优秀绩效而区别于他人的素质特征，偏重于个体与结果导向。二是干部治理能力是国家治理能力的重要组成部分，该能力发挥的最终目标是实现促进各治理主体的和谐发展，达成共赢，其目标更注重长远与可持续发展，胜任力发挥的目标则是更倾向于个体充分依靠自身才干与潜能以高效、圆满完成既定任务，其目标更关注短期与眼前利益。三是治理能力源于中国本土"集体主义"与"中庸""和合"的传统文化土壤和治理实际需要，胜任力则是建基于西方"个体主义"与"竞争""丛林法则"的文化土壤之中的，因而两者具有鲜明的文化导向的差异性。因此，治理能力的概念更能体现当前治理能力现代化背景下中国干部能力素质的新时代特点，是治理能力现代化深入推进过程中对中国干部能力纵向深化与横向拓展的新要求。[①]

基层干部治理能力是为满足中国基层治理现代化的新要求而提出来的，是基层干部能动适应新时代基层治理要求所具备的素质特征的综合体。在基层治理场域中，乡镇/街道、村（社区）干部是联动的有机体，他们为了实现基层治理的共同目标，通过汇集诸多个体微观治理能力，将不同行为主体（如党委、政府和村居"两委"以及社会组织与个人等）围绕一定范围的公共利益，采用一定方式（如协商合作）结合在一起，协调处理好各方关系以实现基层公共利益的最大化。[②] 综上所述，本文将

---

① 王赛男、滕玉成、吴玲：《基层干部治理能力结构探索与问卷编制》，《心理学探新》2019 年第 5 期。

② 王赛男、滕玉成、吴玲：《基层干部治理能力结构探索与问卷编制》，《心理学探新》2019 年第 5 期。

基层干部治理能力界定为：处于基层乡镇/街道、村（社区）的干部行使国家基层权力，在主动与社会多元主体共同合作实现基层治理目标的过程中，能依法有效落实国家方针政策，维护基层公众利益，整合基层资源提供公共服务，及时解决基层问题，保障基层社会公正、合理运转和可持续发展的基本行政能力、专业素质与技能，以及专项工作推进能力等综合素质的综合。

2. 新时代基层干部治理能力的维度

针对干部治理能力的维度，学者们从不同的角度进行了多元化研究和解读。钱婕将"三圈理论"（V 价值、C 能力、S 支持）与领导干部现代治理能力联系起来，认为领导干部需要能够创造公共价值，有公共管理能力，获得民众的支持。① 尤其是新冠疫情发生后，干部治理能力引发了自上而下的广泛关注。新冠疫情防控中，干部治理能力存在决策立场游移、领导行为"空洞化"、专业能力和专业精神不足以及理性思维匮乏等诸多问题，提出要着力提升干部队伍的专业能力与专业素养，提高干部决策的专业化、科学化水平。② 当前突发公共危机事件对地方党政领导干部的治理能力建设产生了新的挑战，地方党政领导干部需要强化风险防范能力、预判决策能力、执行保障能力、统筹协调能力、引导学习能力。③ 中共中央组织部公务员二局在《把提高治理能力作为新时代公务员队伍建设的重大任务》一文中将公务员队伍的治理能力定义为在公务员个体能力基础上形成的团队能力，具有政治性、时代性、规范性、系统性、综合性、持续性的特征，主要包括综合性能力、专业性能力和专项工作能力等。中组部公务员二局的论述为上述观点做了很好的总结。综上所述，干部的治理能力可概括为三个方面，即综合性能力、专业性能力和专项能力。

不同层级的干部，其治理能力要求不同。上级部门的工作带有很强的决策色彩，那么就需要发展较高的概念化能力，能够进行战略部署和

---

① 钱婕：《"三圈理论"与领导干部现代治理能力提升》，《领导科学》2016 年第 18 期。

② 赵刚印、曾峻：《从新冠肺炎疫情防控看干部治理能力的"短板"及其提升路径》，《理论探讨》2020 年第 6 期。

③ 陈新明、萧鸣政：《公共危机下地方党政领导干部的综合治理能力及其提升路径研究》，《领导科学》2020 年第 7 期。

决策。中层干部相比其他层级，需要承上启下和上传下达，因此更加需要具备相应的能力。相对来说，基层干部的工作更多的是贯彻落实和有效执行上级部门制定的政策措施，因此对执行力的要求会更高。新时代基层干部的治理能力具体包括哪些维度呢？有学者基于对基层干部的深度访谈和调研，总结出基层干部治理能力包含引导与执行力、知识与技能拓展力、公共服务能力、整合资源能力、管理创新能力、信息分享提升力六个维度。[①] 从乡村振兴战略出发，童成帅等认为要提升农村基层干部的经济发展能力、生态保护能力、文化建设能力、政治领导能力及群众组织能力。[②] 从基层治理体系与治理能力现代化的目标出发，刘炳香认为基层干部应有针对性地提升政治领导能力、组织协调能力、行政执行能力、法治示范能力、信息技术运用能力、群众工作能力、信访工作能力、统战工作能力、运用媒体的能力、推动发展的能力、应急处突能力。[③] 综上所述，学者们主要从基层干部的整体能力素质角度进行探讨，更多关注基层干部的综合性能力和专业性能力，对干部的专项能力关注不够。

党的十九大以来，党中央高度重视基层干部治理能力建设，专门出台了《中共中央 国务院关于加强基层治理体系和治理能力现代化建设的意见》《中共中央组织部等关于实施新时代基层干部主题培训行动计划的通知》等政策文件，为基层干部队伍治理能力建设提出了要求，指引了方向。通过文献梳理、政策文件精神解读，结合前期访谈和宜宾发展实际，我们最终将基层干部治理能力概括提炼为通用能力、专业能力和专项能力。通用能力是基础性能力，包括抓基层党建能力、议事协调能力、群众工作能力、智慧治理能力；专业能力在基层主要体现为发展经济能力、资源整合能力、应急处置能力。结合宜宾两项改革"后半篇文章"及面向"十四五"规划的能力需要，我们将乡村规划能力、品牌营造能力作为基层干部的专项能力。具体能力结构如图 1 所示。

---

① 王赛男、滕玉成、吴玲：《基层干部治理能力结构探索及问卷编制》，《心理学探新》2019 年第 5 期。

② 童成帅、周向军：《提升农村基层干部治理能力的实现理路——基于乡村振兴战略的分析视角》，《西南民族大学学报》（人文社会科学版）2021 年第 9 期。

③ 刘炳香：《新时代基层干部治理能力内涵解析与提升路径》，《国家治理》2022 年第 9 期。

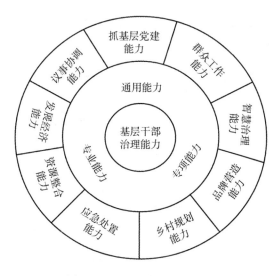

**图1 基层干部治理能力维度**

**（二）研究设计与调查概况**

1. 研究设计

本文以问题为导向，从"为什么""是什么""怎么办"三个层面进行框架设计，分别采用政策研究法、文献研究法、社会调查法、比较研究法开展研究，系统分析宜宾市基层干部治理能力提升的背景与需求、现状与问题以及对策与路径。具体研究路径如图2所示。

在对前期宜宾和成都相关基层干部深度访谈的基础上，我们设计了"宜宾市基层干部治理能力调查问卷"。全问卷由基本信息、能力认知以及影响因素三部分构成，设计依据是通过对标重要政策文件，如《中共中央　国务院关于加强基层治理体系和治理能力现代化建设的意见》《中共中央组织部等关于实施新时代基层干部主题培训行动计划的通知》等内容与精神和地方经验，聚焦基层干部工作的主要内容，结合访谈实际，按照通用能力、专业能力和专项能力提炼出基层干部9个关键治理能力维度及20个还原具体工作场景的能力行为指标。具体的能力指标体系见表1。进行多次修改和预调研后，问卷以网络的形式发放，收集实证数据。

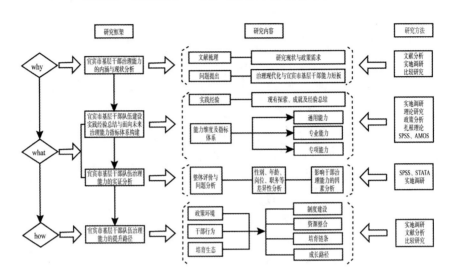

**图2　研究技术路线**

　　最后，我们对收集的信息和原始数据进行清理、筛选和重新编码，运用 SPSS、STATA 等统计分析软件进行实证分析，同时结合前期实地调研情况对宜宾市基层干部队伍的整体能力现状进行评估，按照乡镇/街道、村（社区）划分标准对不同年龄、性别、学历的基层干部进行差异性分析，通过回归分析找出影响基层干部治理能力的因素。之后，对开放性问题和访谈材料进行词频分析，发现和分析基层治理问题，更好地完成对宜宾市基层干部队伍治理能力的测量与评估，最终提出提升宜宾市基层干部队伍治理能力的对策建议和行动方案。

**表1　　　　　　　　宜宾市基层干部治理能力指标体系**

| | |
|---|---|
| | 1. 抓基层党建能力 |
| | 2. 议事协调能力 |
| | 3. 群众工作能力 |
| | 4. 智慧治理能力 |
| 9 个能力维度 | 5. 发展经济能力 |
| | 6. 应急处置能力 |
| | 7. 资源整合能力 |
| | 8. 乡村规划能力 |
| | 9. 品牌营造能力 |

| 20 个行为指标 | 1. 我经常给上级提出工作建议 |
|---|---|
| | 2. 我的上级对我非常信任 |
| | 3. 我能准确理解上级对工作的要求 |
| | 4. 我在推进基层党建工作中卓有成效 |
| | 5. 我对当地的基本情况非常熟悉 |
| | 6. 我所在工作区域的治理水平较高 |
| | 7. 我没有面对新情况、新问题的无助感 |
| | 8. 我善于用信息化手段开展治理工作 |
| | 9. 工作中我善于进行数据（信息）挖掘和分析 |
| | 10. 工作中我善于运用数据（信息）辅助决策 |
| | 11. 工作中我的数据（信息）安全意识强 |
| | 12. 我能适应越来越复杂的治理工作 |
| | 13. 我很熟悉与基层工作相关的各项政策法规 |
| | 14. 我总是担心我工作辖区出现突发事件 |
| | 15. 我能妥善处理工作中遇到的突发事件 |
| | 16. 我擅长处置各类基层矛盾纠纷 |
| | 17. 我常常感到本领恐慌 |
| | 18. 我工作辖区内的大部分群众认识我 |
| | 19. 我与群众打交道总是很顺利 |
| | 20. 我总是能回应解决群众反映的问题 |

2. 问卷调查基本情况

（1）样本描述性分析

此次调查的基层干部分为四类，分别是乡镇/街道党（工）委主要负责人、乡镇街道其他班子成员、村（社区）主要负责人和村（社区）其他"两委"成员。从调查结果看，乡镇/街道党（工）委主要负责人38人，占比2.64%；乡镇街道其他班子成员160人，占比11.10%；村（社区）主要负责人424人，占比29.42%；村（社区）其他"两委"成员819人，占比56.84%（见图3）。受访者中大多数没有职级，所占比重为86.26%。在有职级的受访者中，95.96%的为科员或科级干部，副科级干部最多。

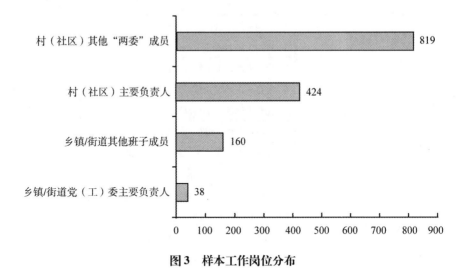

**图3 样本工作岗位分布**

　　受访者以男性居多，男性基层干部所占比重为 62.39%，女性基层干部占比为 37.61%（见图4）。年龄方面，30 岁及以下受访者占 10.76%，31—45 岁占比 45.80%，45 岁以上占比 43.44%，平均年龄为 43.28 岁（见图5）。这与宜宾市基层干部队伍整体年龄结构基本吻合，表明调查样本具有代表性。

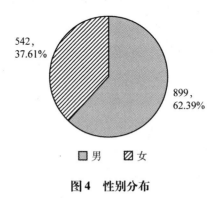

**图4 性别分布**

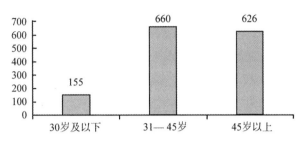

**图 5　年龄分布**

此次调查对象的文化程度分为 4 个层级，分别是硕士及以上、本科、大专、高中及以下。从调查结果看，"大专"学历的比重最大，占到了调查样本的 56.90%；其次，"高中及以下"学历占比 19.57%；"本科"学历占比 22.28%；"硕士及以上"占比 1.25%（见图 6）。

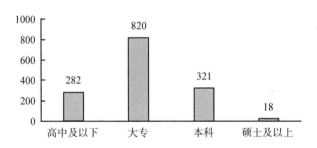

**图 6　学历分布**

此外，绝大多数受访者为中共党员，占比 84.39%，群众占比 14.78%，无党派人士和民主党派人士合并占比 0.83%。

（2）总体能力情况分析

通过问卷全样本分析，我们发现，宜宾市基层干部队伍治理能力呈现如下特征。

一是基层干部治理能力总体较高。满分 5 分，总体能力得分为 3.65 分，各项能力得分都不低于 3.3 分，其中"群众工作能力"最好，得分为 4.05 分（见图 7）。

二是基层干部治理通用能力较强。议事协调能力、群众工作能力等得分均超过总体能力得分，发展经济能力、乡村规划能力、品牌营造能力等专业性强或服务专项工作的能力则有所欠缺（见图 7）。

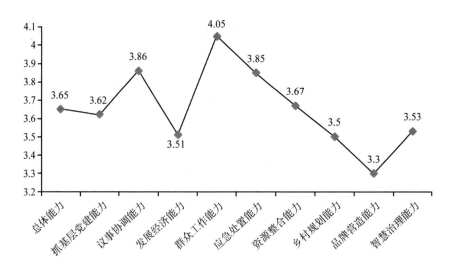

**图7 各项治理能力得分情况（N = 1441）**

三是年龄经历与治理能力认知具有相关性。总体能力方面，30 岁及以下基层干部为 3.305 分，31—45 岁基层干部为 3.569 分，45 岁以上基层干部为 3.805 分（见图 8）。这一方面说明基层干部年龄越大，他们对自我的治理能力越自信；另一方面，也说明基层干部治理能力的提升离不开长期经验的积累。

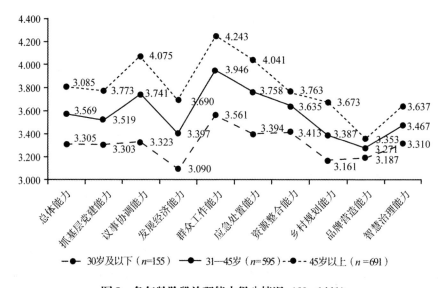

**图8 各年龄阶段治理能力得分情况（N = 1441）**

　　四是教育经历与治理能力具有相关性。调查数据显示，高中及以下学历干部的总体能力得分为3.506分，大专学历干部得分为3.552分，本科学历干部得分为3.388分，硕士及以上学历干部得分仅为3.109分。具有高中及以下学历的基层干部平均年龄为48岁，具有大专学历的基层干部平均年龄为44岁，具有本科学历的基层干部平均年龄为37岁，具有硕士及以上学历的基层干部平均年龄为33岁。这说明，本科及以上学历的基层干部年龄大多较小，工作经验相对较少，因而治理能力偏弱。这与年龄对治理能力的影响趋势一致。这也进一步证明，治理能力的提升与工作经历、工作经验的积累密切相关。

　　五是承担责任与基层干部能力认知具有相关性。在乡镇/街道层面，乡镇/街道党（工）委主要负责人总体能力比其他班子成员分值高0.16分；在村（社区）层面，村（社区）主要负责人总体能力比其他"两委"成员分值高0.35分，总体呈现出领导干部治理能力高于非领导干部的趋势（见图9）。

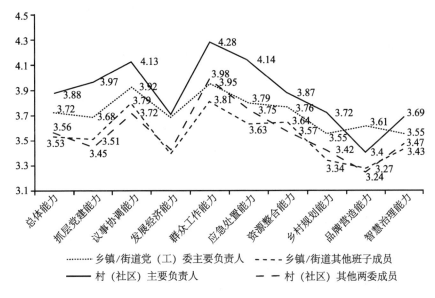

**图9　不同职务基层干部治理能力得分情况（N = 1441）**

　　六是群众距离与基层干部治理能力认知具有相关性。由图9可知，村（社区）干部治理能力得分总体高于乡镇/街道干部。通过进一步对比分析，我们发现，村（社区）基层干部对工作的认可度更高、工作积极性更强，工作中的组织氛围更好，对工作地的风俗习惯也更为熟悉，群众支持度也更高。这些使得村（社区）干部尤其是村（社区）领导干部的工作获得感、成就感更高，进而对他们的自我治理能力认知产生积极的影响。乡镇/街道干部因为岗位、职务的不同，面临着更多改革发展、应急处置、考核评估、组织约束、个人晋升等众多压力。工作压力大与工作自主性不足之间的矛盾，使得基层干部治理能力的发挥受到一定的限制，也让基层干部对自我治理能力的认知更为消极。

### （三）宜宾市基层干部治理能力优势

一是有良好的政治素养。基层干部普遍积极向上、不畏困难、任劳任怨，善于从政治上观察和处理问题，牢固树立"四个意识"、坚定"四个自信"、做到"两个维护"，具有较强的政治敏锐性和政治鉴别力。老百姓对基层干部总体比较认可，基层党委、政府在老百姓中的公信力较高。

二是有较强的公共服务动机。大多数基层干部具有强烈的社会责任感和公共服务精神，在工作中坚持为人民服务的宗旨，对公共服务保持着热情及激情。在问卷调研中，89.17%的受访者认为单位的大多数同事充满着干劲，超过一半的受访者认为自己很享受现在的工作，74.94%的受访者觉得从事基层工作让自己有巨大的满足感。

三是具备现实需要的常态化治理能力。围绕改革发展日常的常规化议事协调能力、群众工作能力等基本能力较强，在开展常态化工作中显现出较强的素养。在履行公共服务、公共管理和公共安全的基本职能方面，能够尽责、尽心地完成工作，也能够在一些治理、服务和发展环节进行更加精细化、精准化的创新，具备一定的专业精神和专业能力。

四是有较强的行政执行能力。大多数基层干部能准确、深入领会中央精神，把党的路线方针政策、党中央决策部署以及上级部门的有关工作安排等与基层实际相结合，进行富有主观能动性和创造性的执行，做到准确、及时、高效地在基层进行宣传推广和贯彻落实，具有较强的政策执行、制度执行和改革执行能力。

### （四）制约基层干部治理能力提升的主要因素

1. 治理体系有待优化

一是面对加强和创新基层社会治理的要求，基层治理体系整体性、集成性不足。当前基层治理队伍涉及 20 多个主管部门、30 多种人员类别，多部门管理、多条线并行衍生出管理不规范、职责不清晰、履职不到位等问题。调研发现，63% 的受访社区工作者反映，他们将大量精力用在了应付上级临时突击安排的各类事务上。

二是面对市民多元化、品质化的服务需求，基层服务体系还不健全。当前宜宾市基层公共服务供需结构性矛盾较为突出，均等化供给模式与精准化匹配需求不相适应，针对不同领域、不同层次、不同年龄群体的精细化服务供给机制不健全，覆盖全龄全时全域人群的综合服务体系还未形成。

三是面对城市社会组织结构的动态变化，共建共治共享体系尚未建立。长期以来，政府大包大揽的工作方式压缩了市场参与空间，市场主体在民生服务保障、公共关系建构等社会领域发挥作用的参与渠道不畅，制度支撑不足。全宜宾市社会组织总体上呈现少、小、散、弱特征，万人拥有社会组织远低于先进城市平均水平，社会企业发展还处于起步阶段。居民参与社区事务缺乏激励机制，社区各类活动的参与者多以居家老年人、妇女、儿童为主，年轻群体主动参与社区事务和活动的意愿不强。

2. 体制机制有待理顺

一是"事权利责"不匹配，导致基层干部履职压力大。基层"事权利责"不匹配的状况尚未根本改变，镇街事务多，责任大，但职能权限和统筹能力不足，社区职责边界模糊，"小马拉大车""小肩挑重担"情况比较突出。这种"倒挂金钟"式的大责任、小权力，使基层干部的工作开展、职能发挥受到限制。在具体的调研过程中，基层干部纷纷反映乡镇与县级职能部门之间权责不明晰、工作中的权责不对等，导致出现一系列治理难题，使基层干部有苦难言、心力交瘁。

二是基层干部长期超负荷工作，致使职业倦怠问题突出。基层干部承受着来自上级政府和基层群众的双重压力，既要完成上级部门交代的工作任务,又要满足广大群众的需求。一方面,基层政府处于弱势地位,需要承担上级部门层层加码的任务;另一方面,基层干部直面人民群众,需要时刻准备解决人民群众"急难愁"问题。基层工作的高要求、高风险、繁复性决定了基层干部所承受的是多重叠加的"压力库",既有在日常繁杂的工作中承载的压力,又有遭遇突发性危机事件时必须直面的双重应激压力。

三是激励机制缺乏,影响基层干部的职业自豪感和工作归属感。基层工作较为琐碎,应急性、服务性、辅助性的色彩较浓,常常充当"消防员""救护队"临时加班加点。但调研中,一些基层干部反映,工作做好了不一定能得到应有的嘉奖,但工作做不好就可能为此而"背锅"。同时,大家反映"问责机制"被滥用、"容错机制"不健全等问题也一定程度上存在,致使基层干部不敢放心大胆地开展工作。这些因素使得基层干部难以形成很强的职业自豪感和工作归属感,工作的获得感和成就感不够,扑下身子去研究问题和钻研工作的劲头不足。

四是面对治理重心下移的实践方向,资源要素配置效率机制仍然缺乏。机关企事业单位的治理资源下沉和共享机制不健全,公共服务设施面向社区开放共享缺乏制度安排和配套措施。资源要素部门化、碎片化问题不同程度存在,缺乏有效整合机制和供需对接平台。基层应对重大突发公共事件的资源要素调拨、采购、分配等制度机制尚未建立,紧急状态下基层应急处置的权限和能力不足。

五是干部教育培训有效性不足,治理能力无法持续提升。教育培训是培养基层干部的重要抓手。近年来,虽然基层干部获得的教育培训机会和资源有所增加,但有效供给不足。最主要的问题,一是基层干部工作繁忙,工学矛盾最为突出;二是培训需求调研不实,教育培训内容的针对性和实效性不够;三是学用脱节,18.3%的基层干部认为学习/培训没有让自己的治理能力得到提升,对培训成果的转化和应用关注有待加强;四是干部人才队伍梯队培养、递进发展、科学规范的全周期职业成长链条尚未形成,一定程度上影响了基层治理整体效能。在调研中,基层干部反馈,现在缺的不是学习机会,而是针对性、系统性、高水平、实打实的培训。因此,未来基层干部教育培训的重点是要进行"供给侧改革",以高质量的干部教育培训服务基层干部治理能力持续提升。

### 3. 技术路径有待革新

面对城市治理智慧化的发展趋势，智慧治理体系还处于初级阶段。当前城乡治理各系统间信息壁垒情况较为普遍，多个部门信息系统均在基层部署应用，但产生数据缺乏整合融通和系统运用，导致基层反复采集数据却难以有效整合数据并将其转化为治理资源。调研中，基层干部普遍反映数据填报多、重复采、多次录、不好用。基层智慧治理缺乏统一规划和数据采集、接入等方面的规范标准，给智慧治理应用带来障碍。智慧应用场景广度、深度不够，尚未形成市、县、街、社、小区"五级贯通"的智慧治理平台，当前自身的智慧集成服务项目的广度和深度与上海、成都等一线城市相比还有明显差距。

## 三 优化策略与建设路径

### （一）主要思路

一是以"政治三力"为核心内容，提升基层干部的政治能力。要不断提升政治判断力，准确把握基层治理的政治方向，善于从政治上分析问题、看待问题。要不断提升政治领悟力，深刻领会基层治理体系和治理能力现代化建设的核心要义、精神实质和任务要求。要不断提升政治执行力，不折不扣抓好党中央决策部署在基层的贯彻落实，坚决防止各种象征性执行、选择性执行、低水平执行。

二是以"群众路线"为主要抓手，改进基层干部的工作作风。密切联系群众，时刻尊重群众，真正依靠群众，制定政策必须"从群众中来"，执行政策必须"到群众中去"。

三是以"履职尽责"为主要目的，增强基层干部的能力本领。在实际工作中，以"履职尽责"为目标，加强业务能力建设，重点提高行政执行能力与公共服务本领，不断通过"思想淬炼、政治历练、实践锻炼、专业训练"，提高服务群众的自觉性，增强服务群众的有效性，练就服务群众的真本领。

四是以"系统思维"为指导理念，强化基层干部的风险意识。当前和今后一个时期是各类矛盾和风险易发期，各种可以预见和难以预见的风险因素明显增多。基层干部必须强化危机意识，提升防范化解风险能力，深刻认识基层工作面临的新形势、新变化，以忧患意识与底线思维切实做好监测预警、预防控制、应急演练等风险防范的充分准备。同时，利用系统思维制订应急方案，提升指挥调度、应急救治、物资保障等应急管理能力。

### （二）优化策略

结合城乡基层治理实践，提高基层干部队伍治理能力要准确把握以下几对关系。

一是个体能力与整体组织力的关系。在城乡基层治理过程中，要加强党的全面领导和党的建设，以党建引领为城乡基层治理把脉定向、赋能增效、保驾护航。加强组织能力建设，从单纯强调基层干部个体治理能力转向重视基层治理队伍的组织能力，从而实现整体能力的提升。

二是压力型体制与动力型体制的关系。目前对基层干部的命令、控制、问责固然可以保证其完成目标，但是却无助于激发其主动担当作为。我们需要考虑的问题是，动力型体制何以可能？改革的动力来自哪里？如何持续保持改革的动力？压力能成为动力吗？动力能变为压力吗？这意味着要推动基层治理从压力型体制走向动力型体制，因为仅靠压力的刚性约束和科层控制越来越不具有可持续性，而内生性的动力不足乃至枯竭会给基层治理带来一系列负面影响。

三是过程性培养与回应性效能的关系。城乡基层治理的根本目的都是让人民过上更加美好的生活，其治理过程必须有广大人民群众的参与，治理成果必须由人民所共享，干部的治理能力更是必须由人民来评判。基层干部治理能力的提升，除了在选、用、育、留的全过程进行强化锻造以外，共情力与同理心的提升至关重要。基层干部如何感知和回应群众关切，会直接影响群众是否理解、配合、支持和参与基层工作。

四是专业能力与系统思维的关系。要实现基层治理能力现代化，提升基层干部的专业化水平至关重要，需要提升适应现代复杂治理的专业化素能。但同时，基层治理是一个系统性的全局工程，各个要素之间相互关联、相互影响，更需要基层干部坚持系统思维，防止头痛医头、脚痛医脚。要树立全过程、全领域和全周期的系统思维，坚持全面质量管理，从事后处置向源头治理前移，坚持关口前移，加强日常防范，解决源头性问题，注重建立健全城乡基层治理的长效机制。

五是高效能治理与高质量发展的关系。治理与发展是基层工作的两面，良好的治理会更好促进发展，好的发展又会反哺治理。对于基层干部，就是要树立好高效能治理与高质量发展的理念，推动治理与发展同频共振。一方面，打造高效能的治理体系，从保平安、惠民生、优化营商环境等方面构建良好的秩序，让人民群众享受有序的生活，获取优质的服务；另一方面，要构建高质量发展体系，激发持续发展的内生动力，实现人民群众物质精神财富的不断增加，集聚更多的治理资源，促进更好治理。

### （三）行动计划

1. 实施"双线融合工程"，盘点队伍形成治理合力

对镇街基层治理力量进行全面盘点，摸清从事基层治理各类队伍的人力资源总数；强化镇街的统筹能力，推动社治、综治、城管、应急等基层治理力量整合，发挥基层人力资源的最大效益；分类制定工作职责清单，建立工作事项准入机制，建立健全考核评议制度，以基层力量整合提升基层治理效能。借鉴成都市正在着力开展的"党建引领、双线融合"机制改革，推动治理重心下移和效能提升，实施以"一支队伍统管""一张网格统揽""一个平台统调""一套机制统筹"的"四个一管理机制"改革。其中，首要破解的是基层治理力量分散、条块分割的现实困难，通过"一支队伍统管"实现平安底线和民生高线在基层的深度融合。

（1）全面盘点基层治理队伍

现有社区专职工作者、网格员、综合巡逻队员、城管监督员等多类治理力量，涉及多个主管部门，入职渠道、岗位职责、管理考核、经济待遇各不相同，工作忙闲不均，各行其是，制约和影响了基层治理效能。要破解力量分散的问题，应对各类人员进行全面盘点，进一步优化整合力量，归口镇（街）管理。可在条件成熟的镇（街）先行开展试点，在全面摸清底数的情况下，由镇（街）全面负责统筹基层治理工作者的招聘、使用、管理、考核。原聘用管理关系、资金保障渠道在区县职能部门的转移至试点镇（街）。基层治理工作者队伍由所属镇（街）负责日常管理和统筹调度，共同开展基层治理、疫情防控、防汛救灾等工作。

（2）镇街统筹实施员额管理

区（县）根据试点镇（街）事权，综合考虑基层治理各方因素，在摸清底数的基础上，按照"只减不增、职能整合"的原则，核定镇（街）基层治理工作者队伍员额控制数。区（县）财政部门根据核定的员额控制数，按人头标准保障人员薪酬和工作经费，并将其纳入试点镇（街）财政预算。区（县）职能部门原则上不再单独聘用人员下沉至试点镇（街）和村（社区）。厘清基层治理工作者和服务外包人员工作职责边界，已纳入服务外包范围事项不得再聘用人员。

（3）建权责清单促治理精度

绘制责任图，明确"必须干什么"。分层级制定责任清单，在区级层面健全平战结合、联席指挥、多元发现、联勤联动、分析研判、评估考核等责任机制；在镇（街）层面推行职责任务、公共服务、公共管理、公共安全"四张清单"，明确责任事项；同时，对基层治理队伍个体实行"定人定岗定责"，实现照单履职、对单销账。绘制资源图，明确"可以干什么"。全面梳理辖区机关、企事业单位、非公经济组织和社会组织等各类社会治理资源，赋予村（社）党组织统筹使用权力，推动资源联通共享、服务联抓共促、活动联办共建。

（4）系统设计队伍发展机制

加强队伍日常管理、业务培训、目标考核，推进基层治理工作者队伍正规化、专业化、职业化建设，定期开展评先评优活动，不断提升基层治理队伍的责任感和荣誉感。区（县）赋予试点镇（街）基层治理工作者队伍管理考核自主权，指导试点镇（街）综合参考人员岗位职责、工作强度、现实表现等因素，制定以工作实绩为导向的薪酬体系和绩效考核办法，建立奖优罚劣、优胜劣汰的管人用人机制。鼓励试点镇（街）在条件成熟时，将符合条件的基层治理工作者纳入社区专职工作者职业体系和薪酬体系。

2. 实施"关键人才工程"，聚焦基层治理主力

（1）抓"一把手"

以政治建设为统领，以提升组织力为重点，建立区（县）、镇（街）、村（社）"三级书记抓治理"联动体系，区（县）委书记"一月一调度、一季一督查、一年一总结"，协调推进基层治理工作；推动党组织书记与

网格长"一肩挑",由镇(街)党(工)委书记和村(社)书记分别担任网格大队长和中队长,强化对辖区内治理力量的组织领导。

(2)抓年轻干部

不断压担子,在实践中给予基层干部培养和锻炼的机会与平台,解决基层治理后继无人的问题。充分发挥长期从事基层工作的"老乡镇"的作用,建立年轻干部"传帮带"机制,"一对一"明确帮带导师,做好"老带新",帮助基层干部尽快调适心理,适应工作,进入角色,打开局面。

(3)抓"两委"班子

优化"两委"班子结构。班子成员中既要有了解本地情况的干部,又要有熟悉政策法规、城市管理、乡村治理、会做群众工作的干部。他们既有自己的信念、认真的工作态度,又充满对社区的挚爱及对公共利益的关怀。这批干部的工作重心不是坐办公室搞行政工作,而是真正扎根社区做群众工作,"走百家门、知百家情、办百家事",从而解决"行政有效,治理无效"的基层"空转"现象。

(4)抓专业人才

充分发挥基层站办所事业编人员中具有丰富基层工作经验、群众工作精到的"老乡镇"的作用,给予其晋升乡镇中层、专业技术职务的倾斜;引进培育一批优秀社区工作者、社会组织带头人、社区规划师、群众骨干等高素质社区人才;实施优秀外出务工人员定向回引培养行动,引导返乡优秀外出务工人员参与社区工作。

(5)抓小区能人

落实党员领导干部双报到制度,推动建立从制度上系统化建设的党员干部融入小区治理的体制机制。建议在城市小区全面建立由退休党政干部、在职党政干部和社会精英人士组成的小区治理体系,以小区治理推动基层善治。

3. 实施"正向激励计划",激发基层干部干事创业动力

(1)兜实经费保障,让待遇有盼头

加大基层治理经费投入力度,按照集中集约原则,统筹区级各部门下沉资金,落实各项保障政策,解除基层治理人员后顾之忧。参照社区专职工作者薪酬制度,面向基层治理工作者队伍建立一套分类分岗位薪

酬激励体系，打通不同类别岗位的转岗交流机制。以镇（街）为单位，建立创先评优制度，通过"积分银行""时间银行"，采取积分、奖金、实物等多种方式，激发参与热情，激励基层治理工作者撸起袖子加油干。

（2）畅通晋升通道，让事业有奔头

健全职级并行制度，在向基层供给更多职数名额的同时，强化职级晋升的竞争效应，让一般公务员充分参与到职级竞争之中，调动职务上未能晋升但基层经验丰富的中年公务员的工作积极性；完善基层治理工作者队伍阶梯成长机制，打通"兼职网格员→专职网格员→村（社）'两委'班子→镇班子"职业晋升渠道，激发队伍活力。

（3）选树典型榜样，让干部有学头

选树表彰基层治理先进典型，通过对优秀城乡社区党组织、优秀城乡社区工作者表彰奖励活动，培育和发掘一批"王家元"式干部；建设宜宾基层治理"名书记工作室"，发挥优秀党组织书记及其工作室的引领、带动和示范作用，以点带面，着力建设一支高素质社区党组织书记队伍，全面提升党建引领基层治理水平；充分发挥市属媒体和各区融媒体中心作用，用好各类传播平台，加大对先进典型的宣传力度，创造机会让其在四川省乃至中国更多地展现风采，提高影响力。

（4）让基层留住人，让干事有劲头

当前基层治理的悖论在于，基层干部的能力一旦增强了，他们就会因被提拔而离开基层。虽然公务员凡进必考，必须有一定的基层工作经历才能得到提拔，但是"人往高处走"，基层仍然留不住人。更为重要的是，这些基层抽调的人员也有强烈的意愿要留在上级部门，久而久之，就形成了一种自上而下的人才抽调机制，加剧了基层治理的"人才荒"。因此，如何打破基层留不住人、培养了人就离开的困境，是当前基层治理需要特别关注的课题。比如，可以总结挂职锻炼的经验，探索岗编分离等创新机制，使人员流动既能够自上而下，也可以自下而上。

4. 实施"留白赋能"计划，释放基层干部自主活力

（1）强化基层自主性激励

基层经济、政治资源都较少，干部激励主要是政治激励，但是基层岗位、职务、级别、荣誉都有限，无法给予基层干部充分的政治激励。自主性激励是给予基层干部工作上的自主权和自主空间，激励他们工作

上的热情和责任感，使工作落实得更好。政策要留有余地。一个区县之内各乡镇（街道）的情况都有差异，政策制定时不宜过细，要留有余地和回旋空间，特别是要将政策弹性空间和操作空间留给基层干部，让他们有权根据实际选择恰当的政策工具和操作化行动。

（2）容错纠错机制落到实处

要允许反馈和修正。政策执行过程中允许基层干部有反馈，并在不改变政策方向的基础上对政策目标给予修正。对于因实际情况而非态度问题、法纪问题没有达到预期政策目标的基层干部，要给予鼓励而非动辄问责。

（3）注重将基层事务化繁为简

北京市近些年来探索"吹哨报到"，创新"接诉即办"，为基层治理摸索出一条值得复制推广的道路，也为提升基层干部的治理能力提供了启示。它使基层干部能够关注更加重要和有获得感的现实问题，而不是陷入刚性无效的重复性事务。

（4）开展数据表格专项整治

坚持基层治理"一张表"行动计划，进一步理顺基层治理职责，梳理基层治理流程，按照整体性治理原则，以区县为载体，打通数据"孤岛"，依托智慧平台建立"一张表"管理体系，集中向居民采集综合信息，部门在平台上共享并抓取信息，不得向居民多头采集信息，切实减轻基层负担。

5. 实施"专业能力提升计划"，增强基层干部履职能力

（1）专业能力"精准滴灌计划"

根据不同岗位需求和干部成长阶段，分层分类开展针对性的能力提升培训。围绕宜宾"十四五"发展规划中的重点任务，尤其是针对基层干部普遍反映的"绿色治理""数字治理""应急管理""村（社区）规划""乡村振兴""精细化服务"等专业能力短板，分别开展专题培训计划，将每个专题学深学透学精，而不是大杂烩式地拼盘学习。要从"大水漫灌"式的综合类培训向"精准滴灌"式专业能力提升转变。

（2）破解治理难题"行动学习计划"

在现有常规培训项目基础上，探索"行动学习小专班"，围绕城市基层党建和乡村振兴，每年确定3—5个实践中的重大需求，将年度重点工

作、能力短板、培训方案、培训成果有机链接起来，开展陪伴式参与、教练式辅导的学习项目，通过专家授课、导师辅导、集体调研等多种学习形式，将行动学习贯穿培训过程，以问题解决方案和实践成效作为培训结业与学员评价的主要依据，从而使学用深度融合，不断提升培训的针对性和有效性。

（3）打造线上品牌培训项目

实施"基石计划"。学术专家＋治理专家＋社区领袖共同参与，通过宜宾典型示范治理案例情景式再现，多元立体地对宜宾城乡基层社会发展治理的底层逻辑、现实意义、未来影响进行深度解读；针对基层治理中的痛点、难点、堵点，开展论坛式教学；用好每月一期线上公益云课堂，让更多基层干部受益。

（4）对标先进定制"基层案例课堂"

聚焦城市治理，定制"城市案例课堂"，学习世界城市和国内先发城市的治理策略，将北京"街乡吹哨、部门报到"、上海"绣花功夫、精细治理"、杭州"科技赋能、协商共治"、成都"公园城市建设"等实践经验纳入培训内容，探寻资源整合、力量下沉、智慧支撑等方面的底层逻辑和共通做法；聚焦乡村治理，定制"乡村案例课堂"，以示范建设、试点工作等为抓手，通过实地观摩、理论培训和教学互动等形式，组织镇（街道）干部、村（社区）书记开展案例式教学。

（5）探索基层治理"领导力训练营"

分级分类、分期分批，针对担负重点改革试点任务、发展需求较为迫切、治理矛盾较为突出的村（社区），优选年轻优秀村（社区）书记，采取"集中授课＋案例作业＋孵化项目"的形式开展培训；聚焦社区发展治理前沿知识理论，邀请专家学者、行业人才开展理论讲授和现场答疑活动；灵活采取"线上＋线下"的方式，举办"实务讲坛"；打造"全科网格员"，探索将网格员等基层治理队伍纳入社区专职工作者队伍进行培养，进一步聚焦已下沉"事项"，以网格事项"人人均能办、人人皆行家"为目标，精准开展网格员素能提升行动。

# 市域社会治理现代化：
## 现实缘起、基本原则与推进思路
### ——基于宜宾样本的思考

范逢春等[*]

市域社会治理现代化是国家治理现代化的重要内容，是国家治理现代化在市域范围的重大实践。2019 年 10 月，党的十九届四中全会提出了"加快推进市域社会治理现代化"的战略目标。[①] 2019 年 12 月，中国市域社会治理现代化工作会议召开，研究推进市域社会治理现代化工作，部署启动相关试点工作，使市域社会治理现代化从政策蓝图向具体实践转变。2021 年 3 月，国家"十四五"规划和 2035 年远景目标纲要出台，明确提出了"加强和创新市域社会治理，推进市域社会治理现代化"的任务要求。[②] 2021 年 4 月，中共中央、国务院印发了《关于加强基层治理体系和治理能力现代化建设的意见》，使市域社会治理现代化研究和实践工作进入快车道。

2020 年 12 月，宜宾市被中央政法委确定为中国首批市域社会治理现代化试点市。自试点工作开展以来，宜宾市委政法委聚焦"五个围绕"，以市域社会治理体制机制现代化、工作布局现代化、方式手段现代化为

---

[*] 范逢春，四川大学公共管理学院教授。

[①] 习近平：《中共中央关于坚持和完善中国特色社会主义制度 推进国家治理体系和治理能力现代化若干重大问题的决定》，《人民日报》2019 年 11 月 6 日第 1 版。

[②] 习近平：《中共中央关于制定国民经济和社会发展第十四个五年规划和二〇三五年远景目标的建议》，《人民日报》2020 年 11 月 4 日第 1 版。

导向，努力建设更高水平的平安宜宾。当前，宜宾正在实施第十四个五年规划，争取在 2025 年建成成渝地区经济副中心，力争在 2035 年与中国、四川省同步基本实现社会主义现代化，努力走好建设社会主义现代化的国家区域中心城市的"宜宾之路"。加快宜宾市社会治理转型，建设与国家区域中心城市相适应的社会治理体系和治理能力，以承载"工业化、信息化、城镇化、市场化、国际化"快速发展与高端发展，是宜宾市当前面临的重要课题。

# 一 时代背景与重大意义

推进市域社会治理现代化是实现新时代社会治理体系和治理能力现代化的发展方向，是中共中央和四川省委已经明确的战略部署，也是宜宾在中国领先的重要治理举措和特色亮点工作。当前，宜宾加快推进市域社会治理现代化，既是贯彻党中央关于国家治理的大政方针、制度安排、决策部署的任务要求，又是立足实际对本市域社会治理统筹谋划、周密部署、推动实践的必然之举。

## （一）时代背景

当今世界正经历百年未有之大变局，中国正处于实现中华民族伟大复兴的关键时期。宜宾站在新的历史起点上，开启全面建设社会主义现代化新征程，需要主动适应国内外发展环境和条件的深刻变化，立足新发展阶段、贯彻新发展理念、融入新发展格局，推动高质量发展，持续推动市域社会治理现代化，为实现第二个百年奋斗目标奠定坚实基础。

1. 党中央的重大战略部署为宜宾市域社会治理现代化提供了行动指南

党的十八大以来，党中央从党和国家事业发展全局和战略的高度，就推进国家治理体系和治理能力现代化提出一系列新理念、新思想、新战略，为加快推进市域社会治理现代化提供了行动指南。如党的十八届三中全会提出"创新社会治理体制、改进社会治理方式"，十八届四中全会强调"推进多层次多领域依法治理"的执政理念，十八届五中全会指明"推进社会治理精细化，构建全民共建共享的社会治理格局"。再如，党的十九大报告提出"建立共建共治共享的社会治理格局"。党的十九届四中全会明确提出，"坚持和完善共建共治共享的社会治理制度""构建基层社会治理新格局""加快推进市域社会治理现代化"。2020年《中共中央 国务院关于加快推进社会治理现代化 开创平安中国建设新局面的意见》，对坚定不移走中国特色社会主义治理之路、建设更高水平的平安中国作出重大战略部署。党的十九届五中全会进一步提出"加强和创新市域社会治理"，将"社会治理特别是基层治理水平明显提高，防范化解重大风险体制机制不断健全"作为"十四五"时期中国经济社会发展的主要目标。2021年，《中共中央 国务院关于加强基层治理体系和治理能力现代化建设的意见》提出，要"建立健全基层治理体制机制，推动政府治理同社会调节、居民自治良性互动，提高基层治理社会化、法治化、智能化、专业化水平"。2022年初，中央有关部门提出了治理理念、治理目标、治理制度、治理布局、治理体制、治理方式、治理能力"七个现代化"的总体思路和"以市域社会治理现代化为战略支点，力争把重大矛盾风险防控化解在市域"的实施策略。党中央的一系列相关论述，为宜宾市域社会治理现代化指明了方向。

2. 四川省的重要决策安排为宜宾市域社会治理现代化提供了行动纲领

四川省委十一届六次全会创造性地贯彻落实党的十九届四中全会精神，对推进城乡基层治理制度创新和能力建设作出全面部署，实施了乡镇行政区划和村级建制调整改革，激活了四川省基层治理"一池春水"。2021年《四川省国民经济和社会发展第十四个五年规划和二〇三五年远景目标纲要》提出，要"完善平安建设工作协调机制，构建党委领导、政府负责、民主协商、社会协同、公众参与、法治保障、科技支撑的社会治理体系。扎实开展市域社会治理现代化试点，大力推进公安工作现代化。推进综治中心规范化建设，深化网格化服务管理，加快'六无'平安村（社区）建设。建设四川政法大数据平台，加强'天网工程''雪亮工程''慧眼工程'建设和联网运用"。2021年《四川省法治社会建设实施方案（2021—2025年）》提出，要"坚持法治、德治、自治相结合，坚持社会治理共建共治共享，增强全社会厉行法治的积极性和主动性，提高社会治理法治化水平"。2021年《四川省"十四五"城乡社区发展治理规划》要求，"统筹推进城乡社区治理与社会综合治理，厚植社会和谐稳定基石"。四川省的一系列重要决策安排，为宜宾市域社会治理现代化提供了行动纲领。

3. 宜宾市的经济社会发展对宜宾市域社会治理现代化提出了崭新要求

经过近年来的快速发展，宜宾在产业发展、交通建设、科教创新、开放合作等方面都取得了长足进步，在区域发展中形成了比较优势。① 今后几年，是宜宾经济社会实现高质量发展至关重要的阶段，这对宜宾市域社会治理现代化提出了更高的要求。2021 年《宜宾市国民经济和社会发展第十四个五年规划和二〇三五年远景目标纲要》指出，"十四五"时期，是宜宾加快建成四川省经济副中心、成渝地区经济副中心的关键时期，要准确把握经济社会发展新趋势，积极主动适应国内外发展环境和条件的深刻变化，认真践行新发展理念，推动高质量发展，为实现第二个百年奋斗目标奠定坚实基础。2021 年中国共产党宜宾市第六次代表大会提出，要加快建设社会主义现代化的国家区域中心城市，奋力创建国家级新区和共同富裕示范区，加快建成内陆开放新高地，加快建成高品质生活宜居地，加快建设共同富裕的幸福宜宾，加快建成更高水平的法治宜宾，加快建成更高水平的平安宜宾。2022 年宜宾市第六届人民代表大会第一次会议提出，要"加快构建立体化、信息化社会治安防控体系，持续增强城乡基层治理效能。深入开展平安系统创建活动，高标准通过中国市域社会治理现代化试点验收，抓好三江中心法务区建设，全面提升社会治理社会化、法治化、智能化、专业化水平"②。宜宾市的经济社会发展形势，对宜宾市域社会治理现代化提出了崭新要求。

### （二）重大意义

一个好的社会，既要充满活力，又要和谐有序。习近平总书记作出重要指示："把市域社会治理现代化作为切入点和突破口，深入推进社会

---

① 方存好：《政府工作报告》，《宜宾日报》2022 年 2 月 9 日第 1 版。

② 方存好：《政府工作报告》，《宜宾日报》2022 年 2 月 9 日第 1 版。

治理创新，构建富有活力和效率的新型基层社会治理体系。"① 当前，推进市域社会治理现代化作为基础工程、骨干工程与龙头工程，对宜宾的城市治理、社会建设、基层治理具有重要意义。

1. 市域社会治理现代化是宜宾城市治理的基础工程

随着新时代改革开放和城市化进程的不断加速，市域经济取代县域经济成为区域经济的主要发展形态，社会主要矛盾发生转变，社会发展方向和基层社会治理重心发生深刻变化，对城市治理提出了更高要求。市域社会治理现代化能够更好地发挥治理空间优势、治理主体优势、治理手段优势和治理效能优势，具有重要的支柱作用、枢纽作用、平台作用、牵引作用，在国家治理体系中发挥着承上启下的纽带连接作用，是城市治理的基础工程。把推进市域社会治理现代化作为城市治理的基础支撑，提高其规划质量与实施效率，对于完善城乡基层治理体系、提高社会治理现代化水平、构建和谐有序的活力社会，都有着重大而深远的意义。

2. 市域社会治理现代化是宜宾社会建设的骨干工程

进入新发展阶段，宜宾紧紧围绕党中央作出推动成渝地区双城经济圈建设的决策部署，制定指导思想和发展目标，在高质量发展社会建设方面有了新谋划。社会治理现代化作为社会建设的重要组成部分，在宜宾全面建设社会主义现代化新征程中占有重要地位。社会治理现代化，关系民生福祉，关系社会和谐稳定，关系国家长治久安，宜宾市必须提高政治站位，因应社会建设的重心调整，思考社会治理的功能问题。市域社会治理现代化是社会建设的骨干工程，突出了城市区域空间治理统筹协调的价值取向，有效推动社会治理在城市全域的实践和延伸，对解决各类城乡新型社会矛盾、构建和谐有序的社会环境有着重要意义。

3. 市域社会治理现代化是宜宾基层治理的龙头工程

党的十九届五中全会通过的《中共中央关于制定国民经济和社会发展第十四个五年规划和二〇三五年远景目标的建议》指出，要推动社会治理重心向基层下移，向基层放权赋能。《关于加强基层治理体系和治理

① 习近平：《中共中央关于坚持和完善中国特色社会主义制度 推进国家治理体系和治理能力现代化若干重大问题的决定》，《人民日报》2019 年 11 月 6 日第 1 版。

能力现代化建设的意见》指出，基层治理是国家治理的基石，统筹推进乡镇（街道）和城乡社区治理，是实现国家治理体系和治理能力现代化的基础工程。当前，宜宾正在积极探索城乡基层治理现代化新模式。宜宾作为中国市域社会治理现代化第一批试点城市，要求在市域社会治理重点领域和关键环节取得突破性进展，全面提高社会治理系统化、社会化、精细化、法治化、智能化水平，形成与高质量发展相适应的社会治理体系和能力。这是宜宾在社会治理和平安建设上迈上新台阶、展现新气象的重要战略机遇。市域社会治理具有解决社会各方面风险矛盾的资源和能力，能够发挥其空间特性和统筹资源的优势，提升基层治理的系统性、整体性、协同性。市域社会治理现代化不仅是基层治理工作的风向标，更是基层社会治理现代化的统领与龙头。

# 二　发展成效与面临问题

随着中华民族伟大复兴战略全局统筹展开，以及中国社会主要矛盾发生变化，中国已转向高质量发展阶段，"两个大局"深度联动构成新时期宜宾发展环境的主基调。一方面，宜宾市上下齐心，开拓进取，锐意革新，在市域社会治理现代化方面已经取得了优异的成绩；另一方面，随着宜宾经济社会加快转型发展，在群众利益诉求复杂多样、信息传播方式深刻变化等诸多因素的共同作用下，宜宾社会治理持续面临严峻的挑战。

## （一）发展成效

在市委、市政府的正确领导下，宜宾全市各级政法单位深化平安宜宾、法治宜宾建设，扎实推进重大改革任务、重大战略任务，推动宜宾经济社会高质量发展。近年来，以推进中国市域社会治理现代化试点城市、四川省城市基层治理示范市和四川省网络综合治理体系建设试点城市建设为契机，"以市域社会治理体制机制现代化、工作布局现代化、方式手段现代化为导向"①，宜宾自觉扛起试点城市的使命担当和改革责任。2021 年，宜宾市委政法委获得"平安中国建设先进集体"。宜宾聚焦"五个围绕"，努力建设更高水平的平安宜宾，推动市域社会治理现代化取得了显著成效。

1. 始终把稳市域社会治理"方向盘"

在总体谋划上，将市域社会治理纳入"十四五"规划，基本形成了"党委领导、政府负责、民主协商、社会协同、公众参与、法治保障、科技支撑"②的基层社会治理体系；市域社会治理综合指挥体系全域覆盖，建立双组长制推进市域社会治理现代化试点工作，街道（镇、乡）全面落实政法委员制度，统筹运行"基层治理四平台"；法治保障不断加强，启动了宜宾三江中心法务区建设；财政投入持续增加，制定《宜宾市域社会治理专项资金使用管理办法》。在项目推进上，全面完成市域社会治理现代化试点任务大项、子项工作，顺利推进市级重点项目，完成 4 项国家级、省级重点调研课题并结项。在强化创新引领上，打造了一批市域社会治理新样板、新标杆、新品牌，翠屏区"全科网格"、叙州区"一约五会"、南溪区"院港党建"、正和集团"五融模式"等 6 项创新入选中国市域社会治理创新优秀案例。③

2. 持续织密基层社会治理"安全网"

制定并印发《完善农村司法体系建设工作方案》，优化基层"两所一庭一中心"设置，做好两项改革"后半篇文章"。全面推进派出所机构设置优化调整，优化警力资源配置，加强派出所机构整合，积极推行"一村一辅警"机制，增强职能履行考核。持续做好人民法庭优化布局"后半篇文章"，按照"一庭一品"要求，不断发掘人民法庭特色工作，打造富有地方特色的基层法庭。全市省级规范化司法所总数达 129 个，位列四川省第一，江安县四面山司法所等 4 个司法所被命名为四川省首批"枫

---

① 田琴：《宜宾市域社会治理现代化试点工作亮点纷呈》，《宜宾日报》2021 年 9 月 23 日第 2 版。

② 习近平：《决胜全面建成小康社会 夺取新时代中国特色社会主义伟大胜利——在中国共产党第十九次全国代表大会上的报告》，《人民日报》2017 年 10 月 28 日第 1 版。

③ 田琴：《宜宾市域社会治理现代化试点工作亮点纷呈》，《宜宾日报》2021 年 9 月 23 日第 2 版。

桥式司法所"。以"发现得早、化解得了、控制得住、处置得好"为目标，推进矛盾纠纷"一站式"多元化解，推进矛盾纠纷调处化解"最多跑一地"改革；不断深化社会矛盾化解工作创新，推进市、县、乡、村四级矛盾调解中心实体实战运行，引进第三方调解组织、调解员入驻诉讼服务中心。由于成绩突出、特色鲜明、可推广性强，江安县矛盾纠纷多元化解协调中心被命名为四川省创新实践基地。①

**3. 不断筑厚市域社会治安"防火墙"**

切实维护政治和社会持续安全稳定，进一步净化社会治安环境，提升人民群众安全感和满意度。进一步优化巡逻防控勤务模式，推进社会面巡控工作，坚持警力跟着警情走，推进基层警务更加深入地融入社会治理；投入更大力量打击电信诈骗，中国首创"两卡"管控系统，严打"两卡"违法犯罪活动；全域化开展未成年人保护及防范违法犯罪，开展"防范打击侵害未成年人违法犯罪，关爱保护未成年人健康成长"专项行动，聚焦校园欺凌，构建未成年人违法犯罪临界预防体系，注重引导未成年人健康成长。建立"专家＋媒体＋社会＋网格"普法宣传模式，开启"零距离"普法模式，各中小学全覆盖配备法治副校长、法治辅导员，法治教育课教师；深化禁毒防艾攻坚行动，宜宾市获评中国首批禁毒示范城市。

**4. 勠力建强城乡社会治理"前哨站"**

宜宾市坚持系统谋划城乡基层治理工作，持续提升城乡基层治理体系和治理能力现代化建设水平。充分发挥"政治引领"作用，持续凝聚城乡基层社会治理合力；充分发挥"德治教化"作用，大大提升城乡基层社会治理能力；充分发挥"法治保障"作用，始终保持城乡基层社会治理定力；充分发挥"自治基础"作用，更大激发城乡基层社会治理活力；充分发挥"智治支撑"作用，高度增强城乡基层社会治理动力。举办《社区矫正法》实施中国性学术研讨会，建成了纵横贯通的严重精神障碍患者服务管理平台，推动妇女有序参与城乡基层社会治理，宜宾政法委获评中国维护妇女儿童权益先进集体。

---

① 田琴：《宜宾市域社会治理现代化试点工作亮点纷呈》，《宜宾日报》2021 年 9 月 23 日第 2 版。

### 5. 不断开辟市域社会治理"新路径"

市域社会治理智慧应用体系成效初显，依托5G、大数据、云计算等现代技术，构建了统一指挥、基层治理、风险防控、公众服务四个应用平台，探索"互联网＋"治理新路径，实现县域治理"一张网"互联；建设以社会治安"打、防、管、控"能力为根本，以资源整合和联网共享应用为基础，以规范化、标准化建设为保障，以视频图像信息联网和综合应用建设为核心的公共安全视频监控建设联网应用体系；加快政法融媒体建设，构建了以市委政法委为主体，公、检、法、司整体统筹，多中心参与的融媒体矩阵框架；创设市域社会治理评价系统，构建了平安考核和平安指数系统，推行了居民积分管理制度，创新设立基层治理奖励基金，大大提升了市域社会的智能化水平。

### （二）面临问题

随着社会生产力水平持续提高，社会主要矛盾已经逐渐转化为人民日益增长的美好生活需要和不平衡不充分的发展之间的矛盾，人民美好生活需要日益广泛，人民对安全稳定、公平正义、民主法治也提出了更高要求。同时，涉众型利益受损群体维权问题凸显，涉军型群体敏感问题持续出现，多种社会矛盾有可能形成互动效应；公共安全风险突出，重点、难点、乱点多维呈现，危爆物品、道路交通、寄递物流等领域安全隐患仍然不少；网络安全风险持续发展，数据泄露、网络"钓鱼"、网络诈骗等问题日益凸显，敏感案事件泛政治化倾向明显。相对于人民的需求与形势的变化，宜宾的市域社会治理体制、机制、方式和能力等方面仍存在一些亟待破解的问题。

### 1. 市域社会治理的体制不够完善

体制机制层面还存在制度创新不足、力量统筹不够、职能配置不优等问题。职能部门之间、行政层级之间职责划分不够明晰，衔接不够顺畅，主管部门单打独斗多，协同部门共建共治少，跨部门工作的协调缺乏有力的制度保障。社会治理领域地市立法优势没有得到充分发挥，开展"小切口、有特色、精细化、可操作"的立法空间大。街道（镇、乡）在社会治理中的定位不够明晰，权责不够统一，能力建设明显滞后。基层党建对基层治理的有效引领有待加强，基层党组织对社会治理的领导优势和对社会力量的引领作用还需进一步发挥。

2. 市域社会治理的机制不够顺畅

平安建设协调机制有待进一步健全和完善，职能部门履行行业监管责任需要进一步落实。各级社会治理综合指挥服务中心规范化建设还需进一步加强，研判社会治理信息、整合社会治理资源和创新社会治理方式的职能发挥还不够到位。社会治理平战结合机制转换不够顺畅，应急管理和公共服务还需进一步加强衔接。

3. 市域社会治理的方式不够创新

"五治"融合不够到位，优势发挥不够充分，政社关系还需全面理顺，社会治理方式创新不够有力，推动社会治理多元参与办法传统单一，促进社会融合的举措力度较弱。资源要素配置还存在配置方式粗放、应急能力不足、共享机制缺位等问题。社会治理数字化改革中，不同部门之间信息壁垒仍未打通，"数据孤岛"依然存在，信息标准统一、综合性数据交换平台兼容、多跨场景应用拓展、社会体验感提升和智能设备有效应用等问题，均还需进一步深化解决。

4. 市域社会治理的能力有待提升

社会治理的创新能力和水平与参与成渝双城经济圈建设要求相比，还存在很大差距和不足，一些地方和部门的"系统观念""全周期管理"理念还需进一步强化，社会治理与经济发展统筹推进不够协调，风险源头管控存在薄弱环节。如社会治理政策的市域统筹力度不够，政策标准不统一，易导致群众政策待遇攀比心理，引发矛盾纠纷。基层网格员、调解员等队伍专业化和规范化水平有待提升。

# 三 指导思想与基本原则

构建符合国家区域中心城市要求的现代化社会治理体系，提升市域社会治理能力，必须贯彻习近平总书记关于社会治理现代化的新思想、新理念、新要求，全面落实中国市域社会治理现代化工作会议和省、市党代会精神，加快治理理念、治理目标、治理制度、治理布局、治理体制、治理方式、治理能力"七个现代化"。宜宾推进市域社会治理现代化必须坚持正确的指导思想，确立科学的基本原则。

## （一）指导思想

高举中国特色社会主义伟大旗帜，坚持以马克思列宁主义、毛泽东思想、邓小平理论、"三个代表"重要思想、科学发展观、习近平新时代中国特色社会主义思想为指导，深入贯彻党的十九大、二十大精神和习近平总书记对四川、对宜宾工作系列重要指示精神，全面落实省委、省政府和市委战略部署，坚定不移贯彻新发展理念，坚持稳中求进工作总基调，坚持以推动高质量发展为主题，围绕建成中国市域社会治理现代化试点标杆城市总目标，适应推进国家治理体系和治理能力现代化要求，探索具有宜宾特色、时代特征、市域特点的社会治理新模式，不断完善创新市域社会治理体制，加强系统治理、依法治理、源头治理、智慧治理、精细治理，打造城乡基层社会治理共同体，构建共建共治共享社会治理格局，推动建设更高水平、更高质量的平安宜宾，持续提高人民群众幸福感、获得感、安全感，为宜宾奋力推进建设社会主义现代化国家新征程中创造新的更大业绩、走在四川省前列提供坚强保障。

## （二）基本原则

新时代市域社会治理现代化，是当前和今后一个时期亟待宜宾破解的重要理论课题和重大实践命题。市域社会治理是推进国家治理现代化的重点领域，也是实现基层社会治理现代化的总体抓手，意义重大、影响深远，任务艰巨、使命光荣。为此，必须坚持以下基本原则。

1. 坚持党的领导

坚决维护党中央权威和集中统一领导，始终同以习近平同志为核心的党中央保持高度一致，充分发挥党委总揽全局、协调各方的领导核心作用，把党的领导贯穿到市域社会治理的全过程、各领域，以具体行动贯彻习近平总书记来川讲话精神，确保市域社会治理始终沿着正确的方向前进。

2. 坚持人民中心

坚持人民主体地位，坚持民心是最大的政治，始终做到为了群众、相信群众、依靠群众、引领群众。坚持把人民满意作为社会治理的第一标准，全方位提升守护群众平安、保障群众权益的水平。坚持共同富裕方向，推动建设人人有责、人人尽责、人人享有的社会治理共同体。

### 3. 坚持多元参与

始终把各方协同共治、全民共建共享作为市域社会治理的着力点，打造市域社会治理的同心圆。坚持凝聚智慧、集聚合力、汇聚资源，引导多种力量参与市域社会治理。充分发挥多元主体在社会治理中的不同作用，实现政府、市场、社会有序分工与良性互动，形成全民共建共治共享的社会治理格局。

### 4. 坚持系统观念

加强前瞻性思考、全局性谋划、战略性布局、整体性推进。善于从战略上统筹发展与安全两个主题，将社会治理放到全市经济社会发展全局中谋划，坚持社会治理服务中心工作。立足农村、城市两大领域，强化"两域联动"，强化工作统筹、注重协调联动。发挥市级优势、突出市域特点，加强市级在社会治理规划布局、重要资源配置、重大基础设施等方面的统筹，推动社会治理顶层设计整体化、项目建设一体化。

### 5. 坚持法治思维

深入贯彻习近平法治思想，坚持公平正义的价值追求。充分发挥法治固根本、稳预期、利长远的作用，将依法治理作为社会治理体系的基石。坚持依法治理、依规办事，善于运用法治思维和方式破解难题，确保市域社会治理在法治化轨道上运行。

### 6. 坚持底线意识

守住全市域安全稳定底线，坚持社会风险防控"全周期管理"。把着眼点放到前置防线、前瞻治理、前端控制、前期处置上来，严防突发事件发生，抓住风险防控这个"牛鼻子"。努力提供更加优质高效的政府服务和民生保障服务，努力满足人民群众日益增长的美好生活需要，从源头上维护社会和谐稳定。

### 7. 坚持整体智治

推进数字化时代社会治理创新，强化整体设计、综合集成。发挥现代科技在社会治理中的预见性、精准性、高效性作用。以数字治理为牵引，创设更多的社会治理数字化探索场、试验场、应用场，推动社会治理重要领域体制机制、组织架构、业务流程的系统性重塑。

# 四 主要目标与推进思路

习近平总书记作出重要指示："把市域社会治理现代化作为切入点和突破口，深入推进社会治理创新，构建富有活力和效率的新型基层社会治理体系。"① 习近平总书记的重要指示，给市域社会治理工作指明了方向。

## （一）主要目标

高质量建成成渝地区双城经济圈经济副中心、中国性交通枢纽中心、区域科创中心、区域教育中心、区域医疗中心、区域文化旅游体育中心，加快建成社会主义现代化国家区域中心城市，需要不断创新社会治理体制机制，不断绘就宜宾社会治理的"新蓝图"，持续推进中国市域社会治理现代化试点城市、四川省城市基层治理示范市和四川省网络综合治理体系建设试点城市建设，建成更高水平的法治宜宾、平安宜宾、幸福宜宾。为此，需要立足宜宾实际，同时需要更加开阔的视野，对标国内外先进城市，确定市域社会治理现代化的主要目标。到 2022 年底，市域社会治理重点领域和关键环节取得突破性进展，高水平通过中国市域社会治理现代化试点验收，全面提高市域社会治理系统化、社会化、精细化、法治化、智能化水平，初步形成与高质量发展相适应的社会治理体系和能力。到 2025 年底，全面建立与高质量发展要求相适应的市域社会治理体系和治理能力，平安建设、法治建设、市域社会治理等领域形成一批关键性制度化成果，市域社会治理一体化、平战结合一体化、线上线下一体化、多元共治一体化工作体系高效建成，形成一套具有时代特征、市域特色、宜宾特点的市域社会治理方案，打造出特色鲜明的市域社会治理"宜宾模式"，并在中国产生重要影响。

### 1. 党建引领更加深入

党建引领市域社会治理制度更加完善，党建引领各项制度和工作有

---

① 《全面深入做好新时代政法各项工作 促进社会公平正义保障人民安居乐业》，2019 年 1 月 17 日，人民网（http://politics.people.com.cn/n1/2019/0117/c1024-30559890.html）。

效性明显提升。坚持以党建引领带动市域社会治理现代化提质增效，推动完善基层社会治理体系，以党的组织全覆盖和工作全覆盖统筹整合市域社会治理各领域各部门各层级的资源和力量，加快构建党建统领"五治"融合的城乡基层社会治理体系。

2. 多元参与更加广泛

完善基层民主自治，社会有效动员更加广泛，最大限度提升社会自治效能；充分发挥社会组织作用，社会组织协同更加有力，最大限度激发社会治理活力；加快推进协商民主，公众参与水平明显提高，最大力量提升社会治理质量；完善社会责任制度构建，加强市场监管职能履行，推动企业积极主动地履行社会责任。

3. 社会大局更加稳定

平安建设成效更加显著，社会治安问题预防管控机制更加完善，立体化社会治安防控体系更加健全，刑事违法犯罪打击整治机制更加完善，刑事违法犯罪总量持续下降。各种矛盾纠纷调解资源全面整合，大调解工作格局全面形成，打造一批在四川省乃至中国拿得出手、叫得响的调解品牌，实现同类矛盾纠纷批量化解、重点个案妥善化解、群体性事件有效处置。生产安全、交通安全、消防安全、公共卫生安全机制持续完善，人民群众普遍关注的食品、药品、环境等领域的安全问题得到有效整治，应急管理体制运转顺畅。

4. 社会服务更加高质

完善社会服务功能，立足阶段性特征，紧扣民生福祉，高质量建设城乡覆盖、层次多样、优质共享的社会服务体系。创新社会服务供给，大力加强政府购买公共服务工作，持续完善政府主导、社会参与、多元供给的社会服务模式。提高社会服务水平，推动大数据驱动的公共服务治理工作，基本形成智慧精准、高效专业、持续发展的社会服务方式。

5. 治理方式更加科学

党的政治优势、组织优势、群众工作优势更好地转化为社会治理效能，社会治理政治统揽力切实增强。群团组织、社会组织、人民群众参与社会治理的渠道更加通畅，基层自治能力持续提升。市域社会治理各项工作全面纳入法治轨道，社会治理的法治环境全面优化。崇德向善的浓厚氛围基本形成，社会治理道德底蕴更加深厚。完善四级贯通的社会智治中枢，加快推进"社会治理一张图"建设，市域社会治理更加智能化、精准化、精细化。

### （二）推进思路

市域社会治理现代化是宜宾建设社会主义现代化国家区域中心城市的重大议题，不仅是市域社会治理不断走向现代化的动态过程，也是旨在实现的一种治理愿景。这就需要前瞻未来中国与世界的大变革大发展，突破原有的体制机制框架和传统思维模式，设计社会治理现代化的推进思路。

1. 构建市域社会治理的党建引领格局

主要内容有：构建多维立体"大党建"格局，加强市域社会治理整体性；完善科学严谨"大党建"机制，加强市域社会治理规范性；创新城乡基层"党建＋"体系，加强市域社会治理有效性。

2. 完善市域社会治理的多元治理结构

主要内容有：完善"政府治理体系"，提升市域社会治理的政府治理能力；完善"市场责任体系"，提升市域社会治理的企业参与能力；完善"社会组织体系"，提升市域社会治理的社会协同能力；完善"社区服务体系"，提升市域社会治理的社会自治能力。

3. 健全市域社会治理的社会安全机制

主要内容有：健全社会治安防控机制，完善"平安宜宾"工作体系；健全矛盾防范化解机制，完善"和谐宜宾"工作体系；健全公共安全处置机制，完善"安全宜宾"工作体系。

4. 创新市域社会治理的社会服务体系

主要内容有：完善城市社会服务整体规划，不断提升市域社会服务的承载力；完善城市社会服务实施机制，不断提升市域社会服务的供给力；构建城市多层次社会服务体系，大力优化市域社会服务的竞争力。

5. 推动市域社会治理的方式创新

主要内容有：进一步强化政治引领作用，确保市域社会治理的方向；进一步夯实基层自治基础，提升市域社会治理的活力；进一步发挥德治教化作用，涵养市域社会治理的文明；进一步加强法治保障作用，确保市域社会治理的秩序；进一步加强智治支撑作用，推动社会治理的创新。

# 五　工作任务与主要措施

现代化的社会治理是多元参与、开放共治的社会治理。推进市域社会治理现代化，需要推动党委政府、社会力量和基层群众同向发力，实现党委政府引领治理、社会力量协同治理、基层群众民主治理，打造人人有责、人人尽责、人人享有的社会治理共同体。通过着力补短板、强弱项、固根基，实现格局转变、方式转化、重心转移、动能转换，宜宾市在市域社会治理现代化的道路上奋勇争先，努力为高质量跨越式发展营造良好的社会环境。

## （一）构建市域社会治理的党建引领格局

随着市域社会结构的深刻变化，城乡党建必须与推进市域治理体系和治理能力现代化相适应，以增强党在社会治理中的影响力、渗透力和凝聚力，实现高质量党建引领高质量社会治理。加强城乡党建的顶层设计和整体谋划，以战略视角探索城乡党建，持续提升党建引领市域社会治理的高度、深度、广度与强度，彰显党组织领导城乡社会治理现代化的能力。

1. 构建多维立体的"大党建"格局

构建多维立体"大党建"格局，重塑市域社会治理整体性。发挥党组织统合性治理功能是推进市域社会治理现代化的政党逻辑。市场化、全球化与网络化的迅猛发展对城乡社会治理提出了新的挑战，也对党组织的统合性治理功能实现形式提出了新的要求，这就需要通过构建多维立体"大党建"格局来深化既有党的组织形态与治理形态。"通过推动党的组织形态和治理形态的功能性、区域性和体系性三个维度有机统一，打破组织内体制区隔、体制内组织区隔和体制整体区隔"①，推动党组织统合性治理功能发挥。在工作中，需要强化市、区（县）两级党委的"大党建"领导功能，需要建立街道（镇、乡）、社区（村）、居（村）

---

① 郑长忠：《重塑城市治理整体性的政党逻辑——国家治理现代化与上海大党建格局发展》，《中国浦东干部学院学报》2017 年第 2 期。

民三级联动的区域化"大党建"格局，需要推动城乡基层外延性"大党建"向内涵性"大党建"发展。

2. 完善质量导向的"大党建"机制

完善质量导向的"大党建"机制，重塑市域社会治理规范性。通过"筑体系"，形成区域化党建机制，从而构建市域社会治理"大党建"格局；通过"强堡垒"，提升党组织的战斗力，进而夯实城乡基层"大党建"基础；通过"争先锋"，增强党组织的积极性，激发城乡基层"大党建"动力。在工作中，需要制定宜宾市党建标准，打造"标准化"党建；需要推动宜宾市党建创新，打造"活力式"党建；需要推动宜宾市党建上网，打造"智慧型"党建。

3. 创新城乡基层"党建+"体系

城乡基层党建引领城乡社会治理创新，需要突出以服务人民为目的的工作核心，着力于基层党组织的设置创新和体制创新，积极探索城乡社会治理在基层的有效实践模式。创新城市基层"党建+"体系，既可以服务于市域社会治理的发展需要，又能为提高党的领导有效性奠定治理基础。在工作中，需要开展"领头雁工程"，推动城乡社区"党建+民主选举"；需要开展"大协同工程"，推动城乡社区"党建+专业治理"；需要开展"微权力工程"，推动城乡基层"党建+权力规范"；需要开展"向心力工程"，推动城市基层"党建+服务下沉"。

## （二）完善市域社会治理的多元治理结构

拥有"强政府、活市场、大社会"三元平衡的治理主体结构，是市域社会治理现代化的首要条件。中国特色社会治理的定位内在规定了在市域社会治理中必须凸显政府的大主体地位，坚持政府的主导地位。政府组织通过政府机制对市场组织和社会组织以及治理客体都发挥着引导作用，是市域社会治理体系中的主导，是主心骨；市场组织通过市场机制对治理客体发挥决定性作用，同时又反作用于政府组织，参与社会治理；社会组织通过社会机制对治理客体发挥能动性作用，接受政府组织的领导和支持，同时也支持政府组织的工作，修正不合理的治理行为。市场组织和社会组织在市域社会治理体系中犹如"鸟之两翼"，协助政府组织积极作为，最终促进宜宾市域社会治理达成"善治"。

1. 完善"政府治理体系"，提升市域社会治理中的政府治理能力

政府是城乡基层治理的规划者、城乡社会治理规则的制定者和城乡基本公共服务的主要提供者。充分发挥政府组织主动性和能动性，是推动市域社会治理现代化的重要本底支撑。必须以"建设人民满意的服务型政府"为目标，加快政府职能转变，合理配置行政资源，形成"权力明晰化、职责无缝化、管理一体化、运行协调化"的政府职责体系。坚持政企分开、政资分开、政事分开、政府与市场中介组织分开的原则和"经济调节、市场监管、社会治理、公共服务、环境保护"职能定位的要求，完善政府经济调节和市场监管职能，推行"放管服"改革，加强政府社会治理、公共服务、环境保护职能，为城乡社会提供"元治理"。这就需要构建上下贯通、协调有力的市域社会治理领导体系，需要构建集约有效、运转有序的市域社会治理体制架构，需要构建属地管理、分级负责的市域社会治理运行机制。

2. 完善"市场责任体系"，提升市域社会治理中的企业参与能力

《中共中央 国务院关于加强基层治理体系和治理能力现代化建设的意见》明确提出，作为经济和社会发展重要组成部分的企业，是社会治理的重要主体之一。系统建设制度，将源自企业的社会责任和资源力量纳入社会治理共同体，实现商业生态与社会生态的融合、协同与共赢。这就需要挖掘企业参与社会治理潜力，完善企业履行社会责任机制，因地制宜发展各类社会企业。

3. 完善"社会组织体系"，提升市域社会治理中的社会协同能力

社会组织是组织化的社会力量，是"能动社会"建设的重要主体。社会组织体系发展状况影响着市域社会治理的现代架构形成。市域社会治理现代化，不仅需要规模层面的"小政府、大社会"格局，更需要职能层面的"强政府、强社会"组合，构建"党委领导、政府主导、社会引导"的多元共治架构，有效实现刚性管控、柔性服务与理性调和的融合衔接。为解决社会治理转型中城乡居民多元化、人口流动快速化、社会层级复杂化、利益诉求多样化带来的各种社会问题，宜宾市要逐步建立起一套与城乡发展水平相适应的社会组织体系，推动"服务功能社会化"与"社会服务组织化"，提高市域社会治理质量。这就需要构建市域社会组织发展的良性生态系统，全面推进市域社会组织孵化培育工作，

建立健全市域社会组织发展促进机制，充分发挥市域社会组织协同治理功能，有效构建社会组织绩效评估机制。

4. 完善"社区服务体系"，提升市域社会治理中的社会自治能力

按照"重心下移、服务群众、责权统一"原则，积极推进社区管理体制创新。按照"还权、赋能、归位"的思路，以"民主化管理、多元化筹资、市场化经营、精细化服务、市民化培育"为主要内容，以"自我管理、自我服务、自我教育、自我监督"为主要目标的新型社区自治管理模式，破解新型社区管理难题。整合"五社"资源，激活"五社"主体，强化"五社"要素，厘清"五社"中的职责，推进"五社联动"，提升市域社会治理中的社会自治能力。这就需要完善城市社区自治模式，完善新型社区自治管理架构，健全城乡社区居民自治机制。

### （三）健全市域社会治理的社会安全机制

市域社会治理现代化的持续推进，需要社会稳定大局持续巩固、社会治安环境持续净化、公共安全形势持续向好，建设更高水平的平安宜宾，全面增强社会安全感，为护航宜宾走好建设社会主义现代化的国家区域中心城市之路作出积极贡献。

1. 健全市域社会治安工作体系

以组织开展全域化平安创建为抓手，夯实筑牢安全稳定根基；以进一步健全完善工作机制为重点，促进形成强大工作合力；以推进市域社会治理现代化为载体，不断提升平安建设效能。这就需要完善市域社会治安工作体制，健全市域社会治安防控格局，严厉打击各类违法犯罪活动。

2. 健全社会矛盾防范化解机制

深化"枫桥经验"宜宾实践，依法有效化解社会矛盾纠纷。系统构建民情民意反映渠道，健全矛盾纠纷源头预防机制；推广"党建＋多调110"模式，健全矛盾纠纷多元化解机制；树牢"全周期管理"意识，健全重大社会稳定风险应急处置机制。这就需要不断健全社会矛盾纠纷源头预防机制，持续健全矛盾纠纷多元调处化解机制，坚持健全重大社会稳定风险应急处置机制。

### 3. 健全市域公共安全防控体系

从保障人民生命财产安全、维护社会和谐稳定大局的政治高度，强化确保城市安全稳定的使命意识，增强做好城市公共安全工作的责任感和紧迫感。这就需要完善公共安全事件应急处置机制，建立城乡社区联防联控工作网络，开展基层基础能力标准化建设，集中整治重点领域公共安全问题。

## （四）创新市域社会治理的社会服务体系

坚持"以人民为中心"的社会治理，确立社会治理现代化的核心价值追求。改变社会治理绩效观，更注重群众的获得感、幸福感和满意度，要以人民高兴不高兴、满意不满意、答应不答应作为评价社会治理现代化的标准。优质均衡的城乡公共服务是城市竞争力的核心要素。宜宾市要将优化公共服务定位于提升人民群众获得感、幸福感和满意度的"推进器"，重点部署，精心组织，系统推进，建设社会服务领域的"模范城市"。

### 1. 完善社会服务整体规划

发展社会公共服务是促进人的全面发展和社会公平正义的重要保障，也是政府的重要职责。为推动社会公共服务发展，健全完善社会公共服务体系，让发展成果更好惠及全体市民，要将宜宾建设成川南乃至成渝双城经济圈的区域公共产品供给中心、公共服务示范中心、公共服务制度创新中心，形成与现代化区域中心城市相匹配、与高标准全面建成小康社会目标相衔接的公共服务体系，在各个领域基本落实应保尽保，让市民拥有更多获得感。在工作中，要注重保障基本，紧紧围绕市民的基本生存和发展需求，坚持尽力而为、量力而行，体现城市的文明程度和政府"兜底线"职责；要注重制度建设，通过建立一套统一的基本公共服务管理制度，规范服务项目，强化财政管理，保障服务供给，注重改革创新；要注重技术支撑，加快推进移动互联网、物联网、大数据等新技术新模式在公共服务体系中的运用，提升体系的整体运行效率。

### 2. 完善社会服务实施机制

建立健全科学有效的社会公共服务实施机制，改善人、财、物等基础条件，不断提升社会公共服务能力，推动规划目标顺利实现，确保社会公共服务制度高效运转。在工作中，要完善社会公共服务统筹协调机制，加强各级政府之间的互动合作，促进各级公共服务资源有效整合；要完善社会公共服务财力保障机制，不断推进民生财政建设；要完善社会公共服务协同供给机制，推进政府购买公共服务；要完善社会公共服务监督评估机制，加强绩效评价和监督问责机制。

3. 构建城乡"全员友好"社会服务体系

以优化人口管理服务为焦点，围绕"全生命周期"各个阶段和不同领域，要构建以需求为导向的多层次人口管理服务体系，大力优化社会公共服务的竞争力，解决社会治理的社会基础问题。在具体工作中，要充分了解居民的实际服务需求，打通人口管理服务中的"供给—需求"链，既要整合各方资源，实实在在地给各类高层次人才提供人才保障服务，又要强化政府在广覆盖、均等化方面的主导作用，兼顾各种群体，为他们提供公平、多元的服务。

### （五）推动市域社会治理的方式创新

根据"核心是人，重心在基层，关键是体制机制"的重要精神，紧紧抓住影响社会和谐稳定的源头性、根本性、基础性问题，深入推进社会治理创新，最大限度激发社会创造活力，最大限度增加和谐因素，最大限度减少不和谐因素，实现政治、自治、法治、德治、智治的"五治"融合。

1. 进一步加强政治引领作用

在推进市域社会治理现代化工作中，政治引领具有先导性、根本性、法定性作用，要始终将政治引领贯穿市域社会治理全过程各方面。必须夯实社会治理共同思想基础，把政治优势转化为社会治理效能，要建好建强市域"前线指挥部"，切实增强社会治理的统揽力。在工作中，要夯实社会治理共同思想基础，把政治优势转化为社会治理效能，建好建强市域"前线指挥部"，加强党对社会治理工作的领导，把党的领导落实到社会治理各地方、各领域、各环节。

2. 进一步加强基层自治作用

自治是党领导基层治理的重要途径、社会协同参与治理的承接方式和公众参与基层治理的实现形式，它构成基层社会治理创新的基础。在工作中，科学把握"自治强基"内涵，夯实市域社会治理的发展根基；精准定位"自治强基"目标，明确市域社会治理的自治任务；持续增强自治力量，构建市域社会治理的崭新格局；构建特色自治制度，完善市域社会治理的自治机制；不断探索自治路径，激活市域社会治理的自治动能。在工作中，需要完善城乡基层自治制度，完善城乡基层自治机制，提升城乡基层自治能力。

3. 进一步加强法治保障作用

聚焦社会治理需求，有效发挥法治基础保障作用，积极推进严格执法、公正司法、全民守法；坚持运用法治思维和法治方式解决城乡基层依法治理存在的问题，不断探索创新，提升治理能力和治理水平，筑牢城乡基层法治基石，确保城乡基层治理始终在法治化轨道上前行。在工作中，需要加强社会治理地方立法，严格规范公正文明执法，完善公共法律服务体系，深入开展全民普法工作。

4. 进一步发挥德治教化作用

培育践行社会主义核心价值观，把社会主义核心价值观融入社会运行的各个环节，覆盖社会治理的各个领域；弘扬民族精神与时代精神，把文化优势转化为社会治理效能。在工作中，需要优化市域社会治理的德治体系，推进"诚信宜宾"体制机制建设，大力推动"市民再造"工程，提升城市居民的文明素养与道德理想，引导城市居民的精神价值与共同追求。

5. 进一步加强智治支撑作用

以现代信息技术为支撑，运用信息技术，打造智慧、现代、开放的社会治理体系。紧扣"实用管用、服务实战"的宗旨，实现共享应用、创新应用、深度应用，提高宜宾市社会治理的科技化、智能化应用水平。在工作中，坚持"科技＋管理"的理念，推进"智慧城市运行管理平台"建设，实现"上有云、中有网、下有格"；要以解决关键问题为突破口，构建"个性化、精准化、便捷化""互联网＋"社会服务体系；充分运用物联网、大数据、人工智能、云计算等现代技术优势，推动"基层治理四平台"、"雪亮工程"、综治视联网、"全科网格"等数字化平台功能融合、技术融合、数据融合、管理融合，提升四级联动数字化水平，创新"一体化、数据化、智能化"的社会治理运行体系。

# 六 保障体系

市域社会治理现代化是一个知行合一的动态过程，既是目标，也是行动，需要推进组织保障、制度保障、要素保障与考核保障，确保市域社会治理现代化工作高质量推进。

## （一）加强市域社会治理现代化的组织保障

着力构建党委领导、部门负责、协同联动、运行高效的市域社会治理现代化试点的工作格局，统筹推进创建市域社会治理现代化试点各项工作。各地各部门要提高政治站位，自觉肩负使命担当，自觉扛起政治责任，在统一指挥下"分图作业"，结合发展实际和职能职责划分市域社会治理目标任务、重点工程和具体项目的落实责任，形成各司其职、各尽其责、相互配合、齐抓共管的整体合力。

## （二）加强市域社会治理现代化的制度保障

建立规划执行机制，按照"工作项目化、项目清单化"的要求，确保市域社会治理现代化的目标、任务、项目落地落实落细。建立规划内容年度任务落实及动态调整机制，根据中央、省委、市委决策部署和宜宾市域社会治理实践发展动态，及时对每年需要完成的目标、任务、项目进行动态调整。

## （三）加强市域社会治理现代化的要素保障

各级财政部门应加强对市域社会治理现代化工作的资金投入力度，将市域社会治理纳入财政预算予以保障，加强对市域社会治理现代化规划设定的主要任务、重点工程和创新项目的经费保障，确保市域社会治理现代化工作健康发展。建立多元化筹资机制，充分调动社会资源投入市域社会治理工作。

## （四）加强市域社会治理现代化的考核保障

严格按照任务要求、路线图、时间点，做实工作台账，争取作出成绩。要充分运用好考评机制，把试点工作情况纳入各级党政领导班子和领导干部政绩考核指标体系，适时对重点领域、重点工程和重点项目开展专题评估，形成并公布每年督查报告。开展规划实施中期评估，并根据评估情况和形势任务变化作出相应的政策调整。各类评估结果以适当方式公布，主动接受人大、政协和人民群众的监督，并把监测成果作为调控和引导社会治理现代化工作的重要方向标。

# 城乡结合部新型社区治理的实践与思考

## ——来自宜宾市的调查研究

吴晓林等[*]

## 一　城乡结合部新型社区的调研概况

城乡结合部概念的产生可以追溯到 19 世纪末对城市边缘的界定。在中国，对于城乡结合部的研究自 20 世纪 80 年代后期伊始，其概念常与城市边缘区、城乡接合部、城郊结合部概念混用。

就形成过程与发展现状而言，城乡结合部社区存在三类特征。一是过渡性。城乡结合部社区产生并发展于城市化进程中，受到城市与农村双方作用力，其空间形态和内部结构与相近城区和农村地区具有继承或延续关系，呈现过渡特征（见表 1）。二是异质性。在社区类型上，城乡结合部社区可以涵盖城中村社区、城郊村社区、集镇社区、移民社区、撤村改居型社区等多种形态。不同社区在人口结构、经济形态上存在差异，造成实践中的工作重心多样化。三是动态性。城乡结合部社区的数量、区位等都在发生变化，随着城市扩张与新规划出台，原本的边缘区可能成为真正意义上城市社区的组成部分，在其边缘又出现新的城乡结合部。在社区内部，征地拆迁进程与区域产业发展也加剧社区结构变动。

---

[*] 吴晓林，南开大学周恩来政府管理学院教授。

表1                                              城乡结合部社区的过渡性表现

| 类别 | 具体表现 |
| --- | --- |
| 空间地域 | 城市与乡村之间的交界地带 |
| 生产方式 | 农业、工业、服务业共存 |
| 户籍管理 | 城镇、农村户口并存 |
| 管理体制 | 村居建制交错 |

2021年7月，《中共中央　国务院关于加强基层治理体系和治理能力现代化建设的意见》明确指出，"基层治理是国家治理的基石，统筹推进乡镇（街道）和城乡社区治理，是实现国家治理体系和治理能力现代化的基础工程"。近年来，四川省越发重视城乡基层治理工作，先后出台《关于进一步加强和完善城乡社区治理的实施意见》《四川省"十四五"城乡社区发展治理规划》等文件，推动构建共建共治共享的新时代城乡社区治理新格局。2021年4月，中共四川省委城乡基层治理委员会印发《关于加强和改进城乡结合部新型社区治理的指导意见》，宜宾市认真贯彻意见精神，按照"重点突破、梯次推进、全面提升"的思路，结合地方治理实际，推进城乡结合部新型社区治理工作。

宜宾市位于四川省南部，辖三区七县，常住人口为458万余人。在城镇化过程中，一大批社区成为城乡结合部社区，成为乡村到城市转变突出的地带。2019年底，宜宾市委通过《关于坚定贯彻党的十九届四中全会和省委十一届六次全会精神全面加强基层组织建设　提升基层治理能力的决定》，将城乡基层治理作为全市重点工作布局谋划。近年来，宜宾市成功创建中国市域社会治理现代化试点城市、四川省城市基层治理示范市，多项治理经验获评中国市域社会治理创新优秀案例。

本文旨在厘清宜宾城乡结合部社区治理的政策，通过大规模实证调查，探明党建引领下的城乡结合部新型社区治理体系建设思路，把脉其现存的体制、机制问题，提出政策建议。

2022年，调研团队利用结构性问卷，对宜宾市内16个街道中的小区居民发放问卷，对居民基本情况、有关态度等展开调查。调研最终收获有效问卷1024份，其中，位于城区内的调查对象有399个，位于城乡结合部的有625个（见表2）。

**表2** 问卷受访者基本情况

年龄（单位：%）

| 18—45 岁 | 44—60 岁 | 60 岁以上 |
|---|---|---|
| 64.7 | 29.7 | 5.6 |

收入（单位：%）

| 5 万元以下 | 4 万—<br>10 万元 | 10 万—<br>20 万元 | 20 万—<br>36 万元 | 35 万—<br>50 万元 | 50 万—<br>80 万元 | 80 万—<br>200 万元 | 大于 200 万元 |
|---|---|---|---|---|---|---|---|
| 38.1 | 38.1 | 19.7 | 3.1 | 0.8 | 0 | 0 | 0.2 |

学历（单位：%）

| 初中及以下 | 中专/高中/职高 | 大专 | 本科 | 研究生及以上 |
|---|---|---|---|---|
| 21.1 | 24.8 | 21.7 | 28.9 | 3.5 |

家庭成员数（单位：%）

| 1—2 人 | 3 人 | 4 人 | 5 人及以上 |
|---|---|---|---|
| 19.6 | 33.2 | 21.7 | 25.5 |

调查结果显示，城区内与城乡结合部受访者的住房类型存在较大差别（见表3）。38.2%的城乡结合部受访者居住于拆迁安置房，而这一比例在城区居民中为18.0%；62.4%的城区受访者居住于商品房中，这一比例在城乡结合部降低到40.6%。

**表3** 城区和城乡结合部住房类型对比 （单位：%）

| 社区类型 | 城区内 | 城乡结合部 |
|---|---|---|
| 经适房 | 8.3 | 9.9 |
| 拆迁安置房 | 18.0 | 38.2 |
| 商品房 | 62.4 | 40.6 |
| 单位房 | 6.3 | 4.0 |
| 租住房 | 5.0 | 7.2 |

调研团队深入宜宾市的6个区县、11个街镇，对17个城乡结合部治理工作进行的典型社区开展实地考察（见表4）。

**表 4**                 **调研日程安排**

| 调研地点 | 社区名称 | 调研时间 |
| --- | --- | --- |
| 三江新区 | 双城街道大学城社区 | 7 月 19 日 |
| 三江新区 | 沙坪街道志城社区 | 7 月 19 日 |
| 翠屏区 | 西郊街道天池社区 | 7 月 20 日 |
| 翠屏区 | 菜坝镇绿园社区 | 7 月 20 日 |
| 翠屏区 | 象鼻街道和苑社区 | 7 月 20 日 |
| 翠屏区 | 象鼻街道大地社区 | 7 月 20 日 |
| 叙州区 | 柏溪街道金江社区 | 7 月 21 日 |
| 高县 | 庆符镇符江社区 | 7 月 21 日 |
| 叙州区 | 柏溪街道一曼社区 | 7 月 21 日 |
| 高县 | 庆符镇东升社区 | 7 月 21 日 |
| 高县 | 文江镇胜利村 | 7 月 21 日 |
| 南溪区 | 仙源街道江屿社区 | 7 月 22 日 |
| 南溪区 | 仙源街道川主社区 | 7 月 22 日 |
| 南溪区 | 南溪街道青龙社区 | 7 月 22 日 |
| 南溪区 | 南溪街道复兴社区 | 7 月 22 日 |
| 屏山县 | 屏山镇安上社区 | 7 月 23 日 |
| 屏山县 | 屏山镇红纺社区 | 7 月 23 日 |

　　调研团队还对宜宾市政府部门、17 个社区的治理工作者及居民代表等进行非结构访谈，具体包括对市委组织部、市民政局、市住建局等相关负责人的访谈，还包括对街道、社区、基层党组织、居委会、业委会、物业公司、社会组织、居民代表的访谈，涉及对象超过 173 人，最终形成访谈文本 30 余万字（见表 5）。

　　调研报告首先阐述研究背景、研究目的、研究方法及框架，而后从一般意义上阐述城乡结合部及城乡结合部社区的概念、特征；在对宜宾市城乡结合部新型社区治理总结政策进展、提炼先进经验的同时，指明其现存问题，并在借鉴国内治理经验的基础上，对宜宾市城乡结合部社区治理下一步的重点工作提出建议。

表5 调研访谈情况（2022 年）

| 日期 | 区/县 | 访谈地点 | 参会人员 |
|---|---|---|---|
| 7 月 19 日 | 叙州区 | 市委党校会议室 | 市委基层治理办专职副主任、市民政局副局长、市住建局考评科科长、市住房中心物业事务科科长、翠屏区委组织部副部长、南溪区委两新工委专职副书记、叙州区委城乡基层治理委员会办公室专职副主任、叙州区民政局副局长、高县县委组织部副部长、屏山县委组织部副部长、三江新区党群工作部副部长、宜宾博方社会工作发展中心负责人、市委组织部城市基层治理科科长、市委组织部基层治理办科长 |
| 7 月 19 日 | 三江新区 | 大学城 | 三江新区党群工作部、双城街道党工委副书记、大学城社区党总支书记、双城街道党工委副书记、双城街道组织委员、成都工业学院教师、社会组织、居民代表 |
| 7 月 19 日 | 三江新区 | 沙坪街道党群服务中心 | 沙坪街道的副书记、志城社区副书记和居民代表以及党群办工作者等 |
| 7 月 20 日 | 翠屏区 | 西郊街道天池社区 | 西郊街道副书记等社区工作者 |
| 7 月 20 日 | 翠屏区 | 菜坝镇绿园社区 | 翠屏区委组织部兼菜坝镇人大主席、菜坝镇党委副书记、绿园社区支部书记、物业人员、社区居民 |
| 7 月 20 日 | 翠屏区 | 象鼻街道和苑社区 | 区委组织部、街道党群办主任、和苑社区支部书记、和苑小区物业、居民代表 |
| 7 月 20 日 | 翠屏区 | 象鼻街道大地社区 | 区人大代表、社区书记、网格员、居民代表 |
| 7 月 21 日 | 南溪区 | 仙源街道江屿社区 | 区委组织部、街道、社区、物业、居民代表等 |
| 7 月 21 日 | 南溪区 | 仙源街道川主社区 | 南溪区委组织部、仙源街道办、川主社区和石岭村书记、小组长代表、居民代表、网格员代表 |
| 7 月 21 日 | 南溪区 | 南溪街道青龙社区 | 南溪区委组织部、街道、社区、物业、居民代表等 |
| 7 月 21 日 | 南溪区 | 南溪街道复兴社区 | 南溪区委组织部、南溪街道办、复兴社区支部书记、居民代表、物业公司代表、社区专职工作者 |

续表

| 日期 | 区/县 | 访谈地点 | 参会人员 |
|---|---|---|---|
| 7月22日 | 叙州区 | 柏溪街道金江社区 | 叙州区委组织部、柏溪街道办、金江社区支部书记、居民代表、物业公司代表、社工代表、业委会代表、一曼社区支部书记、网格员代表 |
| 7月22日 | 高县 | 庆符镇符江社区 | 县委组织部、街道、社区、物业、居民代表等 |
| 7月22日 | 高县 | 文江镇胜利村 | 镇书记、村委会、物业、居民代表等 |
| 7月22日 | 高县 | 符江镇东升社区 | 社区支部书记、房管局代表、物业代表等 |
| 7月23日 | 屏山县 | 屏山镇安上社区 | 县委组织部工作人员、屏山镇镇长、安上社区总支书记、社区其他工作人员、居民代表 |
| 7月23日 | 屏山县 | 屏山镇红坊社区 | 社区筹委会主任、工作人员、村支部书记等 |
| 1月27日 | 叙州区 | 结构访谈 | 区委基层治理办、住房和城乡建设局、柏溪街道干部 |
| 1月27日 | 翠屏区 | 结构访谈 | 区委基层治理办、民政局、象鼻街道、西郊街道、菜坝镇相关干部 |
| 1月29日 | 翠屏区 | 结构访谈 | 西郊街道党群办主任 |
| 2月11日 | 叙州区 | 结构访谈 | 柏溪街道金江社区党委书记 |
| 4月15日 | 高县 | 结构访谈 | 区委组织部相关干部 |
| 4月15日 | 三江新区 | 结构访谈 | 区委党群工作部相关干部 |

## 二 宜宾市城乡结合部新型社区治理的政策进展

近年来，从中央到地方，各级政府均对城乡基层治理工作作出重要部署。四川省在深入贯彻落实党的十九届四中、五中、六中全会精神基础上，形成基层治理的体系化思路。2021年4月5日，中共四川省委城乡基层治理委员会印发《关于加强和改进城乡结合部新型社区治理的指导意见》，规划新型社区的治理思路、治理目标，提出"到2023年，推动城乡结合部新型社区治理全面融入城市基层治理整体框架"。在中央、四川省委省政府的综合部署下，自 2020 年以来，宜宾市出台系列政策文本，涵盖体系建设、部门职责划定、试点建设、示范创建等方面，为城乡结合部新型社区治理提供了良好的制度环境（见图 1）。

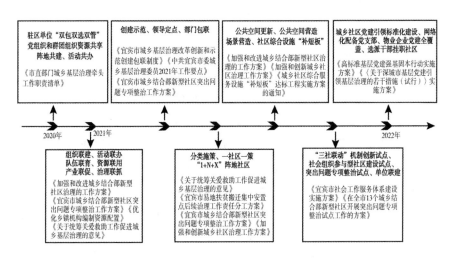

**图 1 宜宾市城乡结合部新型社区治理政策进展**

### （一）党建互联引领

基层党组织作为城乡结合部新型社区治理的核心与枢纽，基层党建成效关系着社区治理成效。

在构造整体布局上，2020 年 5 月，中共宜宾市委城乡基层治理委员会办公室印发《市直部门城乡基层治理牵头工作职责清单》，多方面铺设党建引领城乡社区治理总体规划。在一些重点领域，宜宾市也将党建引领作为重要内容。针对困难群体，2021 年 3 月，中共宜宾市委城乡基层治理委员会印发《关于统筹关爱救助工作促进城乡基层治理的意见》，指出要遵循党建引领、多元聚力的基本原则。2021 年 4 月，中共宜宾市委城乡基层治理委员会印发《加强和改进城乡结合部新型社区治理的工作方案》，首次将"城乡结合部新型社区治理"正式写入政策文本，提出要有差异性地探索城乡结合部新型社区"党建互联"治理形式，从党组织形式与成员结构两方面推进构建。

为稳固基层党建成效，2022 年 3 月，中共宜宾市委组织部印发《高标准基层党建强基固本行动实施方案》，要求对村改社区党组织、小区党组织、党群服务中心等存在的问题重点排查整改。2022 年 4 月，中共宜宾市委组织部等多部门印发《〈关于深化城市基层党建引领基层治理的若干措施（试行）〉实施方案》，对党建引领工作列出具体的任务清单、台账要求，压实各主体责任。

**（二）示范创建包联**

在创建和评选社区治理示范点过程中，宜宾市明确领导、部门定点联系社区职责，这关乎社区治理的资源可获得性、信息联络及时性。

2021 年 4 月，中共宜宾市委城乡基层治理委员会印发《宜宾市城乡基层治理改革创新和示范创建包联制度》，提出"要充分发挥城乡基层治理改革的示范引领、以点带面、整体提升的作用，按照示范点层级统筹确定包联领导和部门，明确包联领导、部门工作职责"。同月，中共宜宾市委城乡基层治理委员会印发《中共宜宾市委城乡基层治理委员会 2021年工作要点》，再次提及包联制度，要求在乡镇治理现代化试点与城市基层治理"五级示范体系"建设中，实行示范创建领导定点、部门包联制度，增强城乡基层治理示范引领力量。

在新型社区治理探索中，宜宾市将其深化成为纵横结合的部门联动、会审机制。2021 年 6 月，中共宜宾市委城乡基层治理委员会办公室印发《宜宾市城乡结合部新型社区突出问题专项整治工作方案》，提出"要完善城乡结合部新型社区的统筹机制，纵向上建立市县二级联动机制，横向上建立相关单位的会审机制，完善示范创建包联的工作机制"。

**（三）社区分类施策**

面对城乡基层治理具体情况，宜宾市对不同社区分类施策，有效规避城乡基层治理"一刀切"做法。

针对群众生活保障问题，2021 年 3 月 3 日，中共宜宾市委城乡基层治理委员会印发《关于统筹关爱救助工作促进城乡基层治理的意见》，指出要按照"因地制宜、精准施策"原则，探索适应基层特点的关爱救助路径。

针对易地拆迁安置问题，2021 年 4 月，中共宜宾市委城乡基层治理委员会印发《宜宾市易地扶贫搬迁集中安置点后续治理工作责任分工方案》，从促进就业、产业培育、服务供给、社区管理、社会融入、组织保障六个方面提出集中安置点的治理意见。

在突出问题整治工作上，2021 年 6 月，中共宜宾市委城乡基层治理委员会办公室印发《宜宾市城乡结合部新型社区突出问题专项整治工作方案》，提出"分类施策从严整治"的指导意见，"一社区一策"精准化制订新型社区整改方案。

2021 年 6 月，《加强和创新城乡社区治理工作方案》提出要划分一、二、三类社区，进行分类治理，按类别匹配人员、资金。同时，提出"按照'先期试点示范、两年扩面延伸、分级分类推进、充分整合资源'的思路，完善'三社'联动机制，有差异地大力推进'1 + N + X'阵地体系建设"。

### （四）公共空间更新

社区基础设施质量及公共空间营造关系居民的切身感受，宜宾市以"幸福宜宾"城市十大工程建设为抓手推进公共空间更新。

2021 年 4 月，中共宜宾市委城乡基层治理委员会印发《加强和改进城乡结合部新型社区治理的工作方案》，推进供水、供电、供气、通信、消防、环卫等基础设施建设，鼓励推广城乡环卫一体化运营模式，倡导新型社区进行拆墙并院、拆围透绿等公共空间微更新。

进一步地，宜宾市大力补足新型社区基础设施短板。2021 年 6 月，宜宾市《加强和创新城乡社区治理工作方案》指出，"要推动城乡街区有机更新，将'城中村'和棚户区改造纳入各地'县城城镇化补短板强弱项'工程项目库"。2021 年 8 月，宜宾市相关部门转发《四川省民政厅、省委组织部、省发展和改革委员会关于印发城乡社区综合服务设施"补短板"达标工程实施方案的通知》，要求"配建城乡社区综合服务设施，进一步优化社区综合服务设施布局"。

### （五）社区治理示范

宜宾市因地制宜推动试点建设，贯彻落实四川省委《城乡社区治理试点示范三年行动计划》相关要求。

为探索社区社会工作服务模式，2021 年 8 月，宜宾市民政局、中共宜宾市委组织部等部门印发《宜宾市社会工作服务体系建设实施方案》，要求"结合省级《城乡社区治理试点三年行动计划》，重点在城乡结合部新型社区开展城乡社区治理试点工作"，尤其关注"三社联动"机制与社会组织参与。

为整治突出问题，2021 年 9 月，中共宜宾市委城乡基层治理委员会办公室印发《在全市 13 个城乡结合部新型社区开展突出问题专项整治试点工作的方案》的通知，提出要选择 13 个新型社区开展突出问题专项整治试点，一社区一策制订方案。各县（区）要选派 1 名第一书记下沉试点社区，推动试点工作。

# 三　宜宾市城乡结合部新型社区治理的经验提炼

面对由"乡"到"城"的环境转变，宜宾市打好治理"组合拳"，实现了问题矛盾交汇地带向和谐共生幸福家园的巨大转变，探索出党建引领下的城乡结合部新型社区"转化型"治理模式。

## （一）党建筑基，核心引领

宜宾市坚持通过党建引领促改革、促发展，开创城乡结合部新型社区治理新局面。

### 1. 政治引领确保治理有力量

宜宾市基层党组织作为社区治理的核心枢纽，社区党组织分类引导各类小区党支部发力，结合党员年龄结构、兴趣爱好情况，推动建设居民自组织、自治组织。

居民自组织积极开展各类活动，丰富居民生活，营造小区熟人文化。在高县庆符镇符江社区，当地分类统筹社区志愿者，分年龄层成立"朝阳队""骄阳队""夕阳队"。仅 2021 年上半年，分别开展文明劝导等活动 20 余次，提供维修、帮购等志愿服务 170 余次，开展道德讲堂、矛盾纠纷调解等活动 150 余次。

2. 组织覆盖确保治理有基础

党组织协调沟通、链接资源，助力业委会等自治组织的成立，将党员推荐至自治组织中交叉任职，发挥党规党纪的约束作用。在新建成小区，党支部当好"领路人"，引领建设小区和谐自治体系；在安置小区、老旧院落等，则协调物业矛盾、"圈子派系"问题，提供服务与资源。

在组织覆盖下，社区逐渐形成以社区党组织为核心，社区居委会、物业管委会、业委会、物业机构的"三联三共"（组织联建、事务联议、阵地联用、机构共存、工作共管、资源共享）机制，小区形成党组织领导、业委会主导、其他组织多元参与的"1+1+N"治理体制。

3. 价值引领确保治理有目标

党组织将"以人为本"放在首位，引导居民参与到社区治理中，塑造社区认同感与归属感。

如何实现城乡结合部社区"新市民"的有效转化是破局之道。宜宾市各地从垃圾分类、停车位改造、志愿服务等关键点切入，将"共建、共治、共享"的观念带入民众生活。例如，南溪区通过成立院巷管家等5支志愿服务队入驻社区，形成服务居民联盟。同时，宜宾市规范各类村规民约，找准与群众思想感情共鸣点、共同奋斗着力点、根本利益结合点。

**（二）互联互通，培育社会**

宜宾市贯彻落实国家战略，着力构建"党委领导、政府负责、民主协商、社会协同、公众参与、法治保障、科技支撑"的社会治理体系，提升人民群众获得感、幸福感、安全感。

1. 汇聚多方力量

宜宾市充分发挥基层党组织战斗堡垒作用，构建"共建共治共享"的基层社会发展格局。

首先，发挥核心引领是基础。由街道党工委统筹，构建社区大党委—村级党组织—小区党支部—党员楼栋长的村居联治联防机制，搭建联席会议、院坝会、书记下午茶等共商共治平台。三江新区双城街道大学城社区党总支与辖区三所高校联建社区大党委，通过联席会议等方式处理50余条问题。

其次，激活社会主体是关键。在老旧小区和"村改居"社区，社区党委牵头组建小区党支部、业委会、物业公司共治的红色物业联盟，开展"红色物业"星级评定。翠屏区象鼻街道依托社区大党委成立社区服务公司，划设公共地段停车位 3150 余个，解决车辆停放无序问题。

最后，搭建自治平台是重点。当地由社区民主推选热心离退休干部、"两代表一委员"、物业负责人等，组成"百姓茶话会""荷语议事亭"，为群众搭建"说事议事"平台，处理小区纠纷、卫生、安全巡查等问题。

2. 培育多元主体

宜宾市通过党建引领、购买服务、委托运营等方式，吸引和培育多元主体参与治理。

一方面，离不开必要的制度保障。宜宾市专门出台《市直部门城乡基层治理牵头工作职责清单》，要求深入推动社区、社会组织、社会工作"三社联动"，大力孵化培育纠纷调解、健康养老、教育培训等服务机构。在兴文县，当地形成党建引领下社会力量参与的"一领三融"模式，搭建"兴企帮"互助平台，服务驻地与在外企业。

另一方面，离不开充足的资源支持。南溪区等一些区县为业委会发展设置专项资金，以每户 10 元保障其治理经费，小区业委会主任、党支部书记每月发放 300 元津贴。江安县进一步创新基层治理资金使用模式，在严格把关基础上，打捆使用村（社区）办公经费等资金，资金使用效率提高 30 个百分点以上。

### （三）三环递进，精细治理

宜宾市重视基础性工作，确保城乡结合部新型社区治理有章可循、有路可依。

1. 头雁示范引领

宜宾市着力于城乡基层治理"七大行动"，加大对重点社区的资源、力量支持。

在乡村，当地深入推进"乡镇治理现代化试点行动"，确定 3 个省级、8 个市级试点乡镇，形成了"评星定级""积分制"等乡村特色治理模式。当地政府还计划创建乡村治理示范村镇，以"四优乡镇""六强村庄"标准，3 年内评定 30 个示范乡镇、150 个示范村。

在城市中，当地分层分类确定、分区分批推进城市基层治理"五级示范"体系建设，遴选市级示范县（区）5 个、乡镇（街道）10 个、社区 32 个、小区 40 个，创评省级示范区 1 个、乡镇（街道）3 个、社区 11 个、小区 13 个，探索形成城市基层治理"五化转型"、社区治理"四化微治"、小区治理"三方共治"等模式。

在"两新"组织示范创建的基础上，当地制定"双 10 条"措施，培育省级"两新"党建示范单位 7 家、市县星级党组织 129 个，推进"两新"示范活动，优化社会力量构成。

2. 上下包保联动

宜宾市重视"包保帮扶"在社会治理中的作用，发挥中国特色社会主义制度优势。

一方面是搭建好包保工作机制。宜宾市要求每个纳入专项整治的新型社区确定 1 名县级领导班子成员联系，1 个以上市、县职能部门结对，1 名街镇领导班子成员包保，1 名第一书记帮带。对矛盾问题突出的重难点新型社区，各区县党（工）委书记要直接联系协调。屏山县还进一步明确"1 + 6 + 62"挂帮包机制，由县委书记挂帅，6 名县委常委一对一包联 6 个新型社区，62 个县级共建单位"挂包帮"重点小区。

另一方面是做实包保单位的功能发挥。在三江新区，当地通过街道动员包保单位，为社区修建凉亭，解决民生基础设施难题。在翠屏区和苑社区，市级包保单位出资配齐单元灭火器、独居老人呼救器，社区还通过包联领导争取到区公安局人脸识别系统和"天网"工程的预算投入，解决民生服务短板。

3. 分类精细治理

按照人口规模，宜宾市级层面将社区划分为四类，配套相应资金、人员。各县区进一步结合村改居、集中安置区、产业园区、商品住宅区等社区不同状况，按照"一社区一策"原则推进工作。在屏山县等一些地方，当地分类分批打造西城"美"社区、安上"融"社区、红纺"集"社区等治理样板。

宜宾市各县区采取广泛收集需求、合理对接资源、研究梳理分类、交账推动实施、定期公示通报、精准确定项目、广泛开展评议"七步走"工作法，做实居民需求、资源分布、项目认领"三张清单"，在摸清社区底数基础上提质增能。在屏山县，当地深入实施"彩虹员下单、代表议单、部门接单、目标绩效督办单"的"彩虹行动"，一事一策破解疑难问题。

### （四）聚焦"财—物—人"，夯实治理基石

宜宾市扎实注入各项要素资源，有效补齐城乡结合部新型社区治理短板。

**1. 注入资金，确保服务有底气**

宜宾市将基层治理多项经费纳入市级财政预算，积极争取省资金支持，设立了 1600 万元/年城乡基层治理财政专项资金，建立村（社区）办公和为民服务经费定期稳步增长等保障机制。

按照社区类别，一类到四类社区办公经费分别按每年不低于 8 万元、6 万元、5 万元、3 万元保障，为民服务经费分别按每年不低于 14 万元、12 万元、9 万元、8 万元保障。经费用于社区阵地打造、小区治理、为民办事等，按照"三务"公开要求每月公示。当地提出探索将一定比例征地拆迁补偿金作为新型社区公共服务资金，充分发挥效益。宜宾市还专门出台 3 份文件，保障基层干部"吃住行"。

**2. 夯实硬件，确保服务有硬件**

宜宾市推进社区党群服务阵地体系化、规范化、亲民化建设，逐步构建起"区域—社区—站点"的"1 + N + X"阵地体系。

在市级层面，宜宾市设立 2300 万元/年城市基层党建专项资金用于社区阵地建设，推进"补短板"达标工程，要求新建社区党群服务中心的，原则上城市一类社区不低于 800 平方米，二、三、四类社区不低于 500 平方米，乡镇社区不低于 300 平方米；改（扩）建、购置租用、调剂的，原则上不低于 500 平方米，其他社区不低于 300 平方米。

不少社区以改造为契机，优化布置功能场所，打造"一站式"阵地。在屏山县等地区，社区党群服务中心围绕服务站、互动园、孵化园、关爱园、倾诉园的"一站四园"建设理念，满足居民所需。

**3. 充实队伍，确保服务有力量**

为解决部分社区治理队伍力量不足的问题，宜宾市出台《关于推进全科网格建设的实施意见》，设置"综合网格员"，科学整合现有党建、

公安、民政、城管等多网格功能，实现"多网合一，一网运行"。同时，当地赋予新型社区统筹调度网格资金、人员的职权，并定向招聘优秀社区网格员。

宜宾市强化教育培训，支持社工专业人才通过选举进入社区"两委"，并力争每个新型社区至少1名"两委"成员取得社会工作职业资格。当地还定期举办乡村治理、集体经济、年轻书记"3个100"示范培训班。在屏山县等地方，出台了《社区专职工作者专业化职业化体系建设实施方案》，完善岗位薪酬体系与全覆盖、订单式培训，推动社区与政府部门"双向互派"挂职。

### （五）以考核促治理，提升治理效度

宜宾市将城乡基层治理工作纳入年度工作考核，推进以考促改、以考促建、以考促治。

#### 1. 统筹推进，过程管理

在考核部门上，宜宾市实现全方位统筹。在市县级，宜宾市按照四川省委部署在党委序列组建"城乡基层治理委员会"（简称"基治委"）。作为议事协调机构，委员会办公室（简称"基治办"）承担日常工作，制订年度专项考核方案。在街镇一级，则由地方党（工）委负责推进，统摄辖区考核工作（见图2）。

在考核过程上，宜宾市实施"全链条"约束。当地对基层治理任务的时间、数量、资金使用等方面提出要求，进行约束。例如，市级基治委对市民政局的一项考核要求是，2021年底前主城区党群服务中心亲民化改造未完成1/3的，视情况扣20%—50%的分值。

#### 2. 细化目标，精益管理

首先，精细化设置目标。对于块块单位，当地设置"规定＋自选"的考核目标，各区县自主选择重点示范项目。例如南溪区锚定乡村、老城、新城、两新、国企5个领域重点推进。对条条单位则设置个性指标，依据任务量划分，其中一类考核单位承担8项以上考核任务，二类承担2—7项，三类则承担2项及以下任务。

其次，精细化督促任务落实。考核主体以月度或季度为单位，联合相关责任方开展平时盘点。在年终考核中，考核主体整理汇总各类数据、

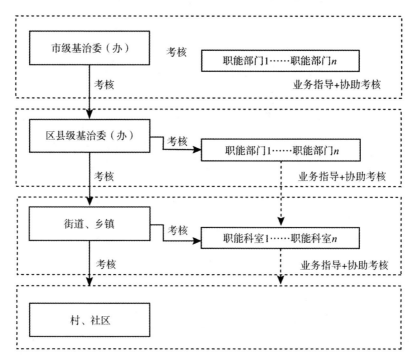

**图 2 宜宾市考核治理结构**

信息，逐项打分，并兑现平时考核的加减分。根据得分结果，考核方对考核对象进行相对排名。

3. 双重激励，双向激活

宜宾市在城乡基层治理中，通过考核实现干部与组织的双重激励、双向激活。

考核不仅向基层工作者"加担子"，也在"递梯子"。专项考核结果被纳入个人综合考评，与工资绩效挂钩，也用于个人培养与发展。例如，2021 年，宜宾市公开选调公务员就将个人获得优秀等次作为放宽学历、年限等条件。

对于被考核单位，考核也是组织外部学习的绝佳机会。排名靠前的单位，上级会进行直接奖励、通报表扬或正面宣传报道，排名靠后的单位则会被扣分、通报批评或约谈。表现较好的社区能够成为拉练会、现场会的点位，在示范交流中，有助于社区间学习经验、解决难题。

# 四 宜宾市城乡结合部新型社区治理的问题

宜宾市城乡结合部新型社区治理尚存在一定的问题，主要体现在社会矛盾复杂交织、公共服务缺口明显、治理体系建设滞后三个方面。

## （一）人口结构复杂，社会矛盾交织叠加

在城市发展中，大量人口向城乡结合部新型社区挤压，加剧矛盾交织。在宜宾市，新型社区平均常住人口数量与社区面积均高于全市平均值。在问卷调查中，居民户籍地、职业与住宅类型也相当复杂。

### 1. 征地安置矛盾亟待解决

宜宾市城乡结合部新型社区在征地拆迁、居民安置过程中存在困难，矛盾纠纷突出。

一方面，征地拆迁中居民多样化诉求难以满足。部分居民对于补偿政策不满或囿于故土情结不愿意拆迁，也存在居民受条件限制不在拆迁范围，不同时期安置政策也存在差异。这些问题导致干群纠纷或信访现象出现。例如，三江新区大学城社区、南溪区青龙社区就有居民存在上述情况，因而不配合社区工作。

另一方面，拆迁工作后续安置与保障跟进存在不足。分批次征地安置过程中，原住居民相对分散，安置小区建设相对滞后，导致后续治理工作存在困难，大量的在建工地流动人口也增加了管理难度。例如，三江新区大学城社区有超过80%的原住居民在周边社区租住，沙坪街道有部分迁出居民不愿意或未及时转移党组织关系，导致社区流动党员管理压力比较大。

### 2. 物业管理难题相对普遍

物业管理是公共秩序维护与公共服务提供的需要，宜宾市新型社区内居民与物业之间的矛盾相对突出。

一方面，居民对于物业服务满意度不高，部分小区业委会成立难。调研中发现，超过50%的城乡结合部社区居民对小区内部的物业服务满意度处在中下水平，平均得分为3.55分，总分为5分（见表6）。社区前

期基础"先天不足",进一步强化居民对于生活质量、物业服务的不满。同时,小区业委会的成立、议事也存在诸多困难。例如,叙州区金江社区的小区在筹备中受到物业公司与开发商的负面干扰与恐吓,依靠街道社区强力支持与策略变通才得以成立业委会。

表6 居民对小区内部物业管理的满意度

| 满意程度及得分 | 城乡结合部社区 | 城市社区 |
| --- | --- | --- |
| 非常不满意 | 8.45% | 8.26% |
| 较不满意 | 10.56% | 12.95% |
| 一般 | 28.35% | 30.03% |
| 较满意 | 23.24% | 27.55% |
| 非常满意 | 29.4% | 21.21% |
| 平均得分 | 3.55 | 3.40 |

另一方面,物业费用收缴与上涨困难,物业企业运行压力较大。城乡结合部社区内,小区以中、低档为主,问卷调查中,低档小区占比为63.2%,中档小区占比为35.6%(见表7)。本次调研中,大部分城乡结合部社区的小区物管费用低,收缴比例差异大,多数小区物业收费每月少于1元/平方米,不少小区物业费每月低于0.3元/平方米,物业存续依赖于政府补贴兜底,尤其是宜宾市对城乡结合部小区进行的前三年物管费补贴。居民对于物业管理与缴费的不习惯,导致长期缴费难、涨费难,使得部分缺少停车费、广告费等其他收入的物业机构难以为继。

表7 城乡结合部社区的小区类型

| 小区类型 | 城乡结合部 | 城区内 |
| --- | --- | --- |
| 低档小区 | 63.2% | 33.06% |
| 中档小区 | 35.6% | 63.36% |
| 高档小区 | 1.2% | 3.58% |

### 3. 居民邻里之间存在纠纷

宜宾市城乡结合部新型社区的居民包括商品房住户、搬迁安置居民、外来租户、在建工地员工等，还存在相当规模的特殊群体。各类群体之间容易出现摩擦、纠纷。

其一，部分农转非居民不习惯城市生活。在部分安置小区，居民占用消防通道、主干道路，用于堆放杂物、晾晒衣物以及养鸡养鸭的情况依然存在，城市生活意识还比较薄弱。违章搭建、私拉电线等行为，不仅对社区、小区的日常管理造成负面影响，也存在较大安全隐患。

其二，外来人口与常住居民之间产生矛盾。城乡结合部新型社区流动人口群租、混租情况较多，进出社区、小区外来人员身份混杂，素质参差不齐。例如，象鼻街道由于流动人口搬家频繁、产生垃圾，街道投入清理垃圾的费用比较庞大。同时，城乡结合部内完全开放与半封闭的小区占比超过62%（见表8），存在安全隐患。居民不大同意小区向外开放或将公共空间适当供外来人使用，两项平均得分仅为2.75分与2.83分（见表9）。

**表8　　　城区内与城乡结合部社区内小区的封闭情况对比**

| 小区类型 | 城乡结合部 | 城区内 |
| --- | --- | --- |
| 完全开放小区 | 22.71% | 18.46% |
| 半封闭小区 | 39.61% | 29.75% |
| 完全封闭小区 | 37.68% | 51.79% |

**表9　　　　　城乡结合部社区居民对于小区开放的态度**

| 选项 | 非常不同意 | 比较不同意 | 一般 | 比较同意 | 非常同意 | 平均分 |
| --- | --- | --- | --- | --- | --- | --- |
| 为了城市整体发展，小区可以开放 | 28.7% | 15.85% | 21.48% | 19.72% | 14.26% | 2.75 |
| 小区公共空间可以适当供外来人使用 | 26.94% | 12.32% | 25.7% | 21.3% | 13.73% | 2.83 |

### （二）供需匹配不足，公共服务缺口明显

宜宾市城乡结合部新型社区在基础设施与公共服务方面明显薄弱，与居民需要之间存在供需缺口。

#### 1. 公共服务与设施不足

在问卷调查中，居民对于住房品质与公共空间利用方面满意度偏低，平均分为 3.56 分与 3.57 分，对社区环境与治安状况的满意度平均分为 3.70 分与 3.86 分（见表 10）。

表 10　　　　　城乡结合部居民对住房品质、治安状况、
公共空间利用、社区环境的满意度

| 选项 | 非常不满意 | 比较不满意 | 一般 | 比较满意 | 非常满意 | 平均分 |
|---|---|---|---|---|---|---|
| 住房品质 | 5.28% | 11.62% | 31.51% | 24.82% | 26.76% | 3.56 |
| 小区内治安状况 | 3.52% | 8.98% | 24.30% | 24.65% | 38.56% | 3.86 |
| 社区公共空间利用 | 7.92% | 10.39% | 30.11% | 20.42% | 31.16% | 3.57 |
| 社区环境 | 4.93% | 10.56% | 27.11% | 24.82% | 32.57% | 3.70 |

一方面，新型社区配套设施不足，损坏比较严重。由于前期规划不足、资金有限、维护不到位，城乡结合部社区房屋质量保障存在问题，设施老化情况较为明显，停车位、居民公共空间、生活配套设施等不能满足居民生活、交往需求，加剧安全隐患与矛盾累积（见表 11）。

表 11　　　　　部分新型社区内小区基础设施存在的问题

| 社区名称 | 问题列举 |
|---|---|
| 志城社区 | 管网系统持续出现问题，高峰期一年内爆管数十次；地下车库高差大；外墙脱离；消防设施损坏 |
| 金江社区 | 电瓶车停车困难；消防设施老化；维修基金动用困难 |
| 符江社区 | 下水管道堵塞；建筑、楼梯破损；较高楼层没有电梯；没有安全逃生通道 |
| 和苑社区 | 存在烂尾小区；停车位数量不足 |

续表

| 社区名称 | 问题列举 |
|---|---|
| 江屿社区 | 电梯电机经常损坏，且超过保修期；地下车库积灰严重；前期施工为图方便导致电线裸露；附近没有农贸市场、医院；少数消防栓缺水 |
| 川主社区 | 道路、安全卫生设施损坏；没有健身场地；没有建筑垃圾处理厂或堆放地点，可规划地点难以协调 |

另一方面，基础设施不完善也加大了公共治安风险。根据调查问卷，近三个月，居民遭遇的治安问题情况排序为"电梯发生故障""交通事故""住处被偷盗""自然灾害"以及"自己或家人在小区内受到威胁、打架"，其中电梯故障与交通事故发生 1 次及以上的情况占比分别为 29.05%、21.97%（见表12）。

表12　　　　　近三个月以来城乡结合部社区居民面临的风险情况

| 风险状况 | 没有发生 | 1 次 | 2—3 次 | 4 次以上 |
|---|---|---|---|---|
| 电梯发生故障 | 70.95% | 13.20% | 8.63% | 7.22% |
| 交通事故 | 88.03% | 8.98% | 1.23% | 1.76% |
| 住处被偷盗 | 90.49% | 6.69% | 2.29% | 0.53% |
| 自然灾害 | 91.20% | 5.81% | 1.41% | 1.58% |
| 自己或家人在小区内受到威胁、打架（含物业、邻居等） | 94.19% | 4.23% | 0.70% | 0.88% |

2. 前期规划设计不到位

城乡结合部新型社区在前期规划与质量控制中存在不足，需要后期"打补丁"。

其一，城乡结合部建设规划及时性不足。城乡结合部社区的前期规划、中期修建与后期治理之间衔接不畅，导致居民安置进程受阻，基础设施配套建设跟进迟缓。例如，部分社区提到"施工车辆压坏道路导致出行不便"或"考虑到下一步会面临拆迁，所以原来破损的管网等基础设施可以缓一下"。

其二，规划的前瞻性有限。城乡结合部社区的基础设施与城市发展、居民需求存在不匹配，尤其是在安置小区规划建设上。开发商在修建过程中存在仅限于满足验收当前最低标准的现象，没有对区域发展做更多考虑，导致后期重复施工与频繁升级。安置小区与商住小区、先后修建的安置小区之间设施与服务上存在差距，居民心理存在落差。

### （三）社会基础有限，治理体系建设滞后

总体而言，宜宾市城乡结合部社区居民对于社区的管理与服务满意度处在中等水平（见表13）。在治理过程中，还存在治理体系滞后的情况。

表13　　城乡结合部社区居民对社区管理、服务与组织活动的满意度

| | 非常不同意 | 较不同意 | 一般 | 比较同意 | 非常同意 | 平均分 |
|---|---|---|---|---|---|---|
| 对小区内的社区管理与服务满意 | 5.28% | 8.98% | 26.76% | 23.94% | 35.04% | 3.75 |
| 对社区内组织的集体活动满意 | 7.04% | 10.56% | 27.64% | 21.30% | 33.45% | 3.64 |

#### 1. 专职工作人员压力较大

当前新型社区专职治理队伍建设与实际需要之间仍有差距，专职人员工作压力较大。

其一，社区专职工作者配备与区域需求存在差距。按照宜宾市对社区的分类，城乡结合部新型社区多是二、三类社区，匹配相应人员、经费。但是，随着新建住宅小区不断完工收房，大量企业、学校不断入驻，不少新型社区实际常住人口数量已经超出当前类型上限，专职工作者数量的动态调整相对滞后于社区人口增长。并且，部分新型社区综合网格员专职化尚难以实现，兼职的网格员在协助力度与专业性上不足。

其二，专职工作者的持续性培养与激励存在不足。治理工作深入推进的过程中，存在部分村改居转岗干部对社区工作不熟悉、部分工作者对新政策理解不足的问题。同时，不同类型社区之间工作人员工资待遇差距较大，不少社区提到三类社区支部书记工资低于一类社区工作人员，

工资、绩效档位设计有待完善，培养通道的不完善也导致激励有限。

其三，部分督察考察内容不合理。"上面千把锤、下面一根钉"的督察考核局面，导致部分基层工作者心理压力较大，想做事而不敢做。同时，在迎考过程中数据、台账等产生的行政负担，挤占了基层干部投入在居民自治与公共服务上的精力。

2. 社会治理力量基础较弱

城乡结合部社区治理社会力量基础较弱，部分社区仍处于"重管理、轻治理"的阶段。

其一，城乡结合部社区在动员辖区内企事业单位上存在困难。调研发现，部分街道、社区与入驻企业之间没有形成良好的治理互动机制。街道和社区主要负责用地保障等前期工作，具体统筹与管理由专门部门、产业园区负责，后期社区经常面临"交流特别少""进不了企业"等情况。

其二，城乡结合部社区社会组织的孵化与培育可持续性不足。宜宾市城乡结合部社区的社会组织以志愿队、文娱组织为主。调研中有将近一半社区提到没有成立或没有引进专业社会组织，已成立的社会组织与社区公司也面临能否"持续运作"的问题。例如，屏山县引进的一个义工组织，由于没有可承接项目而"相当于死亡"。

其三，城乡结合部社区的居民自治程度不高。从居民年龄结构上看，多数年轻人在外工作，参与社区活动时间有限，积极性较低，部分新型社区党员群体平均年龄偏大。同时，居民对于参与社区、小区公共事务的积极性并不高（见表14）。

**表14　　城乡结合部社区居民对社区、小区事务关心的情况**

| | 非常不同意 | 较不同意 | 一般 | 比较同意 | 非常同意 | 平均分 |
|---|---|---|---|---|---|---|
| 我十分关心社区的公共事务 | 6.51% | 9.33% | 27.11% | 21.30% | 35.74% | 3.70 |
| 我平常积极参与小区内的公共事务 | 5.81% | 4.93% | 34.86% | 25.00% | 29.40% | 3.67 |
| 我只关心与自己有关的事务 | 35.74% | 10.74% | 25.35% | 16.20% | 11.97% | 2.58 |

### 3. 治理资金来源相对单一

新型社区缺少资源去发展社区，培育居民自治能力，遇到"危急险重"事务，资源经费就面临"捉襟见肘"的困难。

财政投入方面，宜宾市依据社区类型匹配经费。在调研中，多数社区反馈财政划拨资金有限，尽管市级层面也向上争取投入，但落实到基层还是相对不足，区县政府需要承担大量配套投入。在具体经费使用上，"三支"管理比较严格，基层在经费使用分配上灵活性受限。

在其他资金来源方面，部分城乡结合部社区在整合集体资产、成立公司后，大多承接政府项目维持组织运转，社会资金注入偏少，社区资金需求难以满足。

## 五 宜宾市城乡结合部新型社区治理的下步重点

为统筹推进城乡结合部新型社区治理，宜宾市可从制度建设、工作队伍建设、提升社区服务质量、引导多元主体参与、推动政策学习扩散等方面推进工作。

### （一）统筹并进，完善配套制度

配套制度的完善是城乡结合部社区治理的必要保障，它需要从多个维度统筹推进。

#### 1. 优化党建互联制度

提高城乡结合部社区治理成效，要进一步优化党建互联制度。其一，构建社区治理的三级党组织架构。进一步推动在新型小区成立党支部，完善由社区党组织领导下进行小区事务自治的模式，覆盖性构建起"街道党组织—社区党组织—小区党组织"三级架构。其二，探索联建功能型党组织。在社会形态互相交织、融合较深的社区，体系化推动社区与驻区单位、行业商户联合成立功能型党组织，互联互通、共享共建。

#### 2. 建立专款专用制度

资金保障是开展治理工作的基础，要构建专款专用制度。第一，制定城乡结合部社区治理保障金预算。在资料收集、成本核算基础上，将灵活性与原则性相结合，统一制定全年保障金预算。第二，建立保障金使用监督机制。由审计部门定期审查保障金使用情况，由专业机构开展项目评估，大范围开展民意调查，保证资金使用效率。确有特殊情况，需借用社区治理保障金的，应遵循"申请—答辩—使用—补偿"的用途变革流程。

3. 优化监督考核制度

要使考核转化为基层治理效能，就要优化监督考核制度。第一，统筹科学设定考核目标。城乡基层治理委员会（办）需要牵头协调，强化与被考核单位的沟通，在"常规化＋差异化"考核指标中，强调治理增量。第二，完善好约束激励机制，提供正向支持。要以对接民意的数字平台，化解"文山表海"的行政负担。上级组织需要强化对组织物质、精神上的激励，并主动眼光向下、发展人才，以权责明确基础上的容错机制鼓励基层干部创新工作。

4. 完善社区治理包联制度

治理包联制度是凝聚各方力量的重要平台。其一，明确主体责任。要进一步细化包联干部权责清单，推动"部门＋社区""干部＋群众"联络机制规范化、常态化。其二，畅通供需对接。包联干部、单位要"沉下去"，主动收集、跟踪意见反馈过程，城乡社区也要积极对接诉求。其三，改进监督考评。党委组织部门应把部门包联成效纳入年度考核评优中，并不定期督察，进一步压实部门责任。

5. 完善返迁居民管理制度

大量返迁居民管理不善容易造成社区工作"名不正，言不顺"。第一，及时调整返迁居民户籍。由社区进行统一排查、核实与报备，对接相关部门统一迁移，实行居民返迁报备制度。第二，建立居民管理的跨社区协调机制。在征得居民同意的前提下，通过二维码、定位报备等信息化手段分析居民位置，建立社区间协调机制，由相应社区提供管理和服务。

（二）增能强基，加强社区治理队伍建设

作为城乡结合部社区治理中的关键主体，社区专职工作者队伍建设影响着社区治理的最终效果。

1. 优化基层人员配置

城乡结合部社区面临较大的治理压力，需进一步优化人员配置。第一，在研判治理难度基础上，调整人员编制。需结合城乡结合部社区人口异质性、基础设施状况、社会问题、居民聚居程度等多种因素进行综合考察，强调因事用人。第二，针对特别问题建设专职团队。对吸毒人员管理、艾滋病患者管理、燃气等安全风险排查等工作，坚持专人专事原则，统一建立专职团队，增强科学性、专业性。

2. 优化社区治理队伍结构

提升新型社区治理效率，就要不断提高基层治理队伍的能力、水平。一方面，要进一步优化社区治理队伍的人员构成。在招录时，对学历水平、综合素质等方面提出具体要求，广泛发动返乡大学生、退役军人、离退休党员等人才进入治理团队。另一方面，有必要提高城乡社区工作人员的福利待遇。建立健全工作保障制度，完善社区工作者工资正常增长机制，将表现出众的城乡基层社区工作者纳入后备人才库培养。

3. 强化干部培训、交流学习

要进一步缩小社区干部能力、水平的差距，强化培训交流学习。第一，创新培训方式。市级、区级政府应当搭建专门针对城乡结合部社区干部的培训、交流平台，探讨新型社区治理共性问题，针对性选定村改居工作开展、新政策讲解等培训内容。第二，提供培训激励。对社区干部参与培训提供车费、食宿补助，将培训效果纳入个人整体工作评价，推动能力提升可持续。

## （三）提质升级，提升社区服务质量

提升社区服务质量，应从建设规划与配套设施、特殊群体服务、社会组织服务效益等方面入手。

1. 提高社区建设规划、公建配套规划的科学性

其一，制定更符合实际情况的社区建设规划。深入分析城乡结合部社区定位，将社区建设规划同区域发展、城市交通等规划相衔接，建立居民步行可达的"15分钟生活圈"，要充分考虑到社区老弱病残者多、人户分离严重等实际情况。其二，加快公建配套的建设速度。坚持"同步规划、同步设计、同步建设、同步交付"原则，政府应当及时督促相应

单位的建设进度，并推动建设与治理有效衔接。

2. 开展精准服务，满足特殊群体居住需求

现代化的城乡结合部社区应当以包容万象、海纳百川的态度服务特殊群体。第一，设立"流动人口一站式服务中心"。由市级层面综合考量社区流动人口分布，统筹布点，以提供居住证办理、子女入学等咨询服务。第二，提高特殊群体幸福感、参与感。面向社区特殊群体开展社会化交往活动，引导居民在社区空间营造中实现参与、交往与自我服务，并主动协调各方资源满足其迫切需求。

3. 提升社会组织承接服务的持续性

为提供持续、高质量社区服务，有必要着力提升社会组织承接服务的持续性。第一，明确筛选标准。项目招标时优先选择"有长期合作意向的组织"，并将该标准纳入投标者筛选体系。第二，保持长期跟踪。要求社会组织加强与项目所在社区的交流，将社区干部、居民对其满意度纳入项目考评，与经费发放挂钩，将长期效益突出者纳入"宜宾市政府购买公共服务合作者白名单"。

### （四）多元共治，引导多元主体参与社区治理

社区治理是长期、持续性的过程，短期内可以依托政府资源，但长远来看，仍要依靠多元主体共同参与。

1. 培育居民自治精神，提高社区归属感

各城乡结合部社区应当逐步构建居民与社区的情感关联，保证居民主动、实质上参与。其一，畅通居民与社区的沟通渠道。社区要及时解答、反馈居民的焦点问题，积极主动发声，用"小服务"解决"大事情"。其二，以"居民需求"为核心，开发社区服务项目。社区要有意识地将居民参与视为必要条件，依托公共服务、志愿项目吸引社区居民参与，密切社区交往。

2. 支持小区自治组织建设

第一，支持成立业主委员会或小区管理委员会。政府物业主管部门、街道、居委会要加强对业主委员会成立的指导和支持，监督业委会选举全过程。应按照四川省物业管理相关规定，在业委会成立困难的小区，成立小区管委会。第二，要规范小区自治组织运行。必须加强对业主委

员会的指导和监督，例如开辟小区专栏、设立议事机构等，为业主委员会运行提供保障。

3. 积极培育、引进社区社会组织

要使社区治理有坚实力量基础，就需要进一步支持社会组织。第一，积极引进外来社会组织。加大对政府购买社区服务的资金投入，重点引入与居民生活密切相关、高效益的社会组织，满足居民在物业维修、家政、学生培训等方面的需求。第二，建立本土社会组织孵化、发展支持机制。重点孵化权益类、自治类社会组织，以及居民迫切需要但自我发展能力较弱的公益类社会组织，鼓励社会企业以"项目—资源交换"模式对接社会组织，购买社会组织的公益服务项目。

### （五）以点带面，推动政策学习与扩散

社区治理经验的总结与推广能够为政策学习、扩散创造条件，在宜宾全市范围内扩大城乡结合部社区治理成效。

1. 总结基层治理经验

从类型学角度，社区治理创新可以划分为探索性创新、积累性创新与学习性创新。[①] 在探索性创新方面，借助党政机关高位推动，探索棘手问题的解决之道；在积累性创新方面，对已有"四联四建""村居合一""红色物业"等创新措施，进一步抽象实现创造性转化；在学习性创新方面，在借鉴"他山之石"基础上进行本土性创造，并强化本地区域间的学习交流。

2. 总结分类治理经验

社区治理的政策扩散需要结合社区类别，制订分类推广方案。在安置房社区，总结解决失地农民再就业问题的经验，关注公益性岗位开发、就业需求对接与技能培训等工作；在村改居社区，总结引导居民与城市生活相适的经验，强调社区文明公约、多样化宣传手段、志愿者劝导以及党员干部带头等的积极作用；在产业社区，总结服务园区的经验，街道办、乡镇政府进一步赋权社区，鼓励社区与园区企业加强日常服务

---

① 王江伟：《中国社区治理创新的特征、动因与绩效——基于"中国社区治理创新成果"的多案例分析》，《求实》2017 年第 12 期。

联系。

3. 推动拉练会制度化

宜宾市通过拉练会议，交流优秀经验与难点问题，下一步要更好发挥拉练制度效能。其一，科学设计拉练主题。要结合省—市—县新动态，分类设置拉练会主题，鼓励对应主题下治理有实效、群众满意度高的社区申报，整合市或区县领导、有关部门、熟悉社区情况的人员参与拉练。其二，落实拉练示范奖励政策。对作为拉练示范点的社区给予加分奖励，将大比例奖励资金用于社区，小比例部分用于奖励社区治理创新带头人。

# 宜宾市党建引领社会组织参与
# 基层治理的实践与启示

郭金云等[*]

《宜宾市国民经济和社会发展第十四个五年规划和二〇三五年远景目标纲要》将"治理效能显著增强"作为"十四五"时期经济社会发展八大主要目标之一，明确了"十四五"时期要"健全群团组织和社会组织参与基层社会治理机制，调动群团、社会组织、社工人才和志愿者等力量参与治理的积极性创造性"。本文聚焦"党建引领社会组织参与基层治理"，通过文献梳理、政策分析和比较分析，基于"是什么—为什么"的理论逻辑解码宜宾市党建引领社会组织参与基层治理的认知框架；通过实践总结、经验梳理，基于"做什么—有什么"的实践逻辑回答宜宾市党建引领社会组织参与基层治理的主要做法和既有经验；通过体系建构、逻辑推演，基于"缺什么—怎么做"的发展逻辑提出面向"十四五"时期的宜宾市党建引领社会组织参与基层治理的优化策略。

## 一 党建引领社会组织参与基层
## 治理的认知基础

随着社会组织在国家治理现代化进程中作用日渐突出，强化党对社会组织的管理，夯实党在社会组织中的政治核心地位，成为增强党的阶

---

* 郭金云，四川大学公共管理学院教授。

级基础、扩大党的群众基础、巩固党的执政基础的重要法门。党建引领社会组织参与基层治理的出发点，旨在引导社会组织主动融入党组织领导的基层治理体系，突出政治引领、组织引领、方向引领，把落实党的领导、加强党建工作贯穿社会组织参与基层治理全过程，做到基层治理为民谋利、为民办事、为民解忧。

运用 CiteSpace 可视化软件绘制的知识图谱显示（见图 1），党的十八大以来，学界对于社会组织的研究多集中于巩固党的执政根基、搭建合作平台等宏观层面，在发展方向、基本保障、工作机制等方面达成基本共识，表明党建引领能够把牢社会组织参与基层治理的政治方向，健全社会组织参与基层治理的制度框架，增强社会组织的政治合法性，扩展其资源渠道，从而使社会组织参与基层治理走深走实。

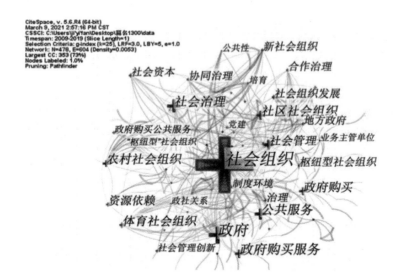

**图 1　社会组织领域研究的关键词共现知识图谱**

借助文本挖掘工具 ROST. CM6 软件对共产党员网习近平总书记重要讲话库收录文章进行关键词及词频统计显示（见表 1），党的十八大以来，"社会组织""领导""基层党组织""治理"等关键词位居榜首，体现着党中央对社会组织发展的根本要求；"扶贫""网络""企业"等词汇，展现出社会组织在参与基层治理中发挥重要作用的领域；"改革""深化"

"建设"等关键词体现着近年来社会组织发展的主要路径。对党的十八大以来党和国家相关政策脉络和内容的梳理表明,其根本任务是深入推进社会组织党的组织和党的工作有效覆盖,重点任务是明确基层治理格局中社会组织党建的功能定位,主要手段是健全党建引领社会组织参与基层治理的工作机制,基础保障是加强党建引领社会组织参与基层治理的队伍建设。

表1　　　　　习近平总书记关于党建引领社会组织参与
基层治理重要论述的词频分析

| 关键词 | 词频 | 权重 | 关键词 | 词频 | 权重 |
|---|---|---|---|---|---|
| 社会组织 | 48 | 1 | 制度 | 16 | 0.859 |
| 领导 | 26 | 0.9138 | 网络 | 15 | 0.8447 |
| 基层党组织 | 26 | 0.9102 | 深化 | 13 | 0.8502 |
| 治理 | 25 | 0.9311 | 群众 | 13 | 0.8362 |
| 改革 | 21 | 0.8919 | 企业 | 13 | 0.822 |
| 协商 | 21 | 0.863 | 体制 | 13 | 0.8432 |
| 机构 | 18 | 0.8681 | 建设 | 11 | 0.8386 |
| 扶贫 | 17 | 0.8971 | 政治 | 11 | 0.8189 |
| 基层 | 17 | 0.8736 | 党员 | 11 | 0.8131 |
| 安全 | 17 | 0.8422 | 政府 | 10 | 0.8022 |

就实践模式而言,国内外社会组织参与基层治理的特征各不相同。当前国际社会已形成以美国为代表的市场导向型、以新加坡为代表的行政主导型、以日本为代表的自治型、以英国为代表的混合型等社会组织发展的实践模式。虽然在体制结构、制度环境和社会基础等方面存在较大差异,但其在社会化、专业化和协同化等发展取向上为国内城市提供了一定的借鉴。党的十八大以来,中国各地积极探索:北京、上海等地采用全方位枢纽型模式,针对性地扩展升级功能,培育发展枢纽型社会组织,同时推进社会组织"走出去",服务于国家战略;成都市运用项目制营造型模式,实施社区总体营造项目,投入大量社区营造资金,创新工作机制,强化项目支撑;深圳、广州、杭州等地则采用中心化服务型

模式，通过建立社会组织孵化实验基地、社会组织服务中心或社会组织培育基地等平台，为社会组织提供服务保障。国内各大城市在组织建设、制度支撑、要素集成、精英驱动等方面为宜宾市提供了经验、启示。对标分析之下，宜宾市存在着"数量不足，参与基层治理基底较弱；支持不足，资源整合功能有待提升；覆盖不足，服务供给存在悬浮现象；专业不足，服务评价体系尚不完善"等问题。

## 二 宜宾市党建引领社会组织参与基层治理的实践探索

2017 年，宜宾市出台了《宜宾市社会组织党组织工作暂行办法》，随后陆续出台《坚持党建引领社会组织提供服务的 10 条措施》《推进政府向社会组织购买服务实施意见》《社区社会组织备案管理办法》等系列政策，为社会组织党组织发展营造良好的制度环境。2022 年，全市社会组织遍布城乡，涵盖了第一、第二、第三产业，涉及工商服务业、农业及农村发展、科学研究、文教卫生、生态环境、社会服务等 12 个类别；整体社会组织从业人员 1.5 万人、党员 4571 名，单独建党组织 174 个，联建党支部 30 个，功能型党组织 188 个，选派党建指导员 387 人；社工人才 3687 人，持证社工 807 人。2022 年 6 月，中共宜宾市社会组织综合委员会成立，宜宾市社会组织党建工作进入了一个新的发展阶段。

### （一）权责落实："职能职责两张清单"

2021 年 8 月，宜宾市在四川省率先出台了"两新"党组织的"职能职责两张清单"，即《宜宾市非公有制企业党组织职能职责清单（试行）》和《宜宾市社会组织党组织职能职责清单（试行）》，力求聚焦"两新"组织行业特点和工作属性，着力破解"两新"组织党组织干什么、怎么干问题，推动党建工作与经营管理有机融合。

1. 党建引领发展，切实重视思想引导

"两张清单"的落实从政治引领、领导群团和组织建设角度出发，凸显思想引导的重要性。一是从政治引领方面来看，引导非公有制企业党组织听党话、跟党走，合法经营、诚信经营，引导社会组织党组织与党同心、依法执业、诚信从业。二是从领导群团方面来看，重视领导下一代工作组织等群众组织，支持和带动群众组织发挥作用，牵头开展企业党群服务中心建设，提倡党组织人员担任群团组织负责人。三是从组织建设方面来看，着重提升非公有制企业党组织的组织力，健全工作制度，以选优配强的标准培养高素质的党组织班子，完善党员服务工作，履行好党组织工作职责；针对社会组织党组织，注重深入了解职工群众的思想观念和个人需求，定期开展谈话，做好其思想政治工作。

2. 依托"两新"结构，全面推进组织建设

"两张清单"的落实从参与决策、推动发展和人才培养的角度出发，实现多方位划分职责边界。一是从参与决策方面来看，全面推行"双向进入、交叉任职"。在非公有制企业党组织里，鼓励党组织班子成员或党员骨干进入企业管理层、企业管理层人员进入党组织班子；在社会组织党组织中，鼓励社会组织党员管理层人员与党组织班子成员双向沟通，参与重大决策。二是从推动发展方面来看，带领非公有制企业党组织凝心聚力助发展，调节职工群众的矛盾纠纷，引导其围绕企业发展，提升企业生产经营效益；对社会组织党组织，则是帮助社会组织健全章程和各项管理制度，提高社会组织运行效率。三是从人才培育方面来看，协助企业制订人才引进和培养使用计划，及时向企业推荐各类优秀人才，并注重开展多项活动，尝试把党员与生产经营骨干双向培养；注重服务人才成长，帮助人才争取资金、项目、政策等，支持和保障人才干事创业，加强对领军人才的政治吸纳。

3. 激发组织参与，大力弘扬党建文化

"两张清单"的落实从文化建设、评先选优和社会责任的角度出发，强化党员发展教育管理，做好职工群众思想政治工作。一是从文化建设方面来看，除了组织党建文化活动以外，引导非公有制企业党组织引入先进理念，引领其塑造具有企业特色的企业文化，同时营造社会组织党组织积极向上的文化氛围，指导其抵制不良文化。二是从评先选优的角度出发，组织或参与"两新"组织的"优秀个人""先进集体"等典型评选活动，对"两新"组织的出资人和职工群众评先选优、政治安排等提出意见建议。三是从履行社会责任的角度出发，带领非公有制企业党组织开展扶贫救灾等公益活动，履行社会责任，同时加强社会组织党组

织的创新组织设置和活动载体，严格执行组织生活各项制度，以履行好党组织的职责。

**（二）专职培养："全职城市基层党建工作指导员专职化培养机制"**

宜宾市探索构建全职城市基层党建工作指导员统一招聘、统一培训、统一使用、统一管理的全链条培养机制，着力锻造一支专业化、职业化的"两新"党务工作队伍，通过全职城市党建指导员宣传贯彻党的方针、加强与"两新"组织交流、强化"两新"组织"两个覆盖"、规范"两新"组织党组织履行职能职责、推动"两新"组织健康发展、助力宜宾"两新"党建工作再上新台阶。

1. 突出竞争择优，统一公开招聘

参照公开招聘事业单位人员程序，面向社会发布公告，强化程序把关、资格把关、能力把关。一是严格程序。设置报名、笔试、资格审查、面试、政治审查、体检、拟录用人员确定、公示 8 个环节，通过网络审核、现场审核、实地了解等方式将资格审查贯穿全过程。二是严格选人。委托专业机构组织笔试、面试：笔试考核综合知识和党建基础知识；面试采取结构化面试，主考官由现任或曾任副县级领导干部担任，其他考官由市县组织、人社系统中熟悉党建的专家组成，确保选出的人员能力素质过硬。三是严格纪律。驻部纪检组全程监督笔试、面试、体检、公示等重要环节，招聘公告、笔试成绩、面试名单、体检名单、政审名单等均在固定网站公布，接受社会监督，确保招聘工作干净、清净。

2. 突出精准聚焦，统一岗前培训

将对党建工作指导员的岗前专门培训分为三个阶段：理论培训、现场培训以及实践锻炼，为期一个月。在理论培训方面，创新设立培训班临时党委，分设 10 个临时党支部，常态化开展"红色故事汇"等活动，引导党建指导员强化党员意识，将习近平新时代中国特色社会主义思想贯穿培训课程，以强化指导员党性锤炼；在现场培训方面，宜宾市注重强化指导员的专业技能，按照"理论辅导＋现场教学"模式，精心设计课程，邀请省委组织部相关业务处室处长、各领域权威专家等授课，深入社区、非公企业、园区等开展现场授课；在实践锻炼方面，宜宾市将指导员分别选派到成都、德阳、绵阳等地"两新"组织跟班学习，安排到非公企业、社会组织、产业园区等一线，具体从事党的建设工作，进一步提升理论与实践相结合的能力。

3. 突出专职专责，统一安排使用

统筹安排党建工作指导员的具体岗位，市、县组织部门按照重要领域优先配强、不同区域差额下沉的分配方式，重点选派到行业党委、非公企业和社会组织等，结合指导员工作表现进行动态调整；明确指导员专责任务，要求党建指导员严格挂牌亮相，统一制作上岗公示牌，并在基层党组织公开公示，确保履职尽责到位。此外，还专门搭建学习交流平台，建立党建指导员微信联络群，依托宜宾组工定期发布典型事迹案例，举办党建指导员"青春筑梦、助力两新"风采比赛等活动，以加强专业化交流。

4. 突出严管厚爱，统一管理考核

健全待遇保障机制、分级管理机制以及从严考核机制，确保党建指导员干得好、留得住。从待遇保障机制来看，采取"基薪＋绩效"方式兑现报酬待遇，提供"五险一金"等福利保障，明确薪酬不得低于城市社区一般专职工作人员；从分级管理机制来看，建立"组织部门、派驻单位、人才公司"三位一体管理机制，委托人才公司与选聘人员签订劳动合同，并负责人事管理考核、待遇发放等具体工作，派驻单位负责日常考核管理，定期跟踪掌握工作情况，市县组织部门分级负责工作指导，把关年终考核结果；从从严考核机制来看，推行量化考核，明确综合素质、工作业绩、廉洁纪律、社会评价等 6 方面量化指标，通过查看日志周报和工作督查等方式掌握日常情况，在推行年终考核的同时评定优秀等次，优先推荐参加培训提能，适当上浮年度绩效。

**（三）分类聚焦："党建引领'两新'组织参与基层治理十种模式"**

宜宾市探索出台党建引领"两新"组织参与城乡基层治理"双十条"措施，在此基础上开创性地打造出党建引领社会组织参与基层社会治理"十种模式"，利用社会组织数量多、覆盖广、专业强等优势，以分类聚焦为基础精准匹配基层治理重点需求，以模式划分为重点有效整合社会组织治理功能，以社会组织为纽带广泛连带基层服务供给力量。

1. 聚焦产业转型，在服务发展上显身手

积极培育服务发展型、园区保障型、行业规范型、建言献策型等"两新"组织，开展强化村企利益联结、引进专业化社会组织服务园区、建立行业党组织自我约束、组织调查研究项目论证。其一，服务发展型。围绕宜宾市委中心大局，聚焦乡村振兴、脱贫攻坚等重点工作，引导社会资金、人才、信息、技术等流向农村，发展优势特色产业，建立利益联结机制，推动乡村发展、群众致富。云辰园林科技公司党委以红色党建引领绿色产业发展，与宜宾市翠屏区金秋湖镇云辰村联建"五彩金秋党委"，建立区域内重大事项、重点工作共商机制，推动实施"云辰田园综合体"项目，镇村企三方共抓组织建设、产业发展、脱贫攻坚，带动该村人均收入增长 4000 元以上。其二，园区保障型。立足园区"两新"组织密集的实际，引进或委托社会组织开展专业化服务，搭建集党建培训、学习提能、沟通交流于一体的平台，构建发展共同体。临港智能终端行业协会党支部坚持以党建为纽带，建立"企业家之家"，提供专家讲座、专业培训、运动、生日会等多层级服务，通过日常沟通交流加强互助合作，促进智能终端产业及配套产业良性发展。其三，行业规范型。以行业协会商会脱钩为契机，同步建立党组织，同步完善党建工作机制，同步加强党建工作，引导行业协会商会发挥自律自治功能，推动行业健康良性发展。宜宾市翠屏区旅店行业协会党支部探索"三融合"党建模式，推动党组织成员与协会成员融合、党建工作与主营业务融合、党建活动与协会活动融合，引导市场经营主体自我约束、自我管理。其四，建言献策型。发挥老年团体协会中离退休干部会聚的优势，围绕改革发展大局开展针对性调查研究、项目论证等，提出建设性意见和建议，助推地方经济社会发展。宜宾市兴文县老科协党支部坚持研学结合，每年组织一次有影响力的科普活动，每年提交一项有质量的项目论证，每年开展一期大型科技培训，每年引进一项先进实用技术，每年写一篇高质量的调研文章，出版《调研·思索·建言》3 辑，多项建议转化为政府决策。

2. 聚焦公共服务，在践行责任上强担当

积极培育应急处突型、公益行动型、志愿服务型"两新"组织，围绕疫情防控、抗洪救灾等突发事件，引导社会组织集聚优势资源，在各项任务中勇挑重担、冲锋在前。其一，应急处突型。围绕疫情防控、抗洪救灾等突发事件，引导社会组织集聚优势资源，发挥行业优势和专业专长。四川天伦药业党支部（宜宾南溪区）在新冠疫情期间，第一时间组织"党员先锋队"，仅用 18 个小时就把口罩、防护服、消毒液、医疗器械等价值 1000 余万元的急需物资全部配送到区内各医院、诊所、零售药店、村站卫生所等，有效保障全区医疗机构物资供应。其二，公益行动型。以县（区）为单位，根据群众日常需求，统筹社会组织力量，定期开展集中性服务，为群众提供针对性、精准性公益服务。各地创新"两新服务进万家"载体平台，推出"两新组织来认亲""'春风十里不如你'专场招聘""逆向而行、有你有我""助力环保·两新先行""孝老爱亲永传承""两新心向党·建功新时代"等系列主题特色活动。其三，志愿服务型。整合党员志愿者、青年志愿者、社区义工等志愿者力量，构建四级志愿团体服务体系，开展多种专业化志愿服务。在创建中国文明城市过程中，整合文明办、团委、妇联等部门志愿组织力量，引导广大志愿者争当城市文明传播者、践行者。

3. 聚焦社会治理，在维护和谐上挑重担

积极培育乡村自治型、社区联动型、促进和谐型"两新"组织，持续搭建村民参与乡村治理平台，以社区党群服务中心为平台开展社会组织孵化，发挥律师行业协会的专业优势开展法律服务。其一，乡村自治型。加强农村群众性自治组织建设，搭建村民参与乡村治理平台，激发群众参与治理的主动性、创造性，探索基层群众自治模式。宜宾市叙州区樟海镇探索以村规民约、村民议事会、老年协会、道德评议会、红白理事会、禁毒禁赌会为主要内容的"一约五会"村民自治体系，以乡村自治组织为纽带，搭建干群"连心桥"，推动乡村社会风气明显好转，村民主人翁意识显著增强。其二，社区联动型。以社区党群服务中心为平台，搭建社会组织孵化平台，对接辖区内群众需求，针对性孵化一批社会组织，推动社会组织与社区党组织互联互动。叙州区在金鱼社区建设宜宾·叙州社会组织培育服务中心，引进成都博方入驻运营管理，通过举办社创大赛，遴选"e"修就好、产品直通、儿童早教等 13 个社会组织服务项目，培育了一批公益慈善类、社区服务类社会组织。其三，促进和谐型。围绕推动社会和谐稳定，发挥律师行业协会的专业优势，聚焦社会治理的重点难点部位，开展普法宣传、矛盾纠纷调解等法律服务，维护基层社会稳定。四川舟度律师事务所党支部在宜宾主城区东街夜市建立社区公共法律服务超市，安排律所律师轮流值班，提供"法律夜市"服务，现场处理法律纠纷问题，为夜间经济保驾护航。

### （四）供需对接："社会服务资源对接中心"

宜宾市于 2021 年 7 月建设完成并挂牌运行社会服务资源对接中心，采用线上与线下相结合的方式，为社会服务项目方、资源方、受益方提供多向对接平台，让相对有限的资源发挥出无穷的能量，并尽可能地解决市民日益增长的各种社会服务需求，解决社会组织参与社区治理资源信息不对称、供需双方对接难的问题。

1. 围绕社会服务资源对接中心，辐射耦合全市服务资源

对接中心采用线上与线下相结合的方式，以叙州区为试点，辐射宜宾全市进行资源耦合对接，涵盖服务项目展示、资源对接、项目管理、组织培育、公众参与等主体功能。以宜宾市公共服务资源中心网站为依托，搭建社会服务资源对接中心网站，设立项目发布、风采展示、活动招募、资讯中心、通知公告、资料下载和专家智库七大板块内容。线下采取多项活动完成社会服务的资源高效对接。一是设立社会服务资源交易洽谈室；二是设立社会服务资源交易日；三是组织开展社会服务项目双选会，为社会服务项目供、需双方搭建一个多对多的资源链接平台；四是提供社会服务项目管理支持，提供多项管理支持服务。

2. 依托社会组织培育孵化基地，建设社会组织赋能长效机制

宜宾市和叙州区就优化区社会组织发展的生态环境，培育了一个支持充足的发展土壤。2020 年 4 月，市、区两级共建宜宾·叙州社会组织培育服务中心，以社区党群服务中心为平台，搭建社会组织孵化平台，对接辖区内群众需求，针对性孵化一批社会组织，推动社会组织与社区党组织互联互动。同年 9 月，引进成都博方社会工作发展中心专业运营，运用"四化四动"工作法，开启了"外引内育、以社孵社"的社会组织培育新征程。组建了 15 名高校专家及行业实务专家组成的专家督导智库，为中心培育社会组织工作建言献策，为社会组织发展提供专业指导和服务评估，逐步完善专业化支撑体系。

3. 建立广泛长效培训机制，壮大社工专业人才队伍

根据宜宾市社会组织发展现状及需求，制订社会组织、社区主要负责人能力提升计划。线上通过"社创宜宾"微信公众平台，开展"社工人才训练营""社会组织 CEO 研修班"线上培训，发布"新时代社会组织发展、社会组织传播管理、项目管理"等 10 个课程，切实提升社会组织管理者、社工人才的社会工作专业知识及专业技能。线下针对社会组织中层及以上管理者，开设"宜宾·叙州社会组织领军人才研修班"，以"项目管理、社区社会组织培育"为主要培训内容，同时组织开展 10 场社区治理沙龙，直接服务社会组织从业人员 392 人次，有效促进了各组织项目核心能力的提升，使其能更为有效地开展社会服务。系统、专业的培训，让社会组织工作者提高了自身专业技能，也提升了社区治理实效。

4. 基于项目制与智库专业引导，完善社会组织多元化成长保障

为响应上级党委、居民与社会组织需求，自 2021 年 5 月对接中心开始建设以来，它便以专家智库为基础，依托项目制引导模式，针对多个社会服务项目提供项目优化、监测、督导与评估等多项管理支持服务。针对"红色引擎·宜人宜宾—宜宾·叙州社会组织参与社区治理创业大赛"各落地项目，进行了实地走访及一对一项目督导，督导时长共计达到 68.5 小时，对各实施项目每两个月组织开展 1 次集体督导活动。专家智库目前拥有 15 位高校教师和行业的实务专家，在社会组织承接项目过程中对社会组织开展一对一辅导和小型培训，枢纽平台专门对社会组织进行项目策划，帮助完善项目方案，制定标准的资金管理办法和项目管理办法，多元保障引导社会组织成长。

### （五）协同共治："五社联动"治理体系

宜宾市在"三社联动"治理综合体实践的基础上，探索以党委引导为主导，社区平台为依托、社会组织为载体、社工人才为支撑、社区社会组织、社区志愿者为补充的"五社联动"治理体系，发挥社会治理基础元素的重要作用，将差异化的力量整合到一个有序的多元主体互动网络中，形成推进基层治理现代化建设的整体合力，助力"基层社会治理共同体"构建。

1. 夯实制度基础

同步推动入驻社会组织（社会企业）党的组织和工作覆盖，全面增强党对社会组织的领导，园区、街道（乡镇）和社区党组织要主动履行兜底管理责任；严格落实社会组织党建"四同时三同步"制度，实现党组织班子与行政管理团队"双向进入、交叉任职"；实施非公有制经济组织和社会组织发展党员专项行动，在入驻社会组织（社会企业）管理人员和业务骨干中培养发展党员，夯实服务提供基础。

2. 促进专业支持

加强社会组织人才培养，通过强化业务培训、引导参加相关职业资格考试等措施，着力培养一批热心社区事务、熟悉社会组织运作、具备专业服务能力的社区社会组织负责人和业务骨干；强化社区社会组织项目开发能力，通过开展社区服务项目交流会、公益创投大赛等方式，指导社区社会组织树立项目意识；推进社区社会组织品牌建设，引导优秀社区社会组织完善自身发展规划和品牌塑造，加强公益活动宣传，提高品牌辨识度和社会知晓度。

3. 搭建互动平台

各区级开展社会组织孵化机制建设试点，建立有效试点机制，形成区、镇（街道）、村（社区）三级社会工作服务体系，分别打造宜宾·叙州社会组织培育服务中心、南溪区四通物流社会组织孵化中心、翠屏区合江门街道、大观楼街道、西郊街道社工站等平台；统筹建立服务需求、服务资源、服务项目三张清单，搭建服务供需对接平台；采取线上与线下相结合的方式面向社会组织（社会企业）统筹发布项目信息，开展项目对接。

4. 提供精准服务

在社区打造集院巷e家、院巷警务、院巷调解室、院巷沙龙等功能于一体的党群服务中心；在院巷结合各院巷的特色打造议事厅或议事堂，整合驻区单位力量和引入e修就好、帮帮团等社会组织建立院巷服务联盟，集聚治理力量；形成议事团"龙门阵"收集民意出题、院巷联盟"分类答题"畅通诉求、测评问效促落实等治理服务机制，有效破解了老旧城区治理难题。

5. 扩大志愿联盟

积极推行党建＋社团、党建＋社会组织、党建＋社工的"1＋3"工作机制。翠屏区引导"苏宁易购志愿服务队""中国移动志愿服务队""精豪眼镜志愿服务队""翠屏区保安服务公司志愿服务队""商业银行志愿服务队"5个社会组织同社区签订了党建联建协议，积极开展治安巡逻、环境整治、帮扶慰问、文明劝导、家电维修、免费验光等各类志愿服务。

# 三　宜宾市党建引领社会组织参与基层治理的实践经验

## （一）引领式治理，织密制度规范体系

党组织充分发挥统筹全局能力，是社会组织融入社会治理从"松散碎片化"向"聚合整体性"转换的重要抓手。① 宜宾市不断实现制度环境中党组织的深度在场，促进社会组织融入社会治理合法性与效率性的有效融合。一是构建区域化党建体系，实现了制度环境中党组织的深度在场。宜宾市总结"四联五融"模式等做法，探索规模较大非公有制经济组织党组织组建联合党委，统筹构建各级党组织上下贯通、横向连接、多方联动的区域化党建，弥补"两新"组织党建"碎片化"难题，推进"两新"组织党建工作的高度嵌合。二是搭建规范化准入体系，优化了制度环境中社会组织的准入门槛。宜宾市开辟社会组织登记注册绿色通道，简化行政审批流程，提供"一站式"服务，同时提供外引社会组织专项资金，"内外联动"破除社会组织进入的制度阻碍。三是锻造人才先锋队伍，推进了制度环境中专才通才同步发展。宜宾市健全"两新"组织党员广泛联系职工制度，构建和保持和谐劳动关系，打造良好团队共进氛围；给予参加资格水平考试的从业人员一次性资金奖励；探索建立非公有制经济组织党组织与驻地基层党组织党员联育共管的有效办法，"双向"抓好党员队伍建设。四是健全工作制度体系，促进了制度环境中治理主体互通互融。宜宾市围绕区域内的重点事务，以区域化党建体系为

① 陈晓岚：《党建引领社会治理新格局的整合逻辑》，《广东社会科学》2021年第2期。

纽带，结合联席会议制度，引导民营企业与街道（乡镇）、社区（村）双向联结、双向融合、双向互动；统筹建立需求、资源、项目清单，从现实出发，着重解决民营企业及社会组织服务工作中的重点难点问题。

### （二）驱动式发展，激发主体参与活力

社会组织参与基层治理的主体动机是影响其深度融入基层治理的关键因素。宜宾市以制度要求为基本点，以价值引领为强化点，以环境优化为吸引点，形成引导社会组织参与基层治理的驱动力。一是制度性要求，形成硬性激励。宜宾市在"两张清单"中将参与社会治理列为"两新"组织的职能职责，这种制度化约束了社会组织参与基层治理的必要性，为"两新"组织参与基层治理提供了刚性的激励。二是价值性引领，形成软性激励。价值性是社会组织的重要特性之一，实现价值性认同是引导社会组织参与基层治理的思想前提。宜宾市以党建学习为价值"黏合剂"，打造学习型基层党组织。一方面，实现社会组织对党的高度认同，加强党性修养；另一方面，提升社会组织的公共性和价值性，强化公益目标。由此，进一步形成推动社会组织参与基层治理的软性激励，强化其参与意愿和服务意识，使其参与意识从"要我参与"转变为"我要参与"。三是环境优化再造，形成诱致性激励。宜宾市围绕社会组织备案登记、资金支持、项目支持、资源对接等出台系列政策，构筑坚实的政策支持堡垒。尤其是针对社会组织对资源具有强依赖性的生存弱点，以项目化牵动的形式提供资源支持，有效驱动社会组织参与基层治理。加大对社会组织的培训赋能力度，发挥全职城市基层党建指导员的专业指导作用，推动社会组织参与基层治理效能的发挥。由此，优化社会组织生存发展的整体环境，形成吸引其参与基层治理的诱致性力量，驱动社会组织实现"我要参与"和"我能参与"的双重耦合。

### （三）精准化供给，畅通项目对接渠道

《中共中央关于制定国民经济和社会发展第十四个五年规划和二〇三五年远景目标的建议》明确提出，要以创新驱动、高质量供给引领和创造新需求。宜宾市围绕需求引领，活化盘点需求、闲置资源、个性化项目服务"三张清单"，坚持"项目化"驱动，回应社会服务诉求，畅通供

需对接，构建精细化供需链条。一是围绕需求引领，搭建服务供需对接平台。采取政府购买、定向委托等形式，引进孵化急需的社会组织，推进社会资源和群众需求对接，以需求牵引激发社会组织有效提供社会服务供给。采取多种方式搭建服务供需对接平台，面向社会组织发布项目信息。二是坚持项目驱动，引导社会组织参与社会服务供给。秉承项目化运作理念，充分整合行政部门、群团组织购买服务的财政资金，制定政府购买服务指导性目录，统筹设计服务项目，针对社会组织培育孵化需求，精准定制社会服务项目，通过竞争性方式有序引导社会组织参与服务供给，形成改善公共服务的合力，引领社会组织发展壮大。三是搭建服务中心，为社会组织赋权增能。社会服务体系中的多元主体以社会组织服务中心为节点，整合各类社会服务资源，向社会组织赋权增能，由多元主体一同完成社会服务供给，提升社会组织增能空间，提高社会服务供给效能。

### （四）清单式部署，厘清权责职能边界

有为才有位，只有发挥积极作用，管用有效，不断释放正能量，才是最重要的，才是进入新时代、开启新征程中所需要的社会组织。[①] 宜宾市进一步落实党对社会组织的党建工作要求，细化"两新"组织权责边界，突出强调发挥社会组织作用。一是把加强政策引导和思想引领作为着力点。无论是"职能职责两张清单"还是社会组织备案管理方法，宜宾市都从"两新"组织涉及的多个方面明确职责职能，从责任追究方面落实规定，以防出现不必要行为阻碍发展，发挥了政策对于权责安排的领导力；重视思想指导，突出"两新"组织的政治属性和政治功能，针对性地开展思想教育活动，保证了成员在党建思想的引领下做好自己职责内的工作，将组织人员的思想觉悟作为跳板，便于权责划分的落实、政治引领作用的发挥。二是把督促各级各部门履职尽责作为关键点。宜宾市聚焦破解"两新"组织党组织干什么、怎么干问题，变多头管理为齐抓共管，变推诿塞责为各负其责。针对原有机关党组织机构设置体系

---

① 詹成付：《中国社会组织工作要自觉肩负起新时代的历史责任——学习党的十九大报告的初步体会》，《中国社会组织》2017 年第 20 期。

不健全、责权不明晰、力量不平衡的问题，宜宾市全覆盖设置机关党委，专职专责抓机关党建，要求各部门按照"政府主导、部门负责、社会参与、共同监督"的规定，防止管理出现两头悬空和上下脱节现象。三是把健全动态化、完备化工作体系作为支撑点。宜宾市健全了系统完备、科学规范、运转有效的党建工作制度机制，着力健全条块结合、上下联动的"两新"组织党建工作体系，使各部门职责从笼统模糊变为细化明确。聚焦责任落实，实施行业党建先锋行动，沿着行业监管和业务管理链条落实党建工作任务，进一步优化组织设置，加强运行管理，突出行业特色。

### （五）项目化牵引，拓展资源整合途径

资源拓展能力是社会组织参与基层治理的保障性要素，关乎社会组织生存能力和可持续发展。[①] 宜宾市以项目化牵引提供"输血"支持，为社会组织发展注入源头活水。一是把多渠道整合财政资金作为基本点。充足的财政资金是实现项目输血支持的充要条件，如何有效统筹整合资金是实现资源汇集支持需攻克的一大难题。宜宾市以四川省城乡社区发展治理试点资金为依托，充分整合行政部门、群团组织购买服务的财政资金，从开源的角度挖掘多股资金力量，又将这些资金力量进行整合重组，形成丰富的项目支持资金。二是把加大政府购买服务力度作为关键点。政府购买服务既是提升公共服务质量和效率的重要手段，又是社会组织获取资源支持的重要渠道。宜宾市紧扣社会公共服务需求，制定政府购买服务指导性目录，开放更多的公共资源和领域，加大对社会组织承接政府购买服务项目的支持力度，为社会组织提供"真金白银"的资源支持。同时，在项目管理过程中，为社会组织提供场地资源、智力资源等方面的配套资源支持。三是把举办社会组织创业大赛作为创新点。宜宾市有效盘活资金池，打造宜宾特色品牌社会组织创业大赛，将政府从出题人角色转变为审题人角色，形成社会组织获取资源支持的新路径。创业大赛将众多社会组织进行联结，有利于丰富社会组织的资源交换网

---

① 孙发锋：《依附换资源：我国社会组织的策略性生存方式》，《河南社会科学》2019 年第5 期。

络，进一步提升了社会组织的资源获取渠道。

# 四　宜宾市党建引领社会组织参与基层治理的优化策略

未来五年，宜宾市将统筹推进城乡基层治理和市域社会治理制度创新与能力建设，实现党建引领下的政府治理与居民自治、社会参与的良性互动，形成共建、共治、共享的"善治宜宾"新格局。这就需要进一步紧盯重点难点，着力提升社会组织党建工作的质量和效率，深化探索党建引领社会组织参与基层治理的具体路径和优化策略。

## （一）完善参与框架

1. 健全社会组织党建体系，打好社会组织参与"地基"

进一步完善地方党委统一领导，进一步明确"党委领导、组织部门管总、综合党委牵头、业务主管单位具体负责"的权责分配体系，明晰社会组织党建过程中各个主体的权责，将党建工作任务化、规范化、制度化，提升社会组织党建质量。加强社会组织党建工作统筹部署，制定每年度《社会组织党建工作要点》。建立社会组织党建工作联系机制，充分发挥部门科室的职能优势，落实主管科室对社会组织党建工作的责任。摸清社会组织党建底数，健全党建工作台账，建立社会组织党建工作数据库。在有效掌握社会组织党建信息的基础上，针对性地制定有效覆盖目标清单。创新社会组织党组织创建模式，推动单独组建、联合组建和行业覆盖相结合，做到"应建尽建"。将全职基层党建工作指导员实施范围由城市扩展至乡村，建立城乡常态化党建工作指导员联系服务机制。探索建立第一书记制度，选派市直机关退休老党员和社会组织优秀党务工作者到相应的社会组织党组织担任第一书记。健全常态化学习机制，实施社会组织党组织负责人年度轮训制度，强化思想武装。健全"学习＋实践"一体化检验平台，推动培训与考评相结合，与四川大学中国干部教育培训基地、宜宾市委党校合作开发建设社会组织党建的实践案例库和精品党课库。

2. 完善社会组织发展制度，搭建社会组织参与"架构"

尝试全方位完善社会组织成立登记告知承诺、信用承诺等机制，制定网络社会组织监管措施。完善社会组织内部治理制度，分类制定《宜宾市社会组织等级评估评分细则》，促进全市社会组织规范化建设。优化协同管理机制，提高政府向社会组织购买公共服务的比例，按照"权随责走、费随事转"的原则，在劳动保障、医疗卫生、社会救济、计划生育、治安保卫、环境整治、老龄工作、文化教育等方面，逐步把政府转移出来的部分管理服务职能交给社会组织承担，有效整合社会资源，增强社会自治能力。提升服务质量，发布《宜宾市推动社会组织高质量发展工作指引》，制定县域社会组织法人治理指引地方标准，引导社会组织在服务企业发展、规范市场秩序、制定行业标准、维护会员权益、反映行业诉求、调节贸易纠纷等方面的作用。建立健全社会组织发展质量评价机制，开发涉及社区社会资本、信任关系、社会交往能力、社区意识、社会满意度等内容的社会组织发展质量评价指标体系。

3. 优化社会组织结构布局，推动社会组织有效参与

支持龙头企业牵头设立新兴产业领域商协会，鼓励外来商户在宜宾设立异地商会，搭建社会企业培育和支持平台，助力宜宾"双招双引"和营商环境优化。搭建社会组织助力乡村振兴服务平台，推进乡镇社工站建设，鼓励城乡社区资源共享，引导社会组织实施城乡结合部新型社区治理、移民安置点、老旧小区等公益项目，助推"两项改革"后半篇文章工作。全面推进社会组织孵化基地建设，重点培育行业性、公益性、枢纽型社会组织和提供养老、幼育、助残、应急救助等服务的社会组织。制定《宜宾市培育发展社区社会组织的实施意见》，全面推进政府购买社区服务机制建设，健全政府购买社区服务清单，培育扶持一批具有较强专业性和信誉度的社区服务机构。进一步明确基层社会组织的年检年审与等级考核评估工作，开展"僵尸型"社会组织的专项整治行动，防范化解社会组织风险，为社会组织营造公平、可持续的发展环境。

（二）搭建参与平台

1. 加快建设孵化平台，提高社会组织参与能力

优化党群融合发展机制，完善宜宾·叙州社会组织培育服务中心建

设，升级打造市级社会组织党群服务中心，将其打造成党建工作指导、社会组织服务、公益志愿对接、社会组织孵化、人员交流培训多平台合一的综合服务体系，并让服务平台延伸到街道、社区一级，有效衔接党群服务平台、公共服务平台、社区服务中心等各项服务资源。设立宜宾市社会组织发展基金，实现市、县两级社会组织发展基金会全覆盖，积极探索向中心镇延伸，不断加大孵化枢纽型、专业型社会组织力度。建设社区社会组织专项孵化基地，科学规划各级培育孵化平台不同功能与作用，建设不同类别专项孵化平台，去同质化、单一化，发挥本土化资源优势和专业特长，为社区社会组织提供精准的个性化、专业化服务。

2. 加快建设资源对接平台，提高社会组织参与效能

依托城乡基层社会治理研究院等平台，搭建与成、渝两地社会组织的合作交流平台，推动信息互联互通、资源共用共享。以宜宾社会服务对接中心为依托，进一步加强经验梳理和制度创新，充分发挥枢纽型社会组织平台资源整合与"造血"功能，针对社会组织开展各类资源、项目对接会，搭建起供需对接平台。全面建设区县级资源对接平台，整合行政资源、社会资源，围绕乡村振兴、公益服务、社区治理、疫情防控、应急救助等领域设计对接项目库，大力推动辖区内社会组织的培育和发展。依托街道（乡镇）公共服务中心、社会工作站、综治中心、城乡社区党群服务中心等设施，建立社区（乡镇）社会组织综合服务平台。运用社区、社会组织＋社区社会组织、社工人才＋志愿者及义工"五社联动"机制，积极调动公众参与社会服务的积极性，有效整合社会服务资源。

3. 加快建设项目运营平台，加速社会组织融入基层治理

进一步落实《宜宾市社会工作服务体系建设实施方案》相关要求，加快建设县区社会工作服务总站，分类分级推进城乡社会工作服务室建设，让社会组织在街道、在社区有平台得以运营，可以更好地融入基层。制定《宜宾市社会组织公益创投指导意见》，进一步规范拓展"公益创投大赛"作用，以公益创投"微"项目激活社会组织参与活力，不断吸收专业人员，壮大社工队伍，为居民群众提供多元化服务。建立健全"邻里"党建模式，凝聚起党员、居民、辖区单位、社会组织、社区自组织等各方力量，共同参与社区治理，打造"党建＋"公益品牌工程，把

"民生问题"转化成"党建项目",切实解决居民诉求中长期反映的热点难点问题。

### (三) 拓宽参与空间

#### 1. 拓宽场地活动空间,推进社会组织活动场地建设

积极协调政府、社区的公共场地资源,为社会组织提供低偿或无偿使用的办公及活动场所,通过共享基础设施和场地,满足草根社会组织办公、活动场所的基本要求。放宽宜宾市现有社会组织注册登记地址条件,将已成立的社会组织孵化园作为社会组织登记住所。同时,定期组织社会组织沟通交流机制,如工作坊、案例展示、论坛沙龙等,促进社会组织互通有无、共享资源、开展合作等,营造开放、活力、创新的培育环境。进一步推动"放管服"改革,加强部门与属地联动,编制公益服务公共空间地图,规范优化社会组织申请公共空间的流程,给予社会组织更为弹性的公益活动场地使用空间。

#### 2. 拓展参与领域空间,加大社会组织参与力度

改变政府包揽社会治理的传统方式,拓宽社会组织参与范围,拓展社会组织参与基层治理的"自主空间"和"能力边界",促进政府职能转变,转移职能,让渡空间。着力解决政府、市场、社会相互越位、缺位、错位的问题,使社会组织成为有效承接政府职能转变的载体。发挥社会组织的公益性、志愿性和专业性优势。提升公共服务质量,满足社会多元需求。拓宽社会组织参与基层治理的渠道,激发社会创新活力,促进城乡统筹发展。根据参与领域的服务对象,灵活运用政府直接经济资助、服务外包、公私合作、出让或授权经营等方式。加大社会组织在基层事务民主决策与监督等领域的参与力度,使社会组织参与基层社会治理真正取得实效。

#### 3. 拓展信任认同空间,增强社会组织参与认同

进一步简政放权,加大政府向社会组织购买公共服务力度。政府要将中介、公益性等服务职能转交给社会组织,实现治理空间的有效让渡,进一步明确地方政府与社会组织在基层社会治理中的具体职能。推进社会组织规章制度的完善,加强对社会组织的认可度,对社会组织地位、权利义务、职能和法律责任等实体性问题予以明确统一规定,解决实际

中具体条款适用模糊、不系统甚至相抵触的法治问题。建立透明的信息公开制度，加强社会组织信用体系平台建设，完善社会组织内部治理结构，增强社会公信力。

### （四）创新参与机制

#### 1. 创新项目化运作模式，推动治理提质增效

精确瞄准基层治理的痛点、难点、堵点，以需要为起点，以问题为导向，强化社会服务意识。依托社会组织对居民、社区、街道开展需求调研，广泛征求意见，形成基层治理的需求清单，做到定期上报。全面打通"政府购买＋自主申请"的双向项目获取通道。推动项目获取方式从单一化的政府购买招投标向社会组织自主申请、政府评选转变。通过创业大赛、项目征集等方式，鼓励社会组织自主设计服务项目，从中择优支持。实施"财政扶持＋公益创投"项目扶持机制。探索完善公共财政和福利彩票公益金对社会组织的投入扶持，吸引五粮液集团、天原集团等本土大型企业的资金支持，借助公益日面向社会开展社会组织公益资金募捐，整合形成公益创投资金池。建立优质项目池，制定规范化、标准化项目运作指南，完善项目评估体系。

#### 2. 打造区域联动新模式，发挥联动整合效应

一是完善升级社会组织互助支持网络。拓展叙州区社会组织培育中心辐射范围，联动乡镇地区发展较为落后的社会组织。将互助支持网络升级打造为区域化社会组织联盟，联盟内部应形成统一的建设标准和管理制度，可以联合申请项目，共同执行项目。二是创新发展"多区联动"参与模式。发挥宜宾市产业园区和高校聚集的优势，在区域党建的协作引领下，根据治理问题的特性开发园区、社区、校区相结合的多区联动治理模式，发挥大学城科技教育资源优势，大力培育双创类、青年型、专业化的社会组织，实现校地互通、资源共享、融合互促。将宜宾市社会组织融入双城经济圈建设，与经济圈地区签订社会组织联动发展协议，实现社会组织建设发展经验的双向学习交流，实现政府购买社会组织服务项目、监督、执法和信用信息共享，以及社会组织登记评估结果互认。

### 3. 推动多元主体协同，形成共治共享新格局

一是鼓励基层群众和基层党员参与。动员基层群众参与社区党组织和党员干部的考评工作，鼓励懂管理、懂技术、懂方法、有时间、有热情的基层党员配合社会组织参与基层治理工作。以主题党日为载体构筑志愿服务新常态，结合主题党日开展党员"亮身份领任务"活动，激发群众参与积极性。二是引导市场力量助力社会组织参与基层治理。在商圈探索"党建＋社会组织＋商家"治理模式，以资源匹配为导向，以商业化逻辑为内核，作为商圈服务供给补充，促进党建引领下社会组织与商圈的发展共生。在工业园区探索"党建＋社会组织＋企业"治理模式，以园区党建为着力点，依托社会组织打造工业园区惠企联盟，助力优化和改善园区创新创业生态。鼓励企业购买社会组织服务，动员企业职工参与社会组织基层治理活动。

### （五）增强参与能力

#### 1. 建立人才交流机制，打破人才资源流动枷锁

开展多种形式的高层次人才共引活动，通过搭建平台共聚人才、共同招才引智，提高党建引领水平。大力培育枢纽型社会组织，通过政府购买服务、社工轮值等方式，围绕社区社会组织党的建设、培育发展、能力建设、项目运作等方面，广泛开展各类能力培训。提高社区"两委"干部的持证社工比例，制定社区工作者职业化专业化发展规划，实施社会工作领军人才培育计划，依托高等院校设立社会工作"人才工作坊＋名家工作室"。探索推动社工人才交流共享的协调路径，加大社会工作专业建设、资源共建共享、人才培养和需求对接等方面的活动开展力度，推动川渝领域社工人才深化交流合作。

#### 2. 加强组织文化建设，提升专业水平品牌效益

对社会组织自身的强化，可以提升党建社会组织对民众生活的参与度和被接受度。要深化党员示范岗、党员责任区、党员生产线等创建活动，助力非公企业和社会组织科技创新、降本增效、优化管理。坚持党建引领先进文化建设，为非公企业和社会组织发展凝心聚力，在各地各行业系统、园区、商务楼宇、特色街区、专业市场以及非公企业和社会组织中，分别培育先进典型，构建多层次、多领域党员志愿者服务品牌

体系，形成集聚效应。推动社会组织更加注重内部法人治理，执行社会组织管理法规政策，不断加强自身建设，结合自身特点，构建特色内部制度文化和管理模式，促进各项工作高效运转。

3. 构建服务型党组织，强化社会服务参与功能

始终紧扣服务发展抓党建，构建新型社会组织，服务组织内部运转，协助解决资金、设备等需求，有效促进组织发展，积极引导社会组织健康运行，倡导社会组织在疫情防控、防汛救灾、乡村振兴、基层社会治理等领域发挥积极作用，充分发挥新社会组织基层党支部战斗堡垒的作用。服务组织成员、职工群众，把党的政治优势、组织优势和走群众路线的工作优势，转化成"两新"组织自身发展的优势和竞争优势，促使组织成员愿意为组织奉献力量，让组织得到良性发展。

# 案 例 篇

宜宾市城乡基层治理的典型案例

# 基层治理现代化建设背景下宜宾 "一体两面、四轮驱动" 的治理实践

基层治理是国家治理的基石。党的十九届四中、五中全会专门对健全党组织领导的城乡基层治理体系作出部署。在中国实现第一个百年奋斗目标，并向全面建成社会主义现代化强国第二个百年奋斗目标迈进的重要历史时刻，中共中央、国务院印发《关于加强基层治理体系和治理能力现代化建设的意见》（以下简称《意见》），为新时代加快推进基层治理现代化提供了根本遵循和行动指南。宜宾市深入学习贯彻党中央和省委市委关于基层治理的决策部署，严格对标对表《意见》精神，紧扣建设国家区域中心城市目标定位，提出按照"一体两面、四轮驱动"的策略思路，系统谋划和推进基层治理工作。

## 一 "一体"为根本：建设"善治宜宾"共同体

就顶层设计来看，《意见》强调："坚持共建共治共享，建设人人有责、人人尽责、人人享有的基层治理共同体。"人人有责，强调各类主体要形成共建的意识，明确党委、政府、社会、公民在共同体中的角色定位和责任义务；人人尽责，强调各类主体要实施共治的行动，既各司其职、各尽其责，又协调配合、相互补充；人人享有，强调各类主体要共享发展权利、发展机会和发展成果。可以说，"善治宜宾"共同体的构建过程，就是在党的全面领导下，发挥多元主体作用，针对城乡基层社会发展中的各种问题，保障改善民生、维护群众权利、化解社会矛盾、实现居民美好生活的过程，鲜明凸显出基层治理在党的事业发展、国家长

治久安、社会和谐稳定、人民幸福安康中的功能定位。

## 二 "两面"为导向：坚持治标与治本两方面相结合

习近平总书记指出："为什么人的问题，是检验一个政党、一个政权性质的试金石。"实现人民群众对美好生活的向往，是广大基层党员干部矢志不渝的奋斗目标，也是评价新时代基层治理现代化建设成效的第一标准。但是，基层治理面宽量大，群众需求复杂多元，这是一项基层组织和政权自我完善与发展的系统工程，需要整合大量人力、物力资源，通过持久努力才能完成。因此，在基层治理实践中，需要注重标本兼治，深化贯通融合。所谓治标，即聚焦一段时期内面上较为突出的显性问题，靶向发力、精准施策开展专项治理，及时、高效解决人民群众面临的急事难事；所谓治本，就是在制度、机制、队伍建设等方面作出系统部署，强化系统治理、综合治理、依法治理、源头治理，着力从根本上解决制约发展的深层次问题。

## 三 "四轮驱动"为支撑：一体推进体系建设、能力建设、路径建设和示范建设

作为国家治理现代化的底层微观设计，基层的治理现代化具有重要的基础性支撑作用。从当前基层社会所面临的问题和基层治理实践出发，宜宾市着重在体系建设、能力建设、路径建设和示范建设四大发力点上下功夫，提升基层治理的整体性、协调性和有效性。

### （一）在健全治理体系建设上，坚持"两域联动"

习近平总书记指出，要完善城乡基层治理体系，不断夯实基层社会治理这个根基。具体工作中，宜宾市立足农村、城市两大领域，强化工作统筹，注重协调联动，不断健全党组织统一领导、政府依法履责、各类组织积极协同、群众广泛参与的基层治理体系。在乡村，重点是以推进两项改革"后半篇文章"为统揽，推动组建40个镇级片区联合党委和

357 个村级片区联合党组织，进一步优化片区基层党组织设置和运行，引领保障乡村国土空间规划高质量编制。高质量完成乡镇领导班子和村"两委"换届，村党组织书记、村主任、村集体经济组织负责人"一肩挑"达 100%；大力推广"一约五会"建设，不断丰富乡村议事协商手段，引导党员群众积极参与村级事务管理；创新开展村集体经济乡镇示范建设，收入超 100 万元的村较 2020 年增长 70%。在城市，以成渝地区双城经济圈县域集成改革试点为契机，进一步理顺党组织领导下的纵向治理架构，深化街道管理体制改革，总结推广"六办三中心"模式，将街道 200 余项职责减至 106 项；建立区域大党委，深化"社区吹哨、部门报到"制度，打造"小区党组织＋业委会＋物业"的多元共治格局，配备 4170 名"全科网格员"。同时，研究制订社会组织高质量发展方案，出台"双 10 条"措施，推动"两新"组织深度融入基层治理。

### （二）在加强治理能力建设上，坚持"三维聚焦"

基层治理能力主要体现为运用国家制度做好基层公共服务、公共管理和公共安全，其中自然蕴含基层一线干部的工作能力。宜宾市在基层实践中，注重在赋权扩能、强素提能、汇智聚能三个维度发力，开设"年轻书记、社区治理、新任书记、集体经济"等 8 个班次，高质量完成村（社区）党组织书记全覆盖培训；出台《"一肩挑"村党组织书记监督管理办法》，推动村干部权力阳光运行；实施村党组织书记标兵选树工程，分级建立市级"标兵"库、县级"示范"库和乡镇"达标"库，着力建强村级带头人队伍。完善社区专职工作者专业化职业化"1＋7"体系，遴选一批优秀"社区导师"，选派 17 名优秀社区干部到先进城市跟班学习，全面提升基层干部履职能力。因地制宜向基层放权赋能，统一制定乡镇属地事项责任清单 109 项，制定《关于深化乡镇综合行政执法改革的实施方案》，积极构建县域内权责统一、权威高效、适应发展的乡镇综合行政执法体系；制定《街道工作规则》和《社区工作准入制度》，厘清党工委、办事处"8＋10"项工作职责，明确社区 23 张自治清单、43 张协办清单、7 张负面清单，基层行政执行、为民服务、议事协商、应急管理和平安建设等能力得到增强。与四川大学深化人才培训、课题研究、论坛交流、资政服务等领域的合作，推动城乡基层社会治理研究院高质量运行，进一步强化基层治理的智力支持和学术支撑。

### （三）在深化治理路径上，坚持"五治"融合

不断优化政治引领、自治强基、法治保障、德治教化、智治支撑的"五治"融合治理路径，推动政府、社会、群众等各类主体实现有效衔接、良性互动。持续推动党组织有形有效覆盖，农村重点向农民专业合作社、产业链有序拓展，社区重点向网格、小区纵向延伸，行业系统重点加强与属地辖区的横向互动，新兴领域重点抓实"两个覆盖"动态清零，不断完善上下贯通、执行有力的组织体系。规范村（居）民委员会自治组织建设，梳理制定城乡社区依法履职、协助办理、工作负面事项 3 项清单，编制 26 项村（居）务公开指导目录，不断健全基层党组织领导的充满活力的基层群众自治机制。创新"定、评、用"三步法，推广运用"积分制"，涌现出"明白了"村级智慧监管、"一分二榜三均衡"、"红色积分"等一批自治模式。注重发挥法治在基层治理中的预防、引领和保障作用，探索在基层党组织设置"法治委员"，大力实施"法律明白人"培养工程，成功创建四川省第二个法务区——宜宾三江中心法务区，探索总结三江新区"党建＋多调 110"工作模式，成功创评中国民主法治示范村（社区）3 个、中国模范司法所 3 个、省级枫桥司法所 11 个、省级法治宣传教育基地 3 个。出台《关于深化全域文明创建的意见》，推进乡风文明建设十大行动，构建"实践中心—实践所—实践站"县、乡、村三级组织体系，建强"酒都义工""青苗助学"等志愿组织。深入开展"请客风"专项治理等移风易俗行动，有效整治人情攀比、客事繁多、铺张浪费等歪风邪气和陈规陋习。实施"互联网＋社区"行动计划，建设智慧社区 4 个、智慧小区 274 个，覆盖人口超 21 万。支持翠屏区、江安县、珙县做大建强"智享翠屏""江安红云""红色高州"等智慧治理数字化平台。

### （四）在加强示范建设上，坚持"三建并举"

宜宾市聚焦重点关注，立足基层实际，加强示范点位创建、重点工作共建和宣传平台搭建，以点带面推动基层治理水平整体提升。主动承接和推进中央、四川省基层治理示范试点 89 项，扎实推动城乡结合部新

型社区和易地扶贫搬迁集中安置点等重点领域治理,探索形成"代办小骑手""分类评星定级""院巷议事"等治理模式,6 个案例入选"全国市域社会治理创新优秀案例","四方合约"助老巡访模式获评中国乡村治理典型案例。充分发挥治理委统筹协调作用,着力在中央、四川省重点关注、市委重点推动的任务上攻坚克难,大力推动基层治理与市域社会治理、两项改革"后半篇"文章、幸福宜宾"十大工程"建设等中心工作相融互促,有力推进街区有机更新、老旧小区改造、综合服务设施补短板等民生工程和民生实事。鼓励基层开展"微改革""微治理",对22 个基层治理重点项目和 22 个专项试点提供资金支持。切实加强统筹力度,大力推动翠屏区成渝地区双城经济圈建设县域集成改革以及南溪、江安、高县等四川省城乡社区治理试点工作,聚力打造"品牌项目"和"标杆工程"。创新开展城乡基层治理创新案例评选和竞演活动,多途径搭建基层经验集中总结和展示平台,1 镇 3 村、3 镇 25 村分别获评中国、四川省乡村治理示范镇、村。

# 坚持系统推进　突出示范联动　宜宾市全面构建城市基层党建工作新格局

2017 年，宜宾市被中组部确定为中国城市基层党建示范市以来，坚决贯彻落实中央、省委部署要求，坚持系统建设、整体建设，围绕"做强街道、做优社区、做实系统、做细服务、做活治理"，聚焦重点难点问题分层分类探索实践、改革突破，持续夯基础、抓规范、促提升，全面构建区域统筹、条块协同、示范联动、共建共享的城市基层党建新格局。

## 一　聚力推动三项改革，优化城市基层基础布局

坚持把重塑优化城市基层版图作为推进党建工作的重要前提，从街道、社区、网格三方面进行改革，优化城市基层组织架构。一是街道管理体制改革推动扩权赋能。出台街道管理体制改革、街道工作规则等制度文件，实施"六办三中心"模式，细化街道权责清单和准入事项，明确街道党工委、办事处"8＋10"工作职责，厘清街道与社区权责边界，推动街道回归抓党建、抓治理、抓服务的主责主业。新增街道对职能部门派出机构负责人的人事考核权和综合管理权等 6 项权力，增强统筹协调能力，成为联结辖区内各领域党组织的坚强核心。二是社区建制改革推动减负增效。聚焦"调优布局、调清职能、调好服务、调强队伍、调活机制"总体目标，综合考虑地理条件、历史沿革、服务规模、产业类别、发展规划等因素，按照"六个有利于"工作要求，精准设置 4 个社区类型，将全市社区从 369 个优化为 309 个，形成以常住人口 0.2 万至 3

万的社区为主体的格局，推动社区专职工作者学历、持证率和年龄实现"两增一降"。三是统筹基层网格提升服务效能。按照"全域覆盖、规模适度、边界清晰、因地制宜、便于服务"的原则，以居民小组为基本单元，将综治、党建、城管、食安等各类基层网格进行整合，构建一体化、多功能的综合网格，实现多网融合、一网统筹。将部门下沉到社区的各类人员统一设置为"综合网格员"，出台管理办法，探索在网格设置党支部、党小组，积极推进网格化党建工作，引领网格服务不断做实。

## 二　梯次开展五级示范，典型引路推动全域进步

坚持把示范引领作为提升城市基层党建整体效应的关键抓手，按照以点带面、梯次推进、全域示范原则，统筹推进市、区（县）、街道（乡镇）、社区、小区五级示范体系建设。一是书记领航推动高位统筹。围绕建设中国城市基层示范市，大力开展党建引领城市基层治理"书记领航工程"，建立县（区）、乡镇（街道）、社区、小区四级党组织书记亲自谋划和直接推动城市基层党建的领导架构，提升抓好城市基层党建的意识和能力，明确县（区）党委每半年研究一次城市基层党建工作，强化"一线指挥部"作用，推动形成党委重视、书记上手、高位推进良好局面，有效解决涉及动体制、动权力、动资金、动利益的难题。二是分层分类建立示范标准。根据不同层级、不同地域的资源禀赋、发展阶段、工作基础的基本面和差异性，实行逐级示范、分类指导、统筹推进，自上而下逐一会研把关示范引领方案，因地制宜帮助明晰工作思路、目标任务、着力重点，分类别制定各级示范标准，设置基层治理机制、精神文明建设、基层治理保障等7个基本项目，同时，根据示范类别设置个性项目。建成省级示范区1个、示范社区2个、示范小区13个，市级示范区（县）4个、示范街道（乡镇）10个、示范社区32个、示范小区26个。三是定期评估实施动态调整。坚持示范项目常态化建设、动态化调整，定期组织相关单位对示范项目进行评估验收，强化评估验收结果运作，对工作推进不力、示范作用不强的单位实行动态调整，确保示范体系建设有力有序推进。

## 三 实施阵地三化建设，全面夯实 社区战斗堡垒

坚持以服务居民需求为导向，大力推进服务阵地体系化、规范化、亲民化建设，全面优化社区阵地选址布点、空间布局、功能配置、服务供给等。一是实施体系化布局。建立城市基层党建专项资金2300万元/年，专项用于城市基层阵地建设和购买社会服务，按照全面覆盖、疏密得当、上下联通原则，推进城市基层党群服务阵地网络体系建设，投入资金4683万元，实施"幸福宜宾"社区党群服务中心提升工程项目37个，建设区域党群活动中心7个，建设"暖心家园""连心驿站"等党群活动站点103个，在主城区和县政府驻地初步建成以区域党群活动中心为主轴、社区党群服务中心为网络、党群服务站点为末梢的"1+N+X"党群服务阵地体系，将党群服务延伸到城市基层最末梢。二是配套规范化标准。明确社区党群服务中心的面积标准、布局标准、功能标准、服务标准，制定外观标识和宣传展示规范，开展社区挂牌清理专项行动，按照不同社区类型，因地制宜设置警务室、调解室、恳谈室等，根据辖区居民需求针对性配套养老托幼、书画舞蹈等功能配置，推动阵地功能与治理要求、居民需求相匹配。三是推进亲民化改造。按照办公空间最小化、服务空间最大化理念，全面开展社区党群服务中心亲民化改造，推动去柜台、去展板，改造社区党群服务中心65个，推动43个党群服务中心调整到方便群众办事的临街位置，将党群服务阵地打造成城市党员群众的温馨家园。

## 四 建设专职工作队伍，提升城市 基层治理能力

坚持做好人的培养，始终注重加强对社区专职工作者的关心关爱，把社区专职工作者作为推进城市基层建设的骨干力量。一是全面建立职业薪酬体系。制定出台《宜宾市社区专职工作者专业化职业化体系建设实施意见》"1+7"制度文件，从日常管理、薪酬体系、选任招聘、教育

培训、考核评价、党组织书记管理、"社区导师"管理 7 个方面，全面建立社区专职工作者选、育、用、管工作链条，形成以岗位序列和薪酬体系为核心的报酬待遇正常增长机制。二是搭建多维培养锻炼平台。以推动城市基层治理能力提升为重点，逐级开展社区专职工作者全员培训。鼓励和引导社区专职工作者考取社工资格证，并给予一定的补助。统筹选派优秀社区专职工作者到市外先进地区、发达城市交流学习和顶岗锻炼，开拓视野、提升能力。目前，已选派了 17 名优秀社区党组织书记、副书记到上海、深圳、杭州、成都参加跟班学习实践培训。三是推进社区领军队伍建设。重点面向社工专业大学生招聘 100 名全职城市基层党建指导员，在社区党组织书记中开展城市基层党建"社区导师"遴选活动，每年遴选 5 名，实行 2 年聘期，常年保持 10 名"社区导师"，培养储备一批社区带头人，每名"社区导师"配套建设工作室并给予 5 万元/年的补助，通过示范帮带，全面提升全市社区党组织书记抓好城市基层治理的能力和水平。

## 五　聚焦短板重点发力，精准破解 重点难点问题

坚持提升基层党组织统筹协调能力，条块协同，上下联动，以党的建设引领城市基层治理出实效、开新局。一是推进区域联动凝聚合力。针对区域内各类组织互联互动不够顺畅的问题，全覆盖建立街道"大工委"、社区"大党委"，健全完善街道社区、驻区单位、行业领域党建互联互动主框架，强化城市基层党建"引擎"作用，推动机关事业单位、国企、中小学校、公立医院等领域党建工作不断融入城市基层治理版图，发挥各领域党建的外溢效应。二是开展推进城乡结合部专项整治。针对城乡结合部新型社区治理痛点，以"组织引领、队伍引领、服务引领、机制引领、示范引领"五个方面为重点，扎实开展城乡结合部新型社区突出问题专项整治工作，确定 13 个新型社区开展挂牌督办，"一社区一策"精准化推动整治工作落地落实。在 30 余个社区探索与相邻村联建党组织形式的"村居合一"改革模式，按照组织联建、活动联办、队伍联育、资源联用、产业联促、治理联抓模式，引领村居共治，着力破除城

乡"二元"结构治理难题。三是靶向发力破解小区治理难题。全面推进"小区党组织＋业主委员会＋物业服务企业"三方联动，大力开展"家园共治"党建引领小区治理八大专项行动，从党建示范、物业提质、自治规范、乱象整治等 8 个方面重点用力，实施"红色物业"星级企业评定，切实解决居民小区突出矛盾问题，推出"六孃说事""暖心家园""院巷议事"等党建引领小区治理新模式。

# 宜宾市"四化"联动优化城乡结合部新型社区治理

宜宾市委组织部

宜宾市针对城乡结合部治理薄弱点和盲点，坚持党建引领、分类指导、多元参与，探索出了城乡结合部新型社区治理新路径。

## 一　规范性完善治理架构

一是健全组织体系，深化"村居合一"治理改革，推动试点新型社区与相邻村联建党组织30个，建立小区党组织87个，全面推行小区党组织书记和业委会负责人"一肩挑"，评定"红色物业"服务企业13家，初步形成"小区党组织＋业主委员会＋物业服务企业"三方联动格局。二是建强治理队伍，选优配强社区"两委"班子成员343人，选配40余名优秀年轻干部到村、社区实践锻炼；出台《关于推进全科网格建设的实施意见》，将原党建网格员、综治网格员等10余个岗位人员整合为全科网格员，建立"社区—网格—楼宇—居民"网格化管理体系，实现"多网合一、一网运行"。三是聚合治理资源，持续深化"社区吹哨、部门报到"制度，与公安、法院等20多个部门建立联动联调机制；开展"家园共治"党建引领小区治理八大专项行动，组建"和事佬工作室"等自治调解队伍78支，成立"六嬢说事"等志愿服务队伍142支，激发群众自治热情。

# 二 针对性提升治理实效

一是补齐硬件短板，设立 2300 万元/年的城市基层党建专项资金，投入 215 亿元推进"幸福宜宾"十大民生工程建设，新建、改造城乡结合部新型社区党群服务中心 9 个，成立城乡结合部社区社工室 60 个，综合服务设施覆盖率达 100%。二是提升服务品质，制定党建引领"两新"组织参与城乡基层治理和提供服务"双 10 条"措施，探索"十型模式"，采取政府购买、公益创投等形式，吸纳"e 修就好"等 67 家社会组织认领服务项目。三是强化智慧治理，联合四川大学共建城乡基层社会治理研究院，推进"城乡结合部新型社区治理的思考与实践"等重点课题研究 7 个，市区共建翠屏集成治理中心、叙州社会服务资源对接中心，搭建"明白了"等网络治理平台，探索实行政务服务"一网通办"、城市运行"一网统管"，推动社区治理智慧化。

# 三 统筹性推动"三治"融合

一是法治保障营造良好环境，探索在基层党组织设置"法治委员"，实施"法律明白人"培养工程、"两所两中心"法治实体提质工程，全面推行社区"一区一警两辅"，全覆盖设置社会治理专干 1794 名，探索建立调解队伍专职化、纠纷化解多样化、远程调解智能化、服务发展常态化"四化"模式和"党建＋多调 110"模式。二是自治强基激发治理活力，鼓励基层和行业依法组建自治组织，持续推广"一约五会"治理机制，打造"院巷议事""代办小骑手"等城市基层治理品牌；依托"有事来协商平台"，拓宽政协协商民主渠道。三是德治教化培育文明新风，用好本土优秀文化资源，弘扬乡风文明优良传统，推广"道德银行""红黑榜"等治理模式，开展文明城市、文明社区等创建活动，建立新时代文明实践中心 3 个、文明实践所 4 个、文明实践站 55 个，凝聚向上向善的强大力量。

# 四 创新性推进示范引领

一是有序推进新型社区突出问题专项整治试点工作，印发《13 个城乡结合部新型社区开展突出问题专项整治试点工作的方案》等，明确 1 个社区 1 名县级领导包点联系、1 名第一书记加强指导。二是深化市、县、乡、社区、小区"五级示范体系"建设，建立单位部门和领导干部包联制度，探索形成城市基层治理"五化转型"、社区治理"四化微治"、小区治理"三方共治"等模式。三是积极探索城乡社区治理试点，出台《城乡社区治理试点示范创建指引》，统筹省市资金 3000 万元，建成社区养老服务综合体 32 个；实施社区社会组织孵化培育工程，孵化培育功能服务型、兴趣爱好志愿服务型社区社会组织 100 个，形成"党建引领＋综合服务＋综治保障＋科技赋能"的社区治理框架。宜宾市被确定为中国市域社会治理现代化试点城市、城市基层党建示范市和四川省城市基层治理示范市、网络综合治理体系建设试点城市。

# 宜宾市集中安置点"四进"治理新模式 让老百姓搬得出、稳得住、能致富

### 宜宾市委城乡基层治理办

宜宾市聚焦易地扶贫搬迁集中安置点群众共治难、生活难、增收难、融入难等问题,推进组织建设、公共服务、致富帮扶、文化教育进点入户,切实抓实集中安置点后续治理,让老百姓搬得出、稳得住、能致富。

## 一 组织建设进安置点,解决搬迁群众共治难问题

坚持抓好安置点组织体系建设,有效提升组织管理水平,推动搬迁群众共建共治。一是健全组织体系。通过单独组建、联合创建、选派党建指导员等方式,推动 30 个 100 人以上集中安置点党组织全覆盖,实行书记包小区、党员包楼栋、居民代表包户,实现群众搬迁到哪里,党组织就覆盖到哪里。二是配强治理队伍。优选 1 名乡镇领导、1 名驻村工作队员、1 名法律工作者、1 名民警、1 名乡贤组成"五个一"帮带团队,指导群众成立自治管理委员会 30 个,在彝族聚居区建立彝族纠纷调解委员会 2 个,创建"有事找我们""微型信访超市"等自治平台,推动乡、村、安置点联防联治。三是优化工作机制。建立"党员 + 群众"联动机制,在安置点划分党员责任区、设置党员示范岗、组建党员服务队,带动群众志愿参与公共设施维护、环境卫生整治等公益活动,创新探索积分制管理、"红黑"榜亮典型"一分二榜"等制度,充分激发群众参与安

置点共治积极性。

## 二 公共服务进安置点，解决搬迁群众生活难问题

立足群众搬迁后的生活需求，加快补齐服务短板，切实提升群众满意度。一是织密基础设施网。实施"幸福宜宾"十大工程，加快推进安置点基础设施建设，配套建设乡村道路 4264 千米、供排水管网 4457 千米、饮水设施 1242 个、电网 1407 千米，新（改）建学校及幼儿园 12 个、卫生室 313 个、文化活动室 514 个，全方位保障搬迁群众生活需要。二是织好公共服务网。在集中安置点全覆盖建立便民服务代办点，将户籍转移、证照办理、学龄儿童转学等 26 项事务纳入代办清单；聘请 50 名童伴妈妈做好关爱留守儿童工作，指导 28 家社会组织、69 名专业社会工作者参与安置点服务，切实保障 468 名"空巢"老人、残疾人基本生活。三是织牢兜底保障网。出台《关于加强关爱救助 促进城乡基层治理的意见》，在专项救助、常态化帮扶的基础上，建立防返贫动态监测预警机制，持续开展巩固救助兜底脱贫成果"回头看"和农村低保专项治理巩固提升行动，构建分层分类综合救助体系，先后 3 次开展防返贫信息比对排查，发出红橙色预警信息 3959 条。

## 三 致富帮扶进安置点，解决搬迁
## 群众增收难问题

坚持稳就业、扶创业、建产业，多渠道推动搬迁群众增收致富。一是拓宽就业渠道。开展"酒都名厨""苗家惠嫂"等特色品牌培训 10 余场、订单式培训 20 余期，惠及搬迁群众 1000 余人次；组织专场招聘会 10 余场，向本地企业输送搬迁劳动力 636 人；引导当地集体经济组织、企业等开发 15 类公益性岗位，兜底解决搬迁户就业 3025 人。二是搭建创业平台。实施农民工回引"聚火工程"，支持引导优秀农民工、优秀大学生、退役军人等返乡创业，积极推行"互联网＋特色农产品"营销模式，逐步完善"快邮驿站"电子商务服务体系；大力发展休闲农业和乡村旅游，鼓励搬迁群众在家门口发展休闲农庄、特色民宿。三是推动产业发

展。依托酿酒专用粮、竹、茶、蚕桑、油樟和生猪、水产为主的"5＋2"特色产业体系，推行"党组织＋村级集体经济组织＋搬迁群众"发展模式，组建安置点集体经济组织30个，集中扶持重点村10个。在屏山县东煌新城、彝家印象等安置点周边，新建4个标准化茶叶加工厂、3个茶叶交易市场；在叙州区、高县、筠连县等搬迁地区，连片发展油樟、蚕桑、林竹等产业，实现人均增收4000余元。

## 四　文化教育进安置点，解决搬迁群众融入难问题

坚持以文化教育为主线，以精神文明建设为抓手，促进群众相融互动、和谐生活。一是文化宣传进点入户。统筹宣传、文化广播、文化团体等联动开展文艺演出、优秀电影、文化讲堂、书法绘画"四送"活动，促进搬迁群众相融互动；采取"组长＋院长＋户长"形式，入户开展传统美德、社会公德、家庭美德宣讲，推动搬迁群众快速实现"村民"向"居民"转变。二是感恩教育入脑入心。打造感恩广场、村史长廊、文化院坝等宣传载体，采取主题宣讲、座谈交流、文艺会演等形式，广泛开展感恩励志教育，大力宣传脱贫攻坚成效，教育引导搬迁群众树牢"感党恩、勤致富"思想意识。三是文明习惯蔚然成风。组织开展"最美新乡贤""星级文明户""身边好人"等先进典型选树活动，聚力构建"村村有先进、乡乡有典型、行行有标兵"榜样体系，充分引导搬迁群众养成良好习惯；广泛开展"请客风"、高额彩礼、薄养厚葬、赌博酗酒等不良习气专项整治行动，推动安置点淳朴民风快速形成。

# 宜宾市探索"党建+多调110"模式提升基层治理纠纷化解水平

## 宜宾市委组织部

宜宾市聚焦城市征地拆迁压力大、房屋买卖纠纷多等问题，在三江新区试点推行"党建+多调110"纠纷多元化解模式，通过人民调解、行政调解、司法调解无缝对接和联动配合，实现矛盾纠纷快速响应、从速化解。

## 一 围绕"一扇门进出"建强四个中心

将公共法律服务中心打造为矛盾纠纷多元化解协调、信访接待、综治、社会心理服务"四中心"，作为"党建+多调110"的集中办公地。统筹安排公安、司法、信访等部门和社会组织常驻"四中心"办公，实现"一扇门"提供调解疏导、心理干预、信访接待等服务，"一站式"办理法律咨询、纠纷调解等业务。结合两项改革"后半篇"文章，积极推动调委会等调解组织向村（社区）延伸覆盖，强化村（社区）调委会组织架构搭建和工作人员配备。

## 二 围绕"一站式服务"健全运行机制

印发《"党建+多调110"运行方案》，设置尾号"110"调解专线，统筹发挥市双城服务局、区党群工作部、公安分局等单位力量，在高校、征地拆迁、劳动保障、医疗卫生等行业择优选聘优秀党员，有效吸纳小区保安、物业门卫等力量，组建人民调解专家库。将纠纷受理、分流处置等服务事项和流程公示上墙，建立"中心吹哨、部门报到"模式，探索形成矛盾纠纷"110"统一受理、集中梳理、分流办理的快速响应机制，实现"一窗受理办理"。设立人民调解、诉调对接等多个功能室，为办事群众提供24小时全天候"点单式"服务。

## 三　围绕"一揽子调处"高效化解纠纷

统筹购买法律服务，全覆盖选优配强"一村（社区）一法律顾问"，推动法律服务进小区、进乡村。建立常态巡逻、快速分流、部门包案、领导包片"下访"等机制，成立巡逻队每日巡逻1次、党工委领导班子成员每周"下访"3次、多调中心每日梳理分流纠纷，相关单位按照属事属地原则就地化解纠纷；依托城市、农村网格化管理，推行"线上"视频接访模式。引进高校师生、社会工作者、社会志愿者等常态化入驻"四中心"，利用专业优势和技能特长精准化解纠纷。

# 扬文化、除陋习、树典型，四川宜宾乡间吹来文明新风<sup>*</sup>

## 宜宾市委城乡基层治理办

三江交汇东流去，五粮酒香飘万里，鹿鸣茶海香四溢，万亩竹海千顷碧……一幅幅画卷生动描绘了四川省宜宾市的文化底蕴。在这里，文化成为联系千家万户的桥梁，更成为宜宾建设宜居宜业和美乡村的主旋律。近些年来，宜宾市立足发展实际，以党建引领乡风文明建设为抓手，夯实治理基础，注重用好用活红色文化、摒弃陈规陋习、选树文明典型，依托文化凝聚人心、汇聚智慧力量，走出一条"善治宜宾"的新路子。

## 一 传承红色文化

"李硕勋烈士短暂而光辉的一生所展现的精神风貌，必将激励一代又一代在实现中华民族伟大复兴的道路上奋勇前进。"在李硕勋纪念馆内，讲解员慷慨激昂的话语，让前来参观的社区工作者内心受到激荡。"虽然我们身处和平年代，但肩上的担子沉甸甸的，在日常工作中，我们更要脚踏实地为社区居民解决好急难愁盼问题。"高县庆符镇东升社区党总支书记程学慧说。

立足传承红色文化，宜宾市新建改造李庄抗战纪念馆、烈士陵园等红色阵地，打造"红色宜宾初心之旅"等精品红色旅游线路，吸引更多

* 来源：《中国组织人事报》2023 年 4 月 11 日。

党员群众实地参观学习；注重深入挖掘赵一曼、李硕勋、朱德等革命先驱的英雄事迹，整合市委党史研究室、赵一曼研究院、市群众文化学会等资源力量，创作编排《红色宜宾》《赵一曼》《梦中的妈妈》等红色文化作品，让党员群众在身临其境中深入了解红色革命故事，感悟不朽精神；以文化人，创新开展各类红色文化教育活动，形成高县"红孩子"讲党史承遗志、"李庄书桌"等多个红色教育品牌，激励党员群众集聚迎难而上、齐心协力的共建力量。

截至2023年初，宜宾市共建成各类红色文化阵地、研学实践基地245个，创排红色作品7部，打造红色旅游线路6条，持续营造赓续红色血脉、共建和谐新家园的良好氛围。

## 二　革除陈规陋习

"推进移风易俗，倡树文明新风""喜事简办，丧事从简"……春风拂面，漫步在屏山县屏边彝族乡屏边村干净整洁的村道上，映入眼帘的是红的花、绿的树和印在村居墙壁上朗朗上口的村规民约。乡党委委员、政法委员黄维奎和村"两委"干部挨家挨户走访，村民都热情招呼他们进屋。而几年前，高价彩礼、大操大办等不良风俗还不同程度地存在，党群关系也远不如现在和谐。

这样的改变，源自宜宾市持续加大移风易俗工作力度，营造文明和谐的良好氛围。注重发挥党组织战斗堡垒和党员先锋模范作用，探索将移风易俗纳入村规民约，进一步规范群众意识和行动，把移风易俗情况纳入积分管理，营造比学赶超氛围。号召党员干部、人大代表、村"两委"干部带头行动，承诺表态、带头签订承诺书，以身作则，抵制不良风气，反对铺张浪费，以良好的形象影响和带动群众。整合县、乡、村三级党员力量，成立三级移风易俗劝导队伍，分层分级压实责任。其中，村级队伍负责守住移风易俗"第一战线"，经常入户了解村民思想动态；镇级队伍负责对村级劝导无效的情况进一步引导化解；县级队伍负责整体指导移风易俗工作，对镇、村两级落实移风易俗情况实行监督。

在宜宾市各级党员的带动下，倡导文明新风尚成为主流。各村精心开展丰富多彩的文化活动，村民的农闲生活也变得文明起来。离开了麻将桌，取消了高价彩礼，平时还在村里的柑橘产业园上班挣钱。翠屏区牟坪镇龙兴村村民陈绪鹏感觉很高兴："现在日子过得更轻松畅快了，家庭也更和谐了。"

# 三 选树文明典型

"孝道、勤劳、专注、和爱……"中国文明家庭熊永伦一家正在朗读熊家家训。40年来，熊永伦始终践行着一名共产党员的初心使命，坚守在偏远村小学，服务苗乡教育，致力于创新、普及和传承苗族艺术文化。在他的教育引导下，女儿主动放弃条件优越的工作，投身苗乡教育事业。

在宜宾，像这样的文明典型还有很多。他们投身疫情防控、志愿服务、移风易俗等事业中，十年如一日地默默付出。为了进一步发挥文明典型的示范带动作用，涵养良好的社会风气，宜宾市各级党组织常态化开展"优秀共产党员""最美家庭""宜宾好人"等典型评选活动，通过召开事迹报告会、座谈会、表彰大会，拍摄宣传视频等方式，让文明典型站出来，讲出自己的故事，感染吸引更多人加入文明实践活动中来，持续营造见贤思齐的良好氛围。在春风村，拥有全国道德模范、时代楷模、全国劳动模范等多个荣誉称号的村党委书记王家元，数十年如一日带领党员群众艰苦奋斗，让小村从"男人讨不到老婆，一天只吃一餐"的贫困村，变成人居环境优美、人均收入节节高的小康村、"全国文明村"。

2022年以来，宜宾市共评选出文明典型176人，其中党员58人，开展各类表彰大会、事迹报告会21次，拍摄文明典型宣传视频31部，组织优良家风家训进学校、主题书画展等文明实践活动8000余次，让优良家风、先进事迹世代相传，发扬光大，更成为服务发展和治理的精神指引。

# 四举措夯实基层应急基础
# 为群众安全保驾护航

宜宾市应急管理局

## 一 规范制度真设实运，确保应急有序

坚持将应急管理规范化建设向治理末梢延伸，统一编印《宜宾市基层应急管理能力建设"七张清单"》，对基层应急队伍建设、职责任务、训练演练、管理保障、宣传教育、应急预案、物资储备7个方面进行了明确和细化，指导乡镇、村（社区）按标准开展建设，按职责明确任务，按科目实施训练演练，按要素进行管理保障，按目标抓好考核奖惩。136个乡镇（街道）全覆盖，实现"有应急工作手册，有基础管理台账，有应急作战指挥图，有文化宣传阵地，有应急避难场所""五有"标准化管理，2100个村（社区）全面推行"有风险检查清单，有人员避险转移图，有避灾安置场所""三有"标准化管理，坚决把作战堡垒筑牢在最前线。

## 二 应急队伍真建实干，确保应急有力

积极推广县（区）优化基层应急管理体系的先进经验，在全市乡镇（街道）统一设置应急管理办公室，配备专人负责日常工作运行。积极扩充应急队伍力量，在原有136支5120人乡镇应急队、2100支3.61万人村级应急分队的基础上，按一类镇不少于10人、二类镇不少于7人、三

类镇不少于5人的标准，新聘用996人组建122支乡镇专职综合应急救援队，负责参与安全生产、消防安全等领域的"四个常态化"工作和进行突发事件先期救援处置任务。

## 三 应急能力真抓实训，确保应急有方

坚持"一月一主题"，邀请应急工作专家开展应急大讲堂和应急管理业务轮训，2022年以来累计覆盖市、县、乡三级应急管理机构干部4800余人次。通过购买服务、整合科室人员、柔性引进专家等方式，组建市级应急演练专班，指导县（区）创新运用情景构建、桌面推演、"双盲"演练和队伍实训等方式开展应急演练，提升实战化、专业化水平。2022年，宜宾市开展各级各类演练9600余场次。坚持制度化练兵比武，出台《乡镇综合应急救援队规范化建设指南》，要求战斗小组每周训练不少于2天，市、县联动定期组织集中练兵比武竞赛，对在竞赛中取得优秀成绩或在执行抢险救援等重大任务过程中表现突出的队伍和个人，按规定给予表扬和奖励。

## 四 应急保障真推实提，确保应急有效

积极协调争取各级财政资金加大保障力度，明确按市级不低于2000万元/年、县（区）级500万—1000万元/年的标准预算安全生产专项资金，用于保障救援装备配置、应急队伍日常运行等。县级财政预计每年累计新增专项预算3000万元，用于保障乡镇综合应急救援队的人员待遇、队伍运转、装备维护和训练演练。应急救援能力提升"三年行动"以来，县乡累计投入9000余万元，配置各类个人防护、破拆、侦测通信及抢险救灾装备。2022年，市级一次性投入财政资金5035万元，购置122套常用救援装备和83台消防车，并将它们配发到乡镇，实现了消防车和基本救援装备乡镇全覆盖。

# 后　记

本书以宜宾城乡基层社会治理为样本，通过理论篇、实践篇和案例篇，分别就城乡基层政策理论话题、宜宾分领域实践研究以及典型案例分析探讨当前以及未来城乡基层治理的着力点、问题点和发展点，期望能够为城乡基层治理政策制订和基层实践提供参考。

本书是集体研究的成果，四川大学同中共宜宾市委组织部、中共宜宾市委党校、南开大学、四川省社科院等单位专家学者共同部署、共同研究、共同撰写，形成了当前的研究成果。姜晓萍对本书进行总体的策划与布局，王慧敏、田昭进行了书稿的统筹和推进工作，范逢春、王敬尧、吴晓林、王慧敏、郭金云、黄进、陈果、田昭、杨秋萍、孔叶等老师参与了部分章节的写作，朱元军、唐锐、谭欢、王晨、文雯、李晓宇、李胜兰等同志给予了大量的实践支撑与意见建议，田仁琼老师承担了书稿的统稿、排版工作，黄鑫、刘一睿、刘艺天、潘柳竹、贺玉婧、简丽敏、梁羽佳等也参与了部分内容的写作和排版校对工作，在此一并感谢！

姜晓萍

2023 年 11 月